古代歷史文化研究輯刊

十三編

王明蓀 主編

第23冊

西周至唐宮廷雅樂研究

曹貞華 著

國家圖書館出版品預行編目資料

西周至唐宮廷雅樂研究／曹貞華 著 -- 初版 -- 新北市：花木蘭
文化出版社，2015〔民 104〕
目 4+256 面；19×26 公分
（古代歷史文化研究輯刊 十三編；第 23 冊）
ISBN 978-986-404-033-9（精裝）

1. 雅樂

618   103026963

ISBN-978-986-404-033-9

9 789864 040339

古代歷史文化研究輯刊
十三編　第二三冊　　　　　ISBN：978-986-404-033-9

西周至唐宮廷雅樂研究

作　　者　曹貞華
主　　編　王明蓀
總 編 輯　杜潔祥
副總編輯　楊嘉樂
編　　輯　許郁翎
出　　版　花木蘭文化出版社
社　　長　高小娟
聯絡地址　235 新北市中和區中安街七二號十三樓
　　　　　電話：02-2923-1455／傳真：02-2923-1452
網　　址　http://www.huamulan.tw 信箱 hml 810518@gmail.com
印　　刷　普羅文化出版廣告事業
初　　版　2015 年 3 月
定　　價　十三編 27 冊（精裝）台幣 52,000 元　　　版權所有·請勿翻印

西周至唐宮廷雅樂研究

曹貞華　著

作者簡介

曹貞華，女，朝鮮族，1981年生，哈爾濱人。文學博士，助理研究員，中國音樂家協會中國音樂史學會會員，中國音樂學院社會藝術水平考試鋼琴考官，現供職於中國藝術研究院科研管理處。2000年至2006年就讀於東北師範大學音樂學院，先後獲得文學學士、文學碩士學位；2009年畢業於中國藝術研究院，獲文學博士學位，研究方向爲中國古代音樂史。

論文《馬王堆三號漢墓出土音樂文物的文化屬性》、《〈孔子詩論〉中的「雅樂」觀及樂歌研究》、《十年磨一劍，溯隋唐盛世之音之歷史維度——〈中華藝術通史·隋唐卷〉（上）讀後》、《固守與綿延——影響朝鮮族傳統文化保護的諸因素》、《在聯合國教科文組織宣佈後的當前韓國國家無形文化財活動》（譯文）、《東亞音樂遺產與傳統文化》等分別刊載於國家核心期刊《中國音樂學》、《中國音樂》、《人民日報》（海外版）等，撰寫的書評曾在「第三屆人音社杯全國高校學生音樂書評比賽」中獲得「書評榮譽獎」。因博士論文《西周至唐宮廷雅樂研究》完成較優異，獲「莊漢生獎學金」。

獨立承擔完成文化部文化藝術科學研究項目《中國古代雅樂的傳承與發展研究》（項目立項號：10DD18），鑒定等級爲「優秀」。參加教育部人文社科基地國家級重大課題《音樂類非物質文化遺產保護的理論與實踐研究》（項目立項號：06JJD760005），承擔國外非物質文化遺產保護的理論與實踐研究。參加國務院批准的中華人民共和國成立以來最大的文化出版工程、我國十一五期間重大文化出版工程《中華大典》項目，承擔《中華大典·藝術典·音樂分典》的框架制定、禮樂制度沿革部等編撰工作。

提　　要

雅俗問題是中國文化史、藝術史研究中的重要問題。在中國古代，雅、俗問題有特定含義，主要指雅樂與俗樂（鄭衛之音），而崇雅貶俗一直是正統儒家士大夫的思想主張。但近幾十年，雅樂在音樂史文化史上的地位和作用，從未得到肯定，雅樂的衍變歷史也很少受到學界關注。

中國素以「禮儀之邦」自豪，禮樂文化被視爲中國傳統文化的核心內容。「禮樂相須爲用，禮非樂不行，樂非禮不舉」，雅樂在傳統禮樂文化中長期佔有舉足輕重的地位。隨著非物質文化遺產保護工作的開展，雅樂作爲一項重要的非物質文化遺產，受到韓國、越南、日本等許多國家重視，已部分列入聯合國「人類口頭與非物質遺產代表作」名錄。中國古代雅樂遺產的發展歷史及其價值的重新認定，已經刻不容緩。

雅樂最初形成於西周「制禮作樂」，廣義而言，雅樂是周部族自己的音樂。蓋「雅」即「夏」，指關中一帶夏人舊地，周人的語言被稱爲「雅言」，周人之樂理所當然是「雅樂」。西周宮廷禮樂體系中的雅樂，既包括郊廟祭祀及朝會宴饗儀式用周人之樂，也包括繼承、整理過的先周各朝廟堂禮樂。從而組成六樂六小舞等在內的郊社宗廟、朝會宴饗（饗食、饗射、賓客）、儀仗（出行、軍征、凱旋）等廣義雅樂。此外，宮廷禮樂還包含來自北方諸國的「風」及遠方各國的四方樂、散樂等。

隨著周人封邦建國，在全國推行宗法制，雅樂隨禮樂體制的推廣，影響及於各諸侯國及遠方周邊國家，既是周人加強精神統治的工具，也成爲「中國」文明高度發展的象徵。完成於後世的《周禮》《儀禮》等文獻，對宮廷雅樂體系有詳細的追述記錄，儘管有理想化加工，但也反映了服從於禮儀等級制度的「雅樂」的宏大嚴密與重大影響力。

雅樂概念不僅有廣義、狹義，在歷史進程中其外延、內涵也不斷變化。春秋後期，面對日益嚴重「禮壞樂崩」痛感「是可忍，孰不可忍」、以復周禮爲自己崇高使命的孔子，明確提出「雅樂」即雅正之樂的概念。他身體力行推行傳統的禮樂教育，極力譴責、貶抑對雅樂形成挑戰的「鄭衛之音」——當時廣受歡迎的新樂、女樂。

但是，孔子鼓吹之「雅樂」，多少改變、擴展了西周時期宮廷雅樂的性質和範圍：他帶領學生「詩三百篇」皆絃歌之，通稱三百篇「思無邪」，卻忽略了原先《詩經》中頌、夏（大夏、小夏即大雅、小雅）、風的明確區分，十五國「風」，在孔子這裡也統統成爲雅樂了。隨著朝代更替、社會發展和文化繁榮等因素，雅樂的內涵與外延不斷豐富與擴大，歷代的雅樂皆較前代有所突破。

自先秦開始，諸思想家即已圍繞「雅俗」（雅鄭）問題展開激烈的論辯。歷代統治者在制定本朝禮樂時，也多重視此問題。爲此引發了歷史上諸多分歧與爭議，但仍未從根本上辨明雅樂與俗樂二者在外延和內涵上究竟有何差別。

雅樂作爲統治階級維護禮樂統治的重要組成部分，因囿於政治因素，在音樂上常表現出較爲僵化、死板的特點，更被古往今來的學者視爲禮樂制度的軀殼。但從歷史的具體事實出發，可明晰地看出不同時代雅樂在外延與內涵上的具體變化。雅樂的發展離不開俗樂的藝術滋養，文獻中亦多見雅樂與俗樂轉換的事實，統治者意識形態中的「先王之樂」也多有來自民間音樂的成分。

在一定的條件和環境下，雅樂和俗樂可以相互轉換。20世紀西方文論中強調文本和語境的關係，同樣的文本在不同的語境下會產生截然不同的性質。縱觀中國古代音樂史中雅樂和俗樂的發展沿革，可清晰地看出：雅樂和俗樂既相互對立，又相互統一。二者在各自發展中，既相互比較，又相互存在；既相互較量與對抗，又相互滲透與汲取，並在一定條件下相互轉化與融合。本書以西周到唐代的宮廷雅樂（不含古琴音樂及祭孔音樂等）爲研究對象，對不同時代的雅樂進行較爲全面地考量，主要對宮廷雅樂的範圍及其所具有的儀式功能及文化屬性等問題進行剖析，深入挖掘雅樂體系背後所蘊含的意義深遠的「禮」的內核，力圖將雅樂所賦予的更深層的文化意義揭示出來。

目

次

引　言

一、選題意義

（一）雅俗問題的由來

雅俗問題，是中國藝術史、文化史上的一大問題，也是世界藝術史和文化史研究中的重大問題。20 世紀 80 和 90 年代，雅俗關係、古今關係和中外關係等問題，一度成爲藝術學研究者（包括音樂學研究者）關注的熱點。

今天音樂學家們面對的雅俗問題，主要指藝術作品與欣賞的品味、格調層次區分，「雅」即高雅、文雅、優雅，意味著較高的品味和格調追求，意味著普及與提高這對矛盾中的提高部分，是較高層次的比較精緻的藝術作品與審美境界。「俗」指較通俗、凡俗的作品與欣賞要求，也指低俗、平庸甚至庸俗、惡俗的作品與欣賞追求。

在中國古代音樂史領域，文人士大夫和統治者長期討論、反覆爭辯的雅俗問題，其概念範疇和核心問題（如雅俗之別、崇雅貶俗問題），與今天論的雅俗，有部分相同，但很多地方大不相同。

古代音樂史上的雅俗，也就是雅樂、俗樂，不僅是藝術格調和趣旨的高下、文野之別。儘管每一代雅樂、俗樂所指並不盡相同，甚至最一本正經地爭論雅俗之別和崇雅貶俗問題於朝堂的封建統治者和文人士大夫也無法明確界定，但在他們看來，雅樂和俗樂（也叫鄭衛之音）是兩類大不相同的、不可混淆的音樂，它們之間存在巨大矛盾衝突，不可同日而語。儒家學說的忠誠信徒將捍衛雅樂尊嚴、純潔、崇高的地位，抵制、限制俗樂流行，視爲自己神聖的使命和責任。在他們看來，「雅」即正，雅樂即正樂，也就是正經的、正統的、嚴肅的、端正的、好的、符合道德的音樂。

中國的階級社會在夏朝奠定基礎，經過商朝發展，周代達到新的鼎盛。周朝勢力和影響遠超越前代，是一個強有力地實施統治的王朝。周王朝建立後，爲在廣大地域實現周人有效統治，採取封邦建國等宗法制度，「以蕃屏周」，確立嚴格的等級分劃，在前人基礎上發展、制定了一整套複雜的禮樂制度。這一禮樂系統逐漸鞏固完善，在中國歷史上影響深遠。中國素以「禮儀之邦」著稱，「禮樂文明」一直是中華民族引爲自豪的文化遺產，周代的制禮作樂，功莫大焉。

在古代禮樂制度中，雅樂一直具有特殊、崇高、顯赫的地位。在西周以來逐漸鞏固完善的禮樂系統中，與禮制緊密結合的雅樂，作爲禮的附庸，也協同等級化的禮制規定，既成爲王權與國家權威的象徵，也是不同等級身份地位的重要象徵。

王朝統治者通過一系列嚴格的禮儀制度規定，樹立起自身至高無上的社會地位。這一系列等級制度，涉及祭祀、朝會、軍事等各個細節，包括儀式程序、名物制度、禮儀辭令、禮法意義等，音樂也是其中必不可少的內容。這種象徵王權的音樂，便是一般意義上的雅樂。

《左傳・成公十三年》云：「國之大事，在祀與戎。」說明在古代社會，國家的政治活動集中體現於祭祀與征伐兩大類事項，是宮廷禮樂活動的核心。

周代制定禮樂時雅樂包含哪些內容？周代雅樂如何形成？雅的最初含義是什麼？雅的含義如何演變？這裡不妨稍加考察追溯。

「雅」字最初含義，當指一種楚鳥。《說文・隹部》：「雅，楚鳥也。一名鸒，一名卑居，秦謂之雅。」段玉裁注：「楚烏，烏屬，其名楚烏，非荊楚之楚也。」

「雅」字常借指「正、即合乎規範、標準」者。例如，《玉篇・隹部》：「雅，正也。」《論語・述而》：「子所雅言，《詩》、《書》、執禮，皆雅言也。」何晏集解引孔安國曰：「雅言，正言也。」皇侃義疏：「雅，正也。」又如，《詩經・周南・關雎序》：「雅者，正也。言王政之所由廢興也。政有小大，故有小雅焉，有大雅焉。」

「雅」又通「夏」，指以周畿爲中心的地區，其官話爲「雅言」，即「夏言」，就是當時中原地區的標準話。如上文所述，《論語・述而》：「子所雅言，《詩》、《書》、執禮，皆雅言也。」劉寶楠注：「雅之爲言，夏也。又孫卿《儒效篇》云：『居楚而楚，居越而越，居夏而夏，是非天性也，積靡使然也。』

然則雅、夏古字通。」又王念孫《讀書雜志》在解釋荀子《榮辱篇》:「譬之越人安越,楚人安楚,君子安雅」時,也認爲「夏」、「雅」二字相通,「雅讀爲夏,夏謂中國也,故與楚、越對文。《儒效篇》『居楚而楚,居越而越,居夏而夏』是其證。古者夏、雅二字互通,故《左傳》齊大夫子雅,《韓子‧外儲說右篇》作子夏。」周人自認爲是「夏」人後代,常自稱「夏人」。古字「雅」與「夏」讀音亦相同,均讀爲[ga],故可以通用。「雅言」亦能區分和規範各地方言,其地位就像今天「普通話」與各種方言間的關係。劉熙《釋名》卷六《釋典藝》說:「《爾雅》:爾,昵也;昵,近也。雅,義也;義,正也。五方之言不同,皆以近正爲主也。」余冠英《詩經選注》明確指出:「雅是正的意思,周人所認爲的正聲叫雅樂,正如周人的官話叫做雅言。雅字也就是『夏』字,也許就是從地名或族名來的。」另梁啓超《釋四詩名義》亦有深入分析:

> 雅與夏字相通。《荀子‧榮辱》篇:「越人安越,楚人安楚。君子安雅。」《儒效》篇則云:「居楚而楚,居越而越,居夏而夏。」可見,「安雅」之雅即「夏」字。荀氏《中鑒》,左氏《三都賦》皆言:「音有楚夏」,說的是音有楚音,夏音之別……《說文》:「夏,中國之人也。」雅音即夏音,猶雲中原聲云耳。

雅樂和俗樂(鄭衛之音),作爲區別兩類不同性質音樂的分類,不僅是藝術趣味高低文野的區分,應確立於春秋時期。

春秋時期的「雅樂」,最初還沒有與「俗樂」對立,而是與鄭國之樂爲代表的各諸侯音樂相對立,之後又與「新聲」、「淫樂」、「新樂」、「女樂」等新興樂舞對立。如《論語‧陽貨》:「子曰:惡紫之奪朱也,惡鄭聲之亂雅樂也。」在當時「禮壞樂崩」環境下,孔子反對、厭惡的不是鄭聲本身,而是以鄭國爲代表的各諸侯國新興音樂對西周以來傳統雅樂所形成的巨大威脅,所造成的猛烈衝擊。

關於雅俗二詞的對立,清代趙翼《陔餘叢考》卷二二考證云:

> 「雅」、「俗」二字相對,見王充《論衡‧四諱篇》引田文問其父嬰不舉五月子之說。謂田嬰俗父也,田文雅子也。然則「雅」、「俗」二字蓋起於東漢之世。(又劉熙《釋名序》有「名號雅俗」之語。熙,漢末魏初人,益見「雅」、「俗」二字起於東漢。)〔註1〕

〔註1〕〔清〕趙翼,陔餘叢考〔M〕,欒保群,呂宗力校點,石家莊:河北人民出版社,1990:365。

雅、俗相對觀念之流行，反映了社會上習儒風氣的興盛，說它在東漢流行，有一定道理。「俗」字之出現及「雅」、「俗」二者對立，並非「起於東漢」。按荀子《儒效篇》：「有俗人者，有俗儒者，有雅儒者，有大儒者」即提出「雅儒」、「俗儒」，作爲彼此相對的概念。荀子更進一步說：「人主用俗人，則萬乘之國亡；用俗儒，則萬乘之國存；用雅儒，則千乘之國安；用大儒，則百里之地久，而後三年，天下爲一，諸侯爲臣；用萬乘之國，則舉錯而定，一朝而伯。」認爲兩者區別主要在於是否「隆禮義而殺詩書」，雅、俗對立實爲國家政治制度、倫理道德與藝術的對立。

但雅俗關係問題並不像古代文人們說的那麼簡單。僅就雅樂、俗樂而言，其實你中有我，我中有你，勾連交錯，紛繁複雜，既斬不斷，欲理還亂。本書對西周至唐的雅、俗交錯糾結關係，將在後文深入剖析，這裡不多涉及。

綜上，歷代封建統治階級重視雅樂，「推崇雅樂，貶斥俗樂」成爲中國古代音樂美學的主調，尤其是在倡導儒家思想的文人階層表現尤爲明顯。然而何謂雅樂，何謂俗樂，有待深入分析，需切實瞭解它們不同時期的內涵與外延。

20 世紀結構主義語言學家索緒爾曾提出「能指」（signifier）與「所指」（signified）概念。「能指」是指語言的音響形象，即語言的語音形式，「所指」指形式所指代的內容，即語言表達的概念。「雅」字概念自產生以來，其「能指」和「所指」往往不是同一含義。「雅」字最早產生的概念和後來常用的概念所指不同，而且「雅」之初義也不常用，「雅」的概念是不斷發展、變化的。談到雅樂就不得不提及與之幾乎同時滋生、並行發展，密切相聯、關係繁複的俗樂。因此，雅樂、俗樂的問題不能大而化之、籠統談論，需要認眞梳理辨識。

（二）本書的現實意義

雅樂、俗樂問題在今天常用作藝術品味格調高低文野的區別，是當今社會一直被關注、探討的重要問題。20 世紀 80 年代以來，通俗音樂興起及引發的與嚴肅音樂之爭，激發了當代雅俗問題新一輪討論高潮。1994 年《中國音樂年鑒》設立專題探討雅俗關係，可以視爲這一討論的客觀反映。要深化這一討論，有必要結合古代雅樂俗樂的發展歷史和歷代相關討論來進行。

探討雅樂和俗樂關係問題，不僅要釐清二者概念的內涵外延變化，釐清古代雅俗之爭實質，更重要的是我們今天應該如何看待我國的雅樂傳統，如何看待尚有遺留的古代雅樂文化遺產。

　　我們既不能像 20 世紀 50 年代那樣，簡單地全面否定傳統雅樂，更不能像 60 年代「文化大革命」那樣全面「破除」「砸爛」包括傳統雅樂在內的一切「四舊」；也不能站在封建時代文人士大夫守舊的立場推崇雅樂否定俗樂。封建文人士大夫受儒家價值取向影響，長期流行「尊雅鄙俗」傾向，「俗」在很多情況下帶有粗俗、庸俗、陋俗等負面含義。但 20 世紀 50 年代的古代音樂史研究，強調音樂的人民性，認爲民間音樂是中國音樂主流，對雅樂則非常貶低。其實，歷代雅樂與民間音樂往往你中有我，我中有你，相互交融，相互吸收。在某些特定時段，雅樂不僅積極吸納民間音樂，還能生動反映昂揚向上的時代精神。例如初唐宮廷三大舞之一《破陣樂》，來源於軍中歌曲《秦王破陣樂》，上演於宮廷大朝會時，「聲振百里，動蕩山谷」，充分顯示了大唐王朝欣欣向榮的宏偉氣象。但宮廷僵化的等級觀念意識，難免導致雅樂中俗樂因素生命力的喪失，導致雅樂逐漸僵化。本書希望能縱觀古今，考鏡源流，力求分析掌握更多文獻和考古資料，獲得新的認識和論斷，從客觀角度詳細梳理與詮釋雅樂和俗樂關係，通過西周至唐歷代雅樂概念所指及其涵蓋範圍的流變，通過各朝雅樂的前後變化，試圖更全面、系統地闡釋雅樂與俗樂的關係。正確認識雅樂、俗樂關係，不僅對音樂美學思想研究具有一定參考作用，對雅樂這一非物質文化遺產能夠更好地傳承，也具有積極的現實意義。

二、研究方法

（一）文獻學方法

　　文獻學方法是本書主要運用的研究方法，包括目錄學、傳注學、校勘學、版本學、辯僞學、輯佚學等學科。本書資料搜集工作中，首先利用資料索引搜集有關研究成果，瞭解關於「西周至唐雅樂」課題已有的研究成果；要利用辭書瞭解本書的語言學源流；利用類書及正史搜集主要資料，建立知識線索，確定關鍵詞；利用索引補充材料，完善資料分類體系；利用輯佚書補充材料，輯佚佚文；利用目錄書確定閱讀範圍；利用總集和叢書閱讀原著。在文獻研究中，版本尤爲重要，可以通過版本比較追求古籍原貌，通過版本嬗替瞭解古籍的流傳。

（二）訓詁學方法

　　本書運用形訓、聲訓、義訓、互訓和反訓等訓詁學研究方法，從《說文》、《廣雅》、《爾雅》、《釋名》等古文字訓詁專書中，以訓詁學角度對「雅」、「俗」

二字和「雅樂」、「俗樂」的產生進行考證與梳理，以及「雅樂」這一概念產生後與哪種音樂類別相對立，爲探討「雅」和「俗」、「雅樂」和「俗樂」關係問題夯實基礎。

（三）考古學方法

王國維 1926 年發表於《國學月報》的《古史新證》，凝聚他二十餘年研究古史收穫心得，開宗明義就標示出他研究歷史的新方法——二重論據法，提出史學研究要與考古發現相互印證，通過考古發現解決史學問題。陳寅恪亦云：「取地下之實物與紙上之遺文互相釋證」。地下文物不斷出土，給我們提供了不可多得的第一手研究材料，這些古代遺迹材料反映了古代歷史發展中眞實的一面。本書通過對曾侯乙墓和馬王堆漢墓三號墓的音樂事象、器物以及漢畫像體現出的與本書相關的考古材料進行研究，結合文獻記載，對其音樂文化性質歸屬作以重新解讀。

（四）傳播學方法

自 1871 年泰勒《原始文化》出版以來，更多人類學家以傳播理論來解釋文化，認爲傳播是文化發展的主要因素，文化變遷過程就是傳播過程，不同文化間的相同性是許多文化圈相交的結果，所有文化開始於一個或多個特殊區域，然後向全世界傳播。加拿大學者埃里克麥克魯漢開創了以傳播學進行研究的模式。在文化以不同形式傳播的過程中，需要有一個共同代碼。春秋戰國「禮崩樂壞」，西周禮樂制度向各諸侯國下移，可以通過這個共同代碼使其文化在下移過程進行制度化傳播。從傳播學角度看，人的一切活動都攜帶著信息，都具有傳播功能，禮樂活動亦如此。雅樂在春秋戰國文化下移時期的傳播中，承載著西周的文化屬性。本書運用傳播學研究方法，把握春秋戰國雅樂傳播的普遍規律，以及雅樂在傳播過程中其內部的變化和引起的相關事物變化，試對春秋戰國文化下移時期的雅樂傳播進行較爲全面、深入地分析。

（五）民俗學方法

本書從民俗學角度研究《詩經》中《邦風》、《大雅》、《小雅》反映出的地域民俗特點，進一步瞭解當時《邦風》和《大雅》、《小雅》體現出的音樂民俗文化特性及其傳播過程中的流變。從民俗的集體性、傳承性與擴布性、穩定性與變異性、類型性、規範性與服務性等特性，以及民俗的教化功能、

規範功能、維繫功能、調節功能等社會功能兩方面，深入研究春秋戰國時期的音樂事象。

（六）社會學方法

社會學是從社會整體出發，通過社會關係和社會行爲研究社會的結構、功能、發生規律的綜合性學科，基本研究方法是將文化進行分層次研究。本書對不同時期雅樂所承載的深厚文化內因進行具體研究，運用統計、分類等社會學研究方法，將不同時期雅樂所屬的不同文化類型及其不同特性，融會貫通分門別類地展示出來。

三、相關研究成果綜述

前人的雅樂問題研究，主要從雅樂的總體評價與性質、宮廷雅樂斷代以及雅樂與俗樂關係等幾方面論述。

（一）對雅樂的總體評價

綜觀至今發表的各種古代音樂史著述及相關文章，許多前輩學者對雅樂的總體評價是較爲貶低的。例如，楊蔭瀏認爲宮廷雅樂過於僵化，指出「從創作來源而言，雅樂是出於取媚統治者的官僚之手；從內容而言，無非是對當代統治者的歌功頌德；從目的而言，是要鞏固統治，強調皇帝的尊嚴。它是徹頭徹尾反人民的，它既是脫離民間的藝術傳統，又是與人民的思想感情背道而馳的東西。這就注定了它沒有生命，注定了它創作的一天，就是開始僵化的一天。非但漢代的雅樂是如此，後來各朝的雅樂也都是如此。」〔註2〕

黃翔鵬《雅樂不是中國音樂傳統的主流》一文，提出民間音樂才是中國傳統音樂的主流，否定了雅樂爲主流的觀點，指出：「雅樂在封建社會中，名義上頗受統治階級的重視；實則藝術水平甚低，從來只被當作『禮』的附庸，更談不上是否可能成爲中國音樂傳統中的主流。」〔註3〕

（二）宮廷雅樂的斷代研究

歷代雅樂及雅俗關係的具體研究，學者多有涉獵。李方元《周代宮廷雅樂的歷史淵源及成因》〔註4〕一文，注重討論周代雅樂的歷史來源，主要涉及與宗教和非宗教背景因素相關聯的音樂實踐依據及其觀念內涵。他在《周

〔註2〕楊蔭瀏，中國古代音樂史稿〔M〕，北京：人民音樂出版社，1981：127。
〔註3〕黃翔鵬，雅樂不是中國音樂傳統的主流〔J〕，人民音樂，1982（12）：11～12。
〔註4〕李方元，周代宮廷雅樂的歷史淵源及成因〔J〕，音樂藝術，1993（3）：1～5。

代宮廷雅樂面貌及其特徵》〔註5〕文中認為，周代社會音樂實踐的積累與狀況是雅樂所用之樂直接的、基本的來源與依據。西周禮樂制度的建立，使雅樂的社會性質有了特殊的規定——一種與政治制度緊密聯繫的音樂實體。在周代宮廷雅樂面貌中體現出明顯的制度化特徵。修海林在《周代雅樂審美觀》〔註6〕文中，從西周雅樂制度及其實施行為、活動方式本身入手，對周代雅樂審美觀念、意識進行研究。

　　王秀臣《周代雅樂的時空意義考察》〔註7〕認為，禮樂文化就是「雅」文化，雅樂貫穿於整個禮樂制度從產生、發展到衰落的全過程。雅樂的影響不只是停留在歷史的時間和空間裏，從時間和空間的意義上，雅樂並非是一個靜止、孤立的學科概念，而是一個發展、綜合的文化概念。他在《周代禮制的嬗變與雅樂內涵的變化》文中〔註8〕認為，周代禮樂制度的產生、發展和成熟經歷了一個長期過程，這一過程正好與雅樂的發展與成熟相一致，與《詩》文本的結集和形成相一致。雅樂作為周代典禮制度和禮樂文化的產物，典禮的內容與形式直接決定了雅樂的藝術構成，而典禮制度的發展變化，帶來了雅樂內涵的變化。典禮、雅樂和《詩》三者同源同構，三位一體，共同構築起周代禮樂文化的整體框架。三者關係的解構，同時也意味著周代文化的轉型。

　　李榮有《論漢代音樂文化的發展體系》〔註9〕認為，關於漢代音樂文化的發展體系，也即漢代雅樂與俗樂的關係問題，自古以來形成兩種相互對立的觀念，長期不可調和。通過對史料文獻、出土漢畫像音樂文物的綜合分析論證，可見雅俗並存是漢代音樂文化發展的基本體系，雅俗對立統一是漢代音樂文化發展的動力，雅俗交融互補是漢代音樂文化發展的主流。

　　吳朋《隋唐五代雅樂稗考》〔註10〕認為，雅樂是社會發展過程中產生的歷史文化現象，它的存在與發展，不僅積極地促進了宮廷音樂的變革與「進化」，而且符合封建時期儀式音樂發展的規律和特點；歷史文獻中，「雅樂」是一個廣義的概念，泛指與郊社（祭祀天地）、宗廟（祭祀祖先）、宮廷儀禮

〔註5〕李方元，周代宮廷雅樂面貌及其特徵〔J〕，雲南藝術學院學報，2002（3）：11～18。

〔註6〕修海林，周代雅樂審美觀〔J〕，音樂研究，1991（1）：70～74。

〔註7〕王秀臣，周代雅樂的時空意義考察〔J〕，齊魯學刊，2006（6）：13～16。

〔註8〕王秀臣，周代禮制的嬗變與雅樂內涵的變化〔J〕，社會科學輯刊，2005（4）：165～170。

〔註9〕李榮有，論漢代音樂文化的發展體系〔J〕，中國音樂學，2002（1）：55～62。

〔註10〕吳朋，隋唐五代雅樂稗考〔J〕，中國音樂學，2004（1）：43～51。

（朝會、賓客、宴饗）、軍隊凱旋等儀式有關的音樂，可做「儀式音樂」的代稱；從記載上看，歷代宮廷雅樂的調式都是嚴格按照「宮爲君、商爲臣……」的封建禮樂思想確定的，似乎與音樂藝術自身的規律無關。倘若對待文化遺產的問題上持積極的態度，便會發現，我國宮廷音樂家是最早對調式是否具有表情、表意功能和「色彩」等問題進行專題研究的，其價值和意義極爲深遠。

　　邱源媛《唐宋雅樂的對比研究》〔註11〕認爲，雅樂根植依附於政治制度，對封建政權、統治階級思想等都有很敏銳而直觀的反映，結合社會發展、文化變遷，對雅樂的產生、發展、衰微、死亡進行系統地梳理是有相當必要的。唐代雅樂求新，尙融合；宋代雅樂保守、求復古。對雅樂發展的整個流程不應平均看待，要注意其中的起伏變化，將雅樂與其時代的政治背景、思想文化相聯繫，從社會史、思想史、文化史的角度進行分析研究。她在《唐代雅樂簡論》文中〔註12〕認爲，雅樂泛指宮廷祭祀活動和朝會禮儀中所用的音樂，起源於周代禮樂制度，政治嚴肅性、儒家思想正統性是其製作之著眼點。然至唐代，歷朝君王重燕輕雅，雅樂製作較之他代尤簡；朝廷喜尙享樂，祭祀大樂援引蕪雜，民間小調、西域民族音樂、佛道曲調摻雜其中，使雅樂的娛樂性得以凸顯，政治功用弱化，形成了大唐雅樂獨具之特點。

　　孫琳《唐宋宮廷雅樂之比較研究》〔註13〕認爲，雅樂作爲統治階級思想的載體與政治緊密相聯，對其時代的社會政治、思想文化具有相當敏銳而直觀地反映。指出唐代雅樂尤簡，宋代雅樂繁雜復古。從雅樂的樂隊、樂律、管理機構、君臣對雅樂的態度等方面的比較，進一步說明他們之間的異同點。

（三）雅俗樂關係的研究

　　錢志熙《音樂史上的雅俗之變與漢代的樂府藝術》〔註14〕一文從周樂完成體系後俗樂的繼續發展造成戰國音樂的雅俗衝突；雅樂在漢代衰微的音樂本身的原因；漢代祭祀、典禮之樂的雅俗性質問題，雅樂在漢代的保留情況；漢樂府俗樂藝術的構成及其綜合性娛樂藝術的性質等幾方面來談漢代樂府藝

〔註11〕邱源媛，唐宋雅樂的對比研究〔D〕，四川：四川大學，2003。
〔註12〕邱源媛，唐代雅樂簡論〔J〕，四川大學學報（哲學社會科學版），2003（1）：119～123。
〔註13〕孫琳，唐宋宮廷雅樂之比較研究〔D〕，武漢：武漢音樂學院，2006。
〔註14〕錢志熙，音樂史上的雅俗之變與漢代的樂府藝術〔J〕，浙江社會科學，2000（4）：123～129。

術的問題。漢代的樂府藝術是一個以娛樂爲基本功能的俗樂藝術系統。從音樂史角度來看，漢樂府是戰國至秦漢雅樂衰微、俗樂逐漸發展的產物。

1994 年《中國音樂年鑑》對雅俗關係的相關探討認爲，宮廷雅樂作爲歷代統治者用以歌頌政德、愚弄民眾以鞏固政權的功利主義音樂，早在周代就達到其最高峰。之後，由於它總是站在反歷史、反藝術的軌道上，所以最終未逃脫日益衰微的命運。儘管中古以後，有些當權者曾竭力恢復，但也於事無補，隨著封建社會的日暮途窮，其功能不斷萎縮，其生存岌岌可危，以致最後完全消亡。〔註15〕

由以上諸多不同研究角度可看出，前人對雅樂的總體評價及其性質所屬多持雅樂過於僵化，逆音樂形態本體發展之流的觀點。有學者認爲雅俗並存且對立統一是漢代音樂文化發展的動力，還有學者對歷代雅樂具體內容與性質進行分析對比。

本書在前人研究成果與文獻、考古等材料基礎上，試圖從雅樂性質、總體評價、西周至唐歷代雅樂沿革中具體概念、範圍所指及其與俗樂關係等進行深入分析，力圖對西周至唐宮廷雅樂作較爲全面、明晰的梳理與新解讀。

四、先周禮制概說

「禮」源於原始社會的風俗習慣。在原始社會中，「國家並不存在，公共聯繫、社會本身、紀律以及勞動規則，全靠習慣和傳統的力量來維持，全靠族長或婦女享有的威信或尊敬來維持。」〔註16〕

《說文・示部》：「禮，履也。所以事神致福也，從示，從豐，豐亦聲。」〔註17〕清人徐灝《說文解字注箋》：「『禮』之言履，履而行之也。『禮』之名起於事神，引申爲凡禮儀之稱。」王國維在《釋禮》一文中，一方面吸納了許慎、鄭玄等人對「禮」字的釋義，另方面又據甲骨文材料作進一步推論。

「禮」最早可能源於宗教。見於文獻的先秦諸禮多與宗教相關。大戴輯《禮記禮三本》：「禮有三本：天地者，性之本也；先祖者，類之本也；君師者，治之本也。無天地焉生？無先祖焉出？無君師焉治？三者偏亡，無安之人。故禮上事天，下事地，宗事先祖而寵君師，是禮之三本也。」

〔註15〕雅俗新辨〔M〕，。1994 年中國音樂年鑑，山東友誼出版社，1998：446。
〔註16〕列寧全集〔M〕，北京：人民出版社，1956：432。
〔註17〕〔清〕段玉裁，說文解字注〔M〕，上海：上海古籍出版社，1981：2。

　　先秦文獻中多有關於「禮」的釋義。如「禮，經國家，定社稷，序民人，利後嗣也」；「夫禮，所以整民也」；「禮，國之幹也」；「禮，政之興也」；又如《孟子・公孫丑上》：「見其禮而知其政，聞其樂而知其德，由百世之後，等百世之王，莫之能違也。」荀子《禮論》曾對禮的源起作以闡釋：「禮起於何也？曰：人生而有欲，欲而不得，則不能無求；求而無度量分界，則不能不爭；爭則亂，亂則窮。先王惡其亂也，故制禮義以分之，以養人之欲，給人之求，使欲必不窮乎物，物必不屈於欲，兩者相持而長，是禮之所起也。」〔註18〕

　　禮是政治統治的重要媒介，與國家政權緊密聯繫。《荀子・大略》：「禮之於正國家也，如權衡之於輕重也，如繩墨之於曲直也。故人無禮不生，事無禮不成，國家無禮不寧。」又《禮記・哀公問》：「為政先禮。禮，其政之本與！」可見，禮在政治統治中的重要地位。

　　禮者，序也。《管子・五輔》：「上下有義，貴賤有分，長幼有等，貧富有度，凡此八者，禮之經也。」又《禮記・曲禮》：「夫禮者，所以定親疏，決嫌疑，別同異，明是非。」禮是強調與維護不同等級尊卑貴賤的等級規定。

　　宋王應麟《玉海》敘述歷代禮制時，提及「伏羲嘉禮」、「黃帝五禮」、「堯禮」、「虞五禮」、「三禮」、「虞禮樂制度」、「黃帝禮樂制度」，後被清秦蕙田收於《五禮通考》。以上所提一系列「禮」名稱多含後世比附之嫌。在文獻中多有對堯舜修禮的記載，如《後漢書・曹褒傳》：「述堯理世，平制禮樂，放唐之文。」李賢注引宋均曰：「舜受禪後習堯禮」；《尚書・堯典》：「舜修五禮」；《史記・五帝本紀》：「（舜）攝行天子之政……修五禮。」裴駰《集解》引馬融曰：「吉、凶、賓、軍、嘉也。」張守節《正義》曰：「《尚書・堯典》云『類於上帝』，吉禮也；『如喪考妣』，凶禮也；『群后四朝』，賓禮也；《大禹謨》云『汝徂征』，軍禮也；《堯典》云『女於時』，嘉禮也。」但據近百年來考古出土實物證實，堯舜時期，禮已包括禮、禮儀、禮器等因素，至遲五帝時期應為禮樂文明萌芽階段。

　　完備而成體系的禮樂制度雖始於西周，但西周前即已產生禮制。孔子對西周之前的禮制曾作以追述：「夏禮，吾能言之，杞不足徵也；殷禮，吾能言之，宋不足徵也。文獻不足故也。足，則吾能征之矣。」〔註19〕西周禮制是

〔註18〕荀子・禮論〔M〕，〔清〕王先謙，荀子集解，北京：中華書局，1988：346。
〔註19〕論語・八佾〔M〕，楊伯峻，論語譯注，北京：中華書局，1980：26。

以夏商二代禮制爲據制定的,「殷因於夏禮所損益,可知也;周因於殷禮損益,可知也。」〔註20〕殷商沿襲夏朝禮儀制度,西周則沿襲殷商禮儀制度,故孔子曰:「周監於二代,郁郁乎文哉,吾從周。」〔註21〕

古代社會施行的「禮」是與等級制度分不開的,以「禮」維護宗法制度。夏代將社會等級分爲貴族、平民、奴隸,商代等級制度更爲森嚴。王國維《殷周制度論》認爲西周制定的禮樂制度旨在「納上下於道德,而後天子、諸侯、卿大夫、士、庶民以成一道德之團體」。

禮和樂作爲禮樂制度的重要組成部分,二者關係密切,互溶互彙,水乳交融。《禮記·樂記》說:「樂者天地之和也,禮者天地之序也。」又「知樂則幾於禮矣。禮樂皆得,謂之有德,德者得也。」《仲尼燕居》:「達於禮而不達於樂,謂之素。達於樂而不達於禮,謂之偏。」注云:「聽樂而知政之得失,則能正君、臣、民、事物之禮也。」此段文獻將禮和樂的關係明晰表達出來,不能忽視禮、樂任何一方,二者應同樣受到重視。

樂有助於行禮,「先君之禮,藉之以樂」。《禮記·仲尼燕居》:「不能樂,於禮素。」孔疏云:「言樂有音聲、綴兆、干戚文飾於禮。若不能習樂,則於禮樸素。」《禮記·月令》:「命樂師大合吹而罷。」注云:「凡用樂必有禮。用禮則有不用樂者。」禮可以別尊卑,樂亦可以區分尊卑。王國維《觀堂集林》卷二《釋樂次》對先秦文獻中的諸禮用樂情況作歸納總結,文後附有《天子諸侯大夫士用樂表》,表明不同身份、不同場合所用音樂是不同的,音樂可別尊卑、上下之等級。

《禮記·曲禮》說「禮不下庶人」,「樂」亦不下庶人。《荀子·富國》:「由士以上則必以禮樂節之,眾庶百姓則必以法數制之。」《左傳·成公二年》:「唯器與名,不可以假人,君之所司也。」張光直認爲「從本質上說,中國古代青銅器等於中國古代政治權利的工具。」〔註22〕《荀子·修身》:「凡用血氣、志意、知慮,由禮則治通,不由禮則悖亂提僈;食飲、衣服、居處、動靜,由禮則和節,不由禮則觸陷生疾;容貌、態度、進退、趨行,由禮則雅,不由禮則夷固僻違、庸眾而野。故人無禮則不生,事無禮則不成,國家無禮則不寧。」指出「雅」和「禮」的關係,「雅」是建立在重「禮」之上的,雅樂是建立在禮樂制度之上的。雅樂研究是禮樂制度研究的重要組成部分,也是

〔註20〕論語·爲政〔M〕,楊伯峻,論語譯注,北京:中華書局,1980:22。
〔註21〕論語·八佾〔M〕,楊伯峻,論語譯注,北京:中華書局,1980:28。
〔註22〕張光直,中國青銅時代(二集)〔M〕,北京:三聯書店,1990:123。

傳統文化研究的不斷深入與拓展。本書以「西周至唐宮廷雅樂」作爲研究對象，希望對西周至唐歷代雅樂情況作全面的新解讀。

第一章 雅樂體系的早期形成——
西周雅樂

西周（公元前 1046 年～公元前 771 年）是周武王滅商後建立的國家，定都鎬京（今陝西省西安市西部）。周族與商族一樣具有悠久的歷史，作爲偏處西方的「小邦」，長期附屬於商。歷經幾個世紀的經營，周族逐漸強大，趁著商紂腐敗和商人轉戰東南淮夷之機，一舉起兵伐紂，獲得勝利，建立了周朝。爲與此後平王將周王朝東遷洛邑稱爲「東周」相區分，故稱爲「西周」。

周國君爲姬姓，據說是帝嚳後裔棄的子孫。邰氏女姜嫄生棄，相傳棄擅長種稷和麥，被尊稱爲「農神」，「號曰后稷，別姓姬氏」。〔註 1〕《詩‧周頌‧恩文》和《大雅‧生民》二篇均爲祭祀后稷的樂歌，表達出對后稷稼牆的讚美與歌頌。周人很早即在西北黃土高原地區的涇、渭二水一帶居住生活，這一區域擁有適宜的自然環境，土地肥沃、物產豐富，因周之祖先重農，故在此地主要以農耕生活爲謀生之本，周人也特別珍視、祭奠重農的祖先。

黃土高原地區除周族外，還居住著許多游牧氏族部落，周族和其他西北地區的部落混居在一起。正因這種情況，周族常遭到戎狄侵擾。周人爲遠離、躲避其他部落的侵襲，頻繁遷移他處。至公劉時期，因常受到其他部落侵襲，周族遷居豳地，開始在那裡重新建立豕牢，開拓疆土。據《史記‧匈奴列傳》載，周族在豳地居住了「三百有餘歲」，因西北戎狄游牧部落不斷向渭水流域移動，周人懼於戎狄的勢力，不得不繼續遷移，最終到達岐山之下的周原，

〔註 1〕 〔漢〕司馬遷，史記‧周本紀〔M〕，//，北京：中華書局，1959：112。

並在此定居下來。因戎狄威脅，周人無法獲得更多奴隸，致其不能充分開展奴隸制，爲緩和內部矛盾，周人採用商原有之助耕制，以抵抗戎狄，並在此過程中形成了一種新的生產關係——封建社會的生產關係。《詩‧魯頌‧閟宮》有云：「后稷之孫，實維大王，居岐之陽，實始翦商。至於文武，大王之緒。」〔註2〕周人憑藉自己的力量不斷強大崛起，經王季、文王、武王三世發展，具備了強大的國力，一舉翦滅商，爲我國古代社會從奴隸制向封建制過渡做好準備。

太王生有太伯、虞仲、季歷三子，季歷生有子昌。太王偏愛昌，望昌能夠早日繼承周之偉業，太伯、虞仲二人得此消息後，逃往長江下游地區，季歷順理成章地繼承了周國大業。周國的勢力在季歷時期逐漸強盛，商王文丁封季歷爲「西伯」。但商王隨即感受到來自周國的威脅，遂將季歷殺死。其子昌嗣承周業，在其祖太王和其父季歷的基礎上，將周族的勢力擴至東方，並進一步緊密聯合附近的姬姜各氏族部落，以共同對抗商。昌爲君五十載，逐漸促成滅商大業，晚年封爲「文王」。《尚書‧康誥》：「天乃大命文王」〔註3〕；《君奭》：「天不庸釋於文王受命」〔註4〕；《無逸》：「文王受命惟中身」〔註5〕。文王乃「受天命」而稱王，施行仁政，始進入封建社會初期。《孟子‧梁惠王下》：「昔者文王之治岐也，耕者九一，仕者世祿。」趙岐注云：「言往者文王爲西伯時，始行王政，使岐民修井田：八家耕八百畝，其百畝者，以爲公田及廬井，故曰九一也」，可見，文王治岐時的繁榮景象。

《逸周書‧祭公解》：「皇天改大殷之命，惟文王受之，惟武王克之，咸茂厥功。」〔註6〕武王繼文王後以其新興力量，率領周人向商發動進攻。此舉既受到各民族的擁戴，又恰逢商主力部隊轉戰東南淮夷，得到商前線眾兵將的支持與響應，終一舉殲滅商王朝，建立了西周王朝。

政治制度方面，西周確立了宗法制和分封制。因周人重農，宗族關係在其社會生活中佔有重要地位，故制定宗法制以維護宗族的團結。宗法制以血

〔註2〕詩經‧魯頌〔M〕，//詩經校注，陳戌國，長沙：嶽麓書社，2004：434。
〔註3〕尚書‧康誥〔M〕，//尚書校注，陳戌國，長沙：嶽麓書社，2004：126。
〔註4〕尚書‧君奭〔M〕，//尚書校注，陳戌國，長沙：嶽麓書社，2004：156。
〔註5〕尚書‧無逸〔M〕，//尚書校注，陳戌國，長沙：嶽麓書社，2004：153。
〔註6〕逸周書‧祭公解〔M〕，//逸周書校補注譯，西安：西北大學出版社，黃懷信，1996：367。

緣關係區分同宗子孫之間的尊卑等級，尊敬祖宗，使西周王室可以得到繁榮而協調發展。分封制是由宗法制衍生出來的一種鞏固政權的制度，旨在「封建親戚，以藩屏周」，將親屬分封於地方邦國，以血親關係爲紐帶，成爲保護與鞏固西周王室的重要屏障。

西周王室在逐步完善政治制度之外，也較重視經濟，制定了一系列經濟制度，如井田制和工商食官制。井田制是將土地劃分爲「井」字的一種土地制度，以百畝作爲一個耕作單位，稱爲一田，縱橫相連的九田合爲一井。土地不能轉讓或買賣，「田裏不鬻」。井田制的實施對農業發展起到一定促進作用，體現出奴隸社會中奴隸通過集體勞動創造出來的成果。

在手工業生產與製造方面，西周時期手工業生產較爲發達，尤其是青銅鑄造業。通過已出土的西周墓葬可見，當時青銅業得到迅速發展，鑄造工藝細緻精美，技巧嫻熟，許多銅器上鑄有長篇銘文。此外，玉器、紡織品、陶瓷業及製漆技術等均有長足發展。

西周時期以農業爲基礎，農業爲手工業提供原材料，手工業的發展爲商業繁榮提供產品，便利的交通則進一步促進商業繁榮。西周時期的社會、政治、經濟及手工業等發展情況，爲西周禮樂制度的形成與發展提供了堅實保障，奠定了穩固基礎。

第一節　周公制禮作樂

諸多學者曾對周文化的特點加以剖析，范文瀾《中國通史》指出，「周文化是一種『尊禮文化』」；王國維《殷周制度論》亦指出「周人爲政之精髓」乃是「文武周公所以治天下之精義大法」。周人在建國之初，首先，確立了政治權利統治和血親道德統治具雙重功能的宗法制度；其次，強調分封制；第三，將上層建築的各個領域制度化，形成一套規定嚴格的禮制；第四，創制了與「禮」爲核心的上下尊卑（即君君、臣臣、父父、子子）的等級關係相配合的音樂形式，即西周時期的「制禮作樂」。周公制禮作樂，制定了西周時期從政治到文化各個方面的整套體系完備的典章制度，以鞏固周王室的統治，奠定了古代禮樂制度世代沿襲與亙古追尋的標準。

《禮記・祭義》：「周人貴親而尙齒」，周人制禮作樂旨在維繫血親關係，鞏固等級秩序。「禮」是以宗法制和等級制互爲表裏的禮制；「樂」是與禮的

儀式、等級相配合的音樂歌舞和樂隊編制。禮、樂實際就是通過禮儀樂舞體現宗法制爲核心的等級名分制度，〔註7〕二者之間關係緊密，「禮樂相須爲用，禮非樂不行，樂非禮不舉」。〔註8〕

關於周公制禮的最早文獻見於《左傳·文公十八年》：

> 季文子使大史克對曰：「先大夫臧文仲教行父事君之禮，行父奉以周旋，弗敢失隊。曰：『見有禮於其君者，事之，如孝子之養父母也。見無禮於其君者，誅之，如鷹鸇之逐鳥雀也。』先君周公制《周禮》曰，『則以觀德，德以處事，事以度功，功以食民。』作《誓命》曰：『毀則爲賊，掩賊爲藏，竊賄爲盜，盜器爲姦。主藏之名，賴姦之用，爲大凶德，有常，無赦。在九刑不忘。』」〔註9〕

這席話爲魯之世家子季文公所述，魯國爲周公子伯禽分封的國家，且年代距西周不遠，關於周公制禮的記載較爲詳實、可信。《禮記·明堂位》中亦對周公制禮作樂之事作以記載：「武王崩，成王幼弱，周公踐天子之位以治天下。六年朝諸侯於明堂，制禮作樂，頒度量而天下大服。」〔註10〕

周初，建立了我國歷史上第一個較明確、完備的宮廷雅樂體系，即郊社、宗廟、宮廷儀禮、鄉射及軍事典禮等一系列國家活動場合中配套使用的專屬樂舞。依照《周禮》〔註11〕對不同等級用樂的規定，具體體現爲西周時期的雅樂制度。西周時期不同的等級在禮樂器和歌舞的使用上，都能體現出嚴格的等級標誌與區分，爲體現出上下尊卑不同的等級，各等級在使用樂舞的規模、人數及樂器的種類、數量上，都有嚴格規定，不許僭越。

雅樂主要用於莊嚴肅穆的祭典儀式中，以歌頌政教規範爲內容，其主要目的並非強調音樂本體特點。就音樂本體而言，雅樂更多是被統治階級賦予爲一種上層建築的「制度」的內容。歷代統治者對於雅樂的運用，最重要的意義在於其實際功用，對雅樂的創作並未充分突顯出音樂本體的內容及音樂特點、性質等因素，主要還是爲儀式場合所用。

〔註7〕郭沫若，中國史稿·第一冊〔M〕，北京：人民出版社，1976：275。

〔註8〕〔元〕鄭樵，通志·樂略〔M〕，上海：上海古籍出版社，1990：345。

〔註9〕左傳·文公十八年〔M〕，//楊伯峻，春秋左傳注，北京：中華書局，1981：633～635。

〔註10〕禮記·明堂位〔M〕，//陳戊國，禮記校注，長沙：嶽麓書社，2004：229。

〔註11〕《周禮》是根據西周時期流行的典章制度系統化、理想化而製成的禮書，其成書應不早於戰國。

第一章　雅樂體系的早期形成──西周雅樂

一、西周雅樂內容──樂舞

（一）六代樂舞（六大舞）

六代樂舞作爲西周雅樂的重要內容，其演出儀制、使用場合等皆有明確的規定。《周禮·春官·大司樂》:「以六律、六同、五聲、八音、六舞大合樂，以致鬼神祇，以和邦國，以諧萬民，以安賓客，以說遠人，以作動物。乃分樂而序之，以祭、以享、以祀。」〔註12〕《周禮》對「六代樂舞」在祭祀天神、地祇、四望、山川、先妣和先祖時的具體運用作以詳細記載:「乃奏黃鍾，歌大呂，舞《雲門》，以祀天神;乃奏大蔟，歌應鍾，舞《咸池》，以祭地祇;乃奏姑洗，歌南呂，舞《大磬》，以祀四望;乃奏蕤賓，歌函鍾〔註13〕，舞《大夏》，以祭山川;乃奏夷則，歌小呂〔註14〕，舞《大濩》，以享先妣;乃奏無射，歌夾鍾，舞《大武》，以享先祖。」〔註15〕通過六代樂舞的排序，可明顯看出西周統治者以「受天命」爲正統自居。周公從勝利者的角度出發，將前幾代樂舞集合到一起，據統治者的意圖加以改編、使用，以宣揚西周統治者「德配聖王」之意，體現出一種強勢的權威象徵。

圖表1　西周時期雅樂──六代樂舞和西周新創雅樂

	創作者	在位年代	樂舞名稱
西周時期所用六代樂舞	黃帝	前？～？	雲門大卷
	唐堯	前？～？	大咸
	虞舜	前？～？	大韶
	夏禹	前2070〔註16〕～？	大夏

〔註12〕周禮·春官·大司樂〔M〕, // 〔清〕孫詒讓，十三經注疏本周禮正義，北京:中華書局，1987:1731。

〔註13〕函鍾，又名林鍾。

〔註14〕小呂，又名中呂。

〔註15〕周禮·春官·大司樂〔M〕, // 〔清〕孫詒讓，十三經注疏本周禮正義，北京:中華書局，1987:1739～1751。

〔註16〕夏商週年表，《夏商周斷代工程1996～2000年階段成果概要》。2000年11月9日，「夏商周斷代工程」正式公佈的《夏商週年表》，將我國的歷史紀年由西周晚期的共和元年（前841）向前延伸了1200多年，彌補了中國古代文明研究的一大缺憾。據此年表，夏代始年約爲公元前2070年;夏商分界約爲公元前1600年;盤庚遷殷約爲公元前1300年;商周分界爲公元前1046年。另年表還排出了西周十王具體在位時間。

－19－

	商湯	前 1075～1046	大濩
	周武王	前 1046～1043	大武
周代樂舞	周武王	前 1046～1043	象
	周公旦	周文王之子	勺
	周成王	前 1042～1021	騶虞

六代樂舞爲國子必學之舞。《周禮·春官·大司樂》:「以樂舞教國子,舞雲門大卷、大咸、大韶、大夏、大濩、大武。」〔註17〕此六舞均爲當時史詩性的古典樂舞,皆頌揚統治者的功績,令國子學習六代樂舞以示其不忘先祖的豐功偉績。郭店楚簡《性自命出》亦表現出古樂所具有的教化作用:「凡古樂動心,益樂動指,皆教其人者也。《賚》、《武》樂取,《韶》、《夏》樂情。」〔註18〕

《春官·大司樂》對六代樂舞所用音律作以說明:「凡樂,圜鍾(即夾鍾)爲宮,黃鍾爲角,大蔟爲徵,姑洗爲羽,靁鼓靁鼗,孤竹之管,雲和之琴瑟,《雲門》之舞,冬日至,於地上之圜丘奏之,若樂六變,則天神皆降,可得而禮矣。凡樂,函鍾爲宮,大蔟爲角,姑洗爲徵,南呂爲羽,靈鼓靈鼗,孫竹之管,空桑之琴瑟,《咸池》之舞,夏日至,於澤中之方丘奏之,若樂八變,則地示皆出,可得而禮矣。凡樂,黃鍾爲宮,大呂爲角,大蔟爲徵,應鍾爲羽,路鼓路鼗,陰竹之管,龍門之琴瑟,《九德》之歌,《九磬》之舞,於宗廟之中奏之,若樂九變,則人鬼可得而禮矣。」〔註19〕同時對六代樂舞所產生的感天動地的效果作以闡釋:「凡六樂者,文之以五聲,播之以八音。凡六樂者,一變而致羽物及川澤之示,再變而致贏物及山林之示,三變而致鱗物及丘陵之示,四變而致毛物及墳衍之示,五變而致介物及土示,六變而致象物及天神。」〔註20〕

1. 雲門大卷

《雲門大卷》爲歌頌黃帝功績的樂舞,相傳黃帝創制萬物,團聚萬民,

〔註17〕周禮·春官·大司樂〔M〕,//〔清〕孫詒讓,十三經注疏本周禮正義,北京:中華書局,1987:1725。

〔註18〕李零,郭店楚簡校讀記〔M〕,北京:中國人民大學出版社,2007:106。

〔註19〕周禮·春官·大司樂〔M〕,//〔清〕孫詒讓,十三經注疏本周禮正義,北京:中華書局,1987:1757。

〔註20〕周禮·春官·大司樂〔M〕,//〔清〕孫詒讓,十三經注疏本周禮正義,北京:中華書局,1987:1752～1753。

盛德之景象猶如祥雲，故黃帝的樂舞名為《雲門大卷》，簡稱為《雲門》。《左傳·昭公十七年》：「昔者黃帝氏以雲紀，故為雲師而雲名。」《史記·五帝本紀》：「（黃帝）官名皆以雲命，為雲師。」應劭曰：「黃帝受命，有雲瑞，故以雲紀事也。」傳說黃帝即位時，天上呈現出祥瑞之雲，便以雲紀，並將雲作為其部族圖騰，故此樂舞亦名為《承雲》，為黃帝之孫顓頊〔註21〕令飛龍所創作的樂舞，意為承瑞雲之福祐。由上可見，《雲門大卷》為黃帝時期其部落以云為圖騰創作的樂舞，表現出其部族對於「雲」這一圖騰的歌頌與崇拜。

2. 大咸

《大咸》亦名《咸池》，為唐堯時期的樂舞。相傳此樂亦為黃帝所作，至堯時為與黃帝之樂名稱不重複，更名為《咸池》。《白虎通·禮樂》：「黃帝樂曰《咸池》。咸池者，言大施天下道而行之，天之所生，地之所載，咸蒙德施也。」據《史記·天官書》所載，咸池為天上西宮星名，主管五穀。若此星持明亮之狀，則莊稼就有好收成；若此星持晦暗之狀，則莊稼將會顆粒無收，並帶來兵災。在當時人們的觀念中，此星與百姓的生計息息相關，故人們作樂恭敬地來祭祀奉拜它。「咸池」亦有另一層含義，為「日落之處」的意思。《淮南子·天文訓》：「日出暘谷，浴於咸池。」《離騷》王逸注「咸池，日浴處。」據《通鑑外紀》載，《大咸》常在仲春二月播種之時表演，以祈求莊稼豐收之意。《莊子·天運》中亦有對《咸池》之樂的相關寓言，「北門成問於黃帝曰：帝張《咸池》之樂於洞庭之野，吾始聞之懼，復聞之怠，卒聞之而惑，蕩蕩默默，乃不自得。帝曰：『汝殆其然哉。……樂也者，始於懼，懼故崇；吾又次之以怠，怠故遁；卒之於惑，惑故愚，愚故道，道可載而與之懼也。』」〔註22〕《咸池》之舞具有強烈的神秘色彩，使人初聞之會感到懼怕，故人們因懼怕而崇拜它，更增添了這一樂舞的神秘宗教色彩。

3. 大韶

《大韶》（或寫為《大招》）為虞舜時期創作的樂舞。《韶》見於文獻中記載的異名很多，如《九韶》、《簫韶》、《韶箾》、《韶虞》等，亦有稱之為《九辯》者。相傳為夏后啟從天上偷來的《九招》，《山海經·大荒西經》載：「開（夏后啟）上三嬪於天，得《九辯》、《九歌》以下。……開焉得始歌《九招》。」

〔註21〕《史記·五帝本紀》：「帝顓頊高陽者，黃帝之孫。」
〔註22〕曹礎基，莊子淺注〔M〕，北京：中華書局，2000：205～206。

《尚書‧益稷》：「《簫韶》九成，鳳皇來儀。」舞《韶》時以簫爲主奏樂器，執竿而舞，因《韶》的樂舞表演有九次變化，故稱爲「九辯」。因《韶》的歌唱部分亦有九段，故稱爲「九歌」。《韶》樂的內容由《九辯》和《九歌》兩部分組成。

西周文化爲「尊禮」的文化，西周統治者爲表達對前代帝王功績的尊重，將《韶》用以祭祀四方的星、海、山、河中，《周禮‧春官‧大司樂》：「舞《大韶》，以祀四望」。《韶》又用以祭祀祖先，「《九德》之歌，《九韶》之舞，於宗廟之中奏之。若樂九變，則神鬼可得而禮矣。」

春秋時期，《韶》樂的演出仍頗爲盛行。見於文獻記載，春秋時魯國和齊國均保留有《韶》樂表演。季札聘魯國觀周樂時，曾對《韶》作以很高的評價：「德至矣哉，大矣！如天之無不幬也！如地之無不載也！」孔子就曾多次對《韶》樂作以極高的評價，「子在齊聞《韶》，三月不知肉味，曰『不圖爲樂之至於斯也！』」又《論語‧八佾》：「子謂：『《韶》，盡美矣，又盡善也。』」在孔子心目中，《韶》樂盡善盡美，內容和形式上均體現出深刻的思想內容和深邃的藝術魅力。

《韶》在不同歷史階段產生過不同的影響。戰國時期，屈原根據南方地區民間祭祀神靈的樂歌創作《九歌》。據屈原《離騷》所述，「啓《九辯》與《九歌》兮，夏康樂以自娛。」在夏代的時候，《韶》樂是作爲夏后啓享樂時所用的樂舞。《九歌》本爲舜時樂歌，但在屈原《九歌》中所祭之神爲雲神、山神、河神、太陽神、湘水神等與人民生活關係密切的諸神。屈原創作雖名爲《九歌》，但事實上歷經時代的變遷，《九歌》在不同時代和不同地區被賦予不同意義，此《九歌》在內容和形式上已非舜時的《九歌》，僅留有《九歌》之名而已。

4. 大夏

《大夏》爲歌頌夏代開國之君夏禹功績所創作的樂舞。《禮記‧樂記》：「故天子之爲樂也，以賞諸侯之有德者也……《大章》，章之也；《咸池》，備矣；《韶》，繼也；《夏》，大也；殷周之樂盡矣。」〔註23〕鄭玄注：「《夏》，禹樂名也。言禹能大堯舜之德。」《呂氏春秋‧古樂篇》對《大夏》作以記載：「禹立，勤勞天下，日夜不懈。通大川，決壅塞，鑿龍門，通漯水以導河，疏三江五湖，注之東海，以利黔首。於是命皋陶作爲《夏籥》九成，以昭其功。」

〔註23〕禮記‧樂記〔M〕，//陳戌國，禮記校注，長沙：嶽麓書社，2004：278～279。

〔註24〕文獻中提到的《夏籥》即《大夏》，相傳爲禹命皋陶所作的樂舞，因舞者手執管樂器「籥」而起舞，故又名《夏籥》。《禮記·明堂位》：「皮弁素積，裼而舞《大夏》。」在表演《大夏》樂舞時，舞者頭戴皮製的帽子，身穿白色的裙子，上半身裸露而舞，從舞者質樸無華的服飾即可看出此爲古時勞動人民的裝束。

5. 大濩

《濩》爲歌頌商湯開國功績創造的樂舞，是商代最重要的樂舞之一，被列入西周「六樂」中。據文獻所載，湯在滅夏后，就命令伊尹創作《大濩》，意爲成湯承衰而起，救萬民，使天下百姓各得其所。「殷湯即位，夏爲無道，暴虐萬民，侵削諸侯，不用軌度，天下患之。湯於是率六州以誅桀之罪，功名大成，黔首安寧。湯乃命伊尹作爲《大濩》，歌《晨露》，修《九招》、《六列》、《六英》，以見其善。」〔註25〕殷墟卜辭中亦有諸多《大濩》祭祖的記載，如：

乙丑卜貞，王賓大乙，《濩》，亡尤？〔註26〕
乙卯卜貞：珇（祖）乙《濩》……〔註27〕

「大乙」即湯，「王賓大乙」，商王以《濩》樂來祭祀大乙、祖乙、大丁等先王。

關於《濩》的產生，《墨子》及《呂氏春秋·古樂篇》皆有記載。「湯放桀於大水，環天下自立以爲王，事成功立，無大後患。因先王之樂，又自作樂，命曰《濩》。」〔註28〕《韓詩外傳》：「湯作《濩》，聞其宮聲，使人溫良而寬大。聞其商聲，使人方廉而好義。聞其角聲，使人測隱而愛仁。聞其徵聲，使人樂養而好施。聞其羽聲，使人恭敬而好禮。」〔註29〕對《大濩》的音樂內容作透徹分析，體現出其樂所具有的深刻教化作用。雖然文獻中多認爲《大濩》的音樂是溫良的，但也可能是經西周加工改造後的結果。

〔註24〕〔戰國〕呂不韋，呂氏春秋·古樂篇〔M〕，呂氏春秋譯注，管敏義譯注，銀川：寧夏人民出版社，1988：115。
〔註25〕〔戰國〕呂不韋，呂氏春秋·古樂篇〔M〕，呂氏春秋譯注，管敏義譯注，銀川：寧夏人民出版社，1988：115。
〔註26〕郭沫若主編，甲骨文合集〔C〕，北京：中華書局，1978～1982：35500 號。
〔註27〕郭沫若主編，甲骨文合集〔C〕，北京：中華書局，1978～1982：35681 號。
〔註28〕〔戰國〕墨翟，墨子·三辯〔M〕，北京：中華書局，1985：14。
〔註29〕〔漢〕韓嬰，許維遹校釋，韓詩外傳集釋〔M〕，北京：中華書局，1980：300。

6. 大武

《大武》作爲西周時期最重要的代表性樂舞，爲西周新創作。《漢書・禮樂志》：「武王作武；周公作勺。」《周禮》鄭注：「大武，武王樂也。」《墨子・三辨》：「武王作象；成王作騶虞。」

《禮記・樂記》載有孔子與賓牟賈講述《大武》的一番話。「夫樂者，象成者也。總干而山立，武王之事也。發揚蹈厲，太公之事也。《武》亂皆坐，周、召之治也。且夫《武》，始而北出，再成而滅商，三成而南，四成而南國是疆，五成而分周公左，召公右，六成復綴以崇（天子〔註30〕）。」〔註31〕據《樂記》載，《大武》共有「六成」（即六段）。第一段描寫武王出征，第二段武王克殷，第三段武王征伐南國，第四段武王征服了南國，第五段是讓周公、召公分別統治東、西兩方，第六段是勝利後班師回朝。因《大武》共有六段，故與之相應的樂章亦應有六篇，但文獻中未見對相關詩篇的全面記載。僅能通過以下幾則文獻來作瞭解，《左傳・宣公十二年》提到部分樂章情況：「武王克商，作《頌》曰：『載戢干戈，載櫜弓矢。我求懿德，肆於時夏，允王保之。』〔註32〕又作《武》，其卒章曰：『耆定爾功。』〔註33〕其三曰：『鋪時繹思，我徂維求定。』〔註34〕其六曰：『綏萬邦，屢豐年』〔註35〕。夫《武》，禁暴、戢兵、保大、定功、安民、和眾、豐財者也，故使子孫無忘其章。」〔註36〕王國維曾對《武》的內容進行考證：「疑《武》之六成，本是大舞，周人不必全用之，取其第二成用之謂之《武》，取其第三成用之謂之《勺》，取其四成、五成、六成用之，謂之《三象》，故《白虎通》謂《勺》、《象》合曰《大武》，而鄭君注《禮》，亦以《武》、《象》爲一也。」〔註37〕又《毛詩序》於《武》曰：「奏《大武》也」；於《酌》曰：「告成《大武》也」。

吳公子季札聘魯觀周樂時，曾對《大武》加以讚歎：「美哉！周之盛也，

〔註30〕據高亨《周代大武樂考釋》一文連下讀作「復綴以崇天子」。

〔註31〕禮記・樂記〔M〕，//陳戌國，禮記校注，長沙：嶽麓書社，2004：288。

〔註32〕《詩・周頌・時邁》之文。

〔註33〕《詩・周頌・武》之文。

〔註34〕《詩・周頌・齎》之文。

〔註35〕《詩・周頌・桓》之文。

〔註36〕左傳・宣公十二年〔M〕，//楊伯峻，春秋左傳注，北京：中華書局，1981：744～746。

〔註37〕說勺舞象舞〔M〕，//王國維，觀堂集林第一冊，北京：中華書局，1959：110。

其若此乎！」〔註38〕《大武》中的舞蹈原是模擬武王伐紂時的戰鬥場景，據《禮記‧祭統》和《明堂位》記載，舞者手持「朱干玉戚」爲舞蹈時所用的道具。「朱干」是彩繪的盾牌；戚本是斧形兵器，「玉戚」則是一種舞蹈道具，也是一種禮器。

學者們對《大武》樂章的內容及其表演次序的先後問題眾說紛紜，以下爲王國維以來產生的幾種主要看法：

圖表 2　諸學者對《大武》六成的不同排序

學　者	第一段	第二段	第三段	第四段	第五段	第六段	文獻來源
王國維	昊天有成命	武	酌	桓	賚	般	周大武樂章考〔註39〕
高亨	我將	武	賚	般	酌	桓	周代大武樂考釋〔註40〕
孫作雲	酌	武	般	賚	（缺）	桓	詩經與周代社會研究〔註41〕
陰法魯	酌	武	賚	般	（缺）	桓	詩經中的舞蹈形象〔註42〕
王玉哲	我將	時邁	賚	般	酌	桓	周代大武樂章的來源和章次問題〔註43〕
楊向奎	武	時邁	賚	酌	般	桓	宗周社會與禮樂文明〔註44〕

學術界較爲傾向楊向奎的觀點，現依楊向奎將《大武》的六個樂章編次及歌詩觀點列示如下：

第一章爲《詩‧周頌‧武》，「於皇武王，無競維烈。允文文王，克開厥後。嗣武受之，勝殷遏劉，耆定爾功。」大意爲武王無競之功，實由文公開之，武王嗣而受之，終於勝殷（商）止殺，定立其功業。

〔註38〕 左傳，襄公二十九年〔M〕，//楊伯峻，春秋左傳注，北京：中華書局，1981：1165。
〔註39〕 王國維，周大武樂章考〔M〕，//觀堂集林第一冊，北京：中華書局，1959：110。
〔註40〕 高亨，周代大周樂考釋〔M〕，//文史述林，北京：中華書局，1980：80-～116。
〔註41〕 孫作雲，詩經與周代社會研究〔M〕，北京：中華書局，1966：239。
〔註42〕 陰法魯，詩經中的舞蹈形象〔J〕，舞蹈論叢，1982（4）：60～66。
〔註43〕 王玉哲，周代大武樂章的來源和章次問題〔M〕，//先秦史研究，昆明：雲南民族出版社，1987：51～56。
〔註44〕 楊向奎，宗周社會與禮樂文明〔M〕，北京：人民出版社，1992：356。

第二章爲《詩·周頌·時邁》，「時邁其邦，昊天其子之？時右序有周。薄言震之，莫不震疊。懷柔百神，及河喬嶽。允王維后！明昭有周，式序在位。載戢干戈，載櫜弓矢。我求懿德，肆于時夏，允王保之！」意爲武王克商後，朝會祭告。天既然祐助於周，顯示威武，四方諸侯，莫不震懼，又能懷柔百神，惠及河嶽。有周天下，便一切就序，於是「載戢干戈」，要求美德，則信乎王能夠保有天命也。用武意在止武，既然已勝殷，天下已定，於是以止戈爲武。

第三章爲《詩·周頌·齎》，「文王既勤止，我應受之。敷時繹思，我徂維求定。時周之命，於繹思。」意爲文王之勤勞天下至矣，其子孫受而有之，然而不敢專也。布此文王功德之在人而可繹思者，以齎有功，而往求天下之安定。凡此，皆周之命而非復商之舊。此章各家分歧不大，《左傳》已指明「敷時繹思，我徂維求定」是第三章。

第四章爲《詩·周頌·酌》，「於鑠王師，遵養時晦。時純熙矣，是用大介。我龍受之。蹻蹻王之造，載用有嗣。實維爾公，允師。」大意爲頌武王詩，言其初有於鑠之師而不用，退自循養，與時皆晦。既純光矣，然後一戎衣而天下大定，後人於是寵而受此蹻蹻然王者之功。其所以嗣之者，亦惟武王之事是師爾。

第五章爲《詩·周頌·般》，「於皇時周，陟其高山，墮山喬嶽，允猶翕河，敷天之下，裒時之對，時周之命。」大意云：堂哉皇哉此周也，既有崇山喬嶽，又有大河。普天之下，包括各國在內，莫非周命。

第六章爲《詩·周頌·桓》，「綏萬邦，婁豐年，天命匪解。桓桓武王，保有厥士，于以四方，克定厥家。於昭于天，皇以間之。」大意云：武王克商，除害以安天下，故屢獲豐年之祥（即《傳》所謂周饑，克殷而豐年）。天命之於周，久而不厭。故此桓桓之武王，保有其土而用之於四方，以定其家，其德上昭於天。〔註45〕

其相應的舞事與舞容爲：

舞　事	舞　容
始而北出	武夙夜
再成而滅商	發揚蹈厲
三成而南	

〔註45〕楊向奎，宗周社會與禮樂文明〔M〕，北京：人民出版社，1992：339～340。

四成而南國是疆	
五成而分陝	分夾而進
六成而復綴以崇天子	武亂皆坐

汪寧生疑此文獻中有錯簡，重新予以解讀，並製圖表〔註46〕以補充《周大武樂章考》：

	所象之事	舞　容
一成	北出	總干而山立
二成	滅商	發揚蹈厲
三成	南（歸）	武亂皆坐
四成	南國是疆	夾振之而馴伐
五成	分周公左召公右	分夾而進
六成	復綴以崇	久立於綴

楊蔭瀏據《樂記》原文，對《大武》的表演次序作重新編排，認爲《大武》描述了武王伐紂的全過程，對曲中樂舞動作的緩慢徐疾進行分析。他提出《大武》中曾兩次用「亂」的觀點，一爲在第二成的末尾，與之配合的應爲較雄壯而熱烈的內容；二爲第五成中間，與之配合的應爲莊嚴、和平的內容。

《大武》主要表現「武王之事」及「太公之志」，實爲顯示其武力強盛，可以此來威懾百姓。因此，主張仁義道德的孔子對《大武》的評價爲「《大武》盡美矣，未盡善也」。孔子認爲《大武》在樂舞形式上的表演是非常好的，但在內容上則有所保留，因《大武》所賦予的強勢的武力內容較多，不符合孔子的美學主張。

（二）小舞（六小舞）

西周時期制定的雅樂除上述「六樂」（六代樂舞）外，還有「小舞」。《周禮・春官・樂師》：「樂師掌國學之政，以教國子小舞。」〔註47〕樂師要輔佐大司樂，掌教國學之政事，教國子小舞，小舞與六代樂舞（大舞）同樣受到

〔註46〕汪寧生，釋「武王伐紂前歌後舞」〔J〕，歷史研究，1981（4）：178。
〔註47〕周禮・春官・樂師〔M〕，//〔清〕孫詒讓，十三經注疏本周禮正義，北京：中華書局，1987：1795。

西周統治者的重視，並將其作爲宮廷貴族子弟學習的主要內容之一。國子要從十三歲開始，學習「小舞」、誦詩、音樂及相關的樂舞知識等，較偏重「文」的方面；十五歲時主要學習《象》舞、射御等，較偏重「武」的方面；二十歲時主要學習「大舞」及各項禮儀。周天子對禮樂制度尤爲重視，對國子的禮樂學習也要經常親自躬身視察，對他們要求嚴格，並安排專人監督國子學習。以上皆可看出西周統治者對樂舞教育的重視程度。西周時期，甚至問孩子的年齡大小，也以「長則曰能從樂人之事矣，幼則曰能正於樂人未能正於樂人」答之。統治者重視樂舞的教化作用，旨在培養稱職的接班人，使他們可以充分掌握和利用禮樂制度這套統治工具，鞏固其統治地位。

樂師所教的小舞如下：「凡舞，有帗舞，有羽舞，有皇舞，有旄舞，有干舞，有人舞」〔註48〕，共六種，此六舞即西周時期國子所學的「六小舞」。鄭注云：「帗舞者，全羽；羽舞者，析羽。皇舞者，以羽冒覆頭上，衣飾翡翠之羽。旄舞者，氂牛之尾。干舞者，兵舞。人舞者，手舞。社稷以帗，宗廟以羽，四方以皇，辟雍以旄，兵事以干，星辰以人舞。」〔註49〕由上可見，小舞是據表演時所用的道具來加以命名和區分的。

圖表3　六小舞名稱、道具及應用場合

小舞名稱	表演所用道具	應用場合
帗舞	舞者手執五彩絲織品裁成的零星條而舞	舞社稷之祭祀
羽舞	舞者手執對半分開的鳥羽而舞	舞四方之祭祀及宗廟
皇舞	舞者手執五彩如鳳凰色的羽毛而舞	舞旱歎之事及四方
旄舞	舞者手執氂牛尾而舞	祭祀辟雍
干舞	舞者手執兵器而舞	舞山川之祭祀及兵事
人舞	舞者手中不執物，以手袖而舞	祭祀宗廟及星辰

（三）西周新創樂舞

1.《象》和《勺》

《象》和《勺》皆用於西周貴族子弟的禮樂學習。《象》舞爲西周較爲重

〔註48〕周禮·春官·樂師〔M〕，//〔清〕孫詒讓，十三經注疏本周禮正義，北京：中華書局，1987：1796。
〔註49〕周禮·春官·樂師〔M〕，//〔清〕孫詒讓，十三經注疏本周禮正義，北京：中華書局，1987：1796。

要的祭祀樂舞之一。西周時期，國子十三入小學，二十入大學。《禮記·內則》：「十三舞勺，成童舞象，二十舞大夏。」鄭注：「先學勺，後學象，文武之次也。成童，十五以上。大夏，樂之文武備者也。」孔疏引熊氏云：「勺，籥也。舞象，謂用干戈之小舞也。以其年尚幼，故習文武之小舞也。」〔註 50〕《周頌》序云：「維清，奏象舞。」注云「象用兵時刺伐之舞，武王制焉。」《墨子·三辯》：「武王勝殷殺紂，環天下自立以爲王，事成功立，無大後患，因先王之樂，又自作樂命曰《象》。」〔註 51〕又《呂氏春秋·古樂篇》：「成王立，殷民反。王命周公踐伐之。商人服象，爲虐於東夷，周公遂以師逐之。至於江南，乃爲《三象》，以嘉其德。」〔註 52〕《周頌》《墨子·三辯》及《呂氏春秋·古樂篇》，皆云《象》舞與描寫武王之功德及滅商有關。

　　《勺》和《象》二樂舞的音樂性質難做定論，曾產生過幾種不同觀點。孫詒讓認爲「象和勺皆屬小舞」。孫氏云：「六小舞皆自有樂章，上注《勺》《象》等，亦其類也。」〔註 53〕又「勺象並小舞之樂章，下經帗羽等，則據器服言之。」相傳周公居攝六年作勺，《勺》爲文舞，舞《勺》時，手執籥；《象》爲武舞，傳爲武王所作，舞《象》時，手執兵器。《左傳·襄公二十九年》季札觀周樂時對以上二樂舞作以評論，「見舞《象箾》、《南籥》者，曰：『美哉！猶有憾。』」〔註 54〕《象》爲執舞竿爲道具的樂舞，季札在觀《象》《勺》二舞後，而觀《大武》及以上三代樂《濩》《夏》《韶》。如上所述，《象》《勺》應屬小舞，非大舞之屬。《白虎通·禮樂篇》持另一說，認爲勺和象合爲《大武》，「周公曰勺，武王曰象，合曰大武」。王國維則認爲《象》就是《大武》的後三部〔註 55〕。

　　西周青銅器「匡卣」銘文中記載了匡因撫《象》樂而受嘉獎之事：「隹四月初吉甲午，懿王才（在）射盧（廬），乍（作）《象舞》。匡甫（撫）《象樂》

〔註 50〕周禮·春官·樂師〔M〕，//〔清〕孫詒讓，十三經注疏本周禮正義，北京：中華書局，1987：1795。

〔註 51〕〔戰國〕墨翟，墨子·三辯〔M〕，//〔清〕孫詒讓，墨子閒詁，北京：中華書局，1985：23。

〔註 52〕〔戰國〕呂不韋，呂氏春秋·古樂篇〔M〕，管敏義譯注，呂氏春秋譯注，銀川：寧夏人民出版社，1988：116。

〔註 53〕周禮·春官·樂師〔M〕，//〔清〕孫詒讓，十三經注疏本周禮正義，北京：中華書局，1987：1797。

〔註 54〕左傳·襄公二十九年〔M〕，//楊伯峻，春秋左傳注，北京：中華書局，1981：1165。

〔註 55〕說勺舞象舞〔M〕，//王國維，觀堂集林第 1 冊，北京：中華書局，1959：110。

二，王曰休。匡拜手稽首，對昁（揚）天子不（丕）顯休，用乍（作）凜（文）考日丁寶彝，其子子孫孫永寶用。」〔註56〕

通過上述金文中的記載，可知商代即已有《象》舞，與《呂氏春秋》中所言「商人服象，在東方作亂，周公將其打敗而作《象》舞」相吻合。郭沫若認爲「在射廬作《象舞》」，與《禮記・內則》「成童舞《象》，學射御」相應。還認爲「甫《象樂》二」者，因《三象》有三章，「此撫其二章也」〔註57〕。

2. 其他樂舞

《逸周書・世俘解》中載，在武王滅商後舉行的祭祀活動中，除《武》舞外，還有《萬》舞等其他樂舞。「甲寅，謁戎殷於牧野。王佩赤白旂。籥人奏《武》。王入，進《萬》，獻《明明》三終。乙卯，籥人奏《崇禹生開》三終，王定。」朱右《逸周書集訓校釋》認爲《明明》是《詩》之篇名。

二、西周雅樂用樂制度

西周時期雅樂的實際應用與統治階級制定的禮制緊密結合，在禮制中規定的不同等級在各項禮儀中的區別和限制，同樣適用於樂舞活動。

樂懸制度方面，樂隊排列因等級嚴格區別，編鍾編磬數量（組數）逐級遞減，隨之產生不同的懸掛和布架方式。《周禮・春官・小胥》：「正樂縣之位，王宮縣，諸侯軒縣，卿大夫判縣，士特縣。辨其聲，凡縣鍾磬，半爲堵，全爲肆。」〔註58〕鄭注云：「樂縣，謂鍾磬之屬縣於筍簴者。」又云：「宮縣四面，軒縣去其一面，判縣又去其一面，特縣又去其一面。四面，像宮室四面有牆，故謂之宮縣。軒縣三面，其形曲，故《春秋傳》曰『請曲縣繁纓以朝』，諸侯之禮也。故曰唯器與名不可以假人。」鄭玄認爲：「軒縣去南面，辟王也。判縣左右之合，又空北面。特縣縣於東方，或於階間而已。」據漢儒解釋，天子宮懸即四面布樂懸，諸侯軒懸或曲懸即三面布樂懸，卿大夫判懸即兩面布樂懸。

西周初期，天子具有至高無上的權威，「禮樂征伐自天子出」，各諸侯國都要定期朝覲、入貢。周代對樂舞等級制度有明確的規定，從天子到士各個等級所享用的樂舞涉及舞隊人員編制（佾數）、鍾磬等樂器編制（樂懸）、樂器質料、服裝舞具以及使用曲目等諸多方面。

〔註56〕三代吉金文存〔C〕//羅振玉編，北京：中華書局，1983：10.25.1。

〔註57〕兩周金文辭大系圖錄考釋〔M〕，//郭沫若，北京：科學出版社，1957：83。

〔註58〕周禮・春官・小胥〔M〕，//〔清〕孫詒讓，十三經注疏本周禮正義，北京：中華書局，1987：1823。

所用樂舞佾數有嚴格規定。《左傳·隱公五年》：「九月，考仲子之宮，將萬焉。公問羽數於眾仲。對曰：『天子用八，諸侯用六，大夫四，士二。夫舞所以節八音而行八風，故自八以下。』公從之。於是初獻六羽，始用六佾也。」〔註59〕天子用八列，六十四人；諸侯用六列，四十八人；大夫用四列，三十二人；士用二列，十六人。

所用樂曲亦有嚴格規定。《周禮·春官·樂師》：「教樂儀，行以《肆夏》，趨以《采薺》，車亦如之，環拜以鐘鼓為節。」〔註60〕使用樂曲等級，也有明確規定。如在進行射禮時，《周禮·春官·樂師》：「凡射，王以《騶虞》為節，諸侯以《狸首》為節，大夫以《采蘋》為節，士以《采蘩》為節。」〔註61〕又如在祭祀時，「王出入，則令奏《王夏》；尸出入，則令奏《肆夏》；牲出入，則令奏《昭夏》。」〔註62〕《國語·魯語下》：「夫先樂金奏《肆夏》《樊》《遏》《渠》，天子所以饗元侯也；夫歌《文王》《大明》《綿》，則兩君相見之樂也。」〔註63〕對天子宴饗元侯和他國之君時所用的不同樂曲作以記述。

西周統治者深切注意到禮樂的社會功能，禮樂並舉，把二者看得同樣重要，並緊密地結合起來，作為維持社會等級秩序、鞏固統治地位的有效手段。

三、西周吉禮用樂

吉禮又稱祭禮，是五禮（即吉、凶、嘉、軍、賓）之首，主要祭祀天神、地祇、人鬼。祀天神包括祀昊天上帝，祀日月星辰，祀司中、司命、雨師；祭地祇包括祭社稷、五帝、五嶽，祭山林川澤，祭四方百物；祭人鬼包括祭先王、先祖，禘祭先王、先祖；春祠、秋嘗、享祭先王、先祖。《左傳》中載「國之大事，在祀與戎」〔註64〕，祭祀活動是國家最重要的國事之一。據《周禮》載，主要由大宗伯掌管吉禮儀式。「大宗伯之職，掌建邦之天神、人鬼、

〔註59〕左傳·隱公五年〔M〕，//楊伯峻，春秋左傳注，北京：中華書局，1981：46～47。

〔註60〕周禮·春官·樂師〔M〕，//〔清〕孫詒讓，十三經注疏本周禮正義，北京：中華書局，1987：1799。

〔註61〕周禮·春官·樂師〔M〕，//〔清〕孫詒讓，十三經注疏本周禮正義，北京：中華書局，1987：1804。

〔註62〕周禮·春官·大司樂〔M〕，//〔清〕孫詒讓，十三經注疏本周禮正義，北京：中華書局，1987：1780。

〔註63〕國語·魯語〔M〕，//上海師範大學古籍整理所校點，上海：上海古籍出版社，1978：186。

〔註64〕左傳·成公十三年〔M〕，//楊伯峻，春秋左傳注，北京：中華書局，1981：861。

地祇之禮，以佐王建保邦國，以吉禮事邦國之鬼神祇。以禋祀祀昊天上帝，以實柴祀日月星辰⋯⋯以血祭祭社稷五祀五嶽，以貍沈祭山林川澤⋯⋯以祠春享先生，以嘗秋享先王，以烝冬享先王。」〔註65〕

（一）吉禮所用「六代樂舞」

西周時期的祭祀種類紛繁複雜，諸祭祀場合所用之樂亦有嚴格規定和明確區分。《周禮・春官・大司樂》：「以六律、六同、五聲、八音、六舞大合樂，以致鬼神祇，以和邦國，以諧萬民，以安賓客，以說遠人，以作動物。乃分樂而序之，以祭、以享、以祀。」將不同的音樂分門別類地應用於不同祭祀場合。

圖表 4　與吉禮之神相應的六代樂舞

	樂曲音律	歌唱音律	樂舞名稱	祭祀對象
1.	奏黃鍾	歌大呂	舞《雲門》	以祀天神
2.	奏大蔟	歌應鍾	舞《咸池》	以祭地祇
3.	奏姑洗	歌南呂	舞《大磬》	以祀四望
4.	奏蕤賓	歌函鍾	舞《大夏》	以祭山川
5.	奏夷則	歌小呂	舞《大濩》	以享先妣
6.	奏無射	歌夾鍾	舞《大武》	以享先祖

《周禮》對於諸禮所用之樂，嚴格遵循「尊者用前代，卑者用後代，使尊卑有序」，進一步強化等級制度的意義。吉禮場合所用多爲樂舞，源於六代樂舞，且規模浩大，肅穆莊重，以典禮性爲主，其祭祀對象爲神，頗具對前代君王功德的追溯感。

（二）吉禮的用樂等級及準備工作

《周禮》對各場合所用之樂及用樂等級都有明確規定。祭祀時，不同對象的出入，要配以不同的音樂加以區分，「王出入，則令奏《王夏》；尸出入，則令奏《肆夏》；牲出入，則令奏《昭夏》」，大司樂還要在此時，帶領國子起舞。王在祭祀行血迎牲、行尸時，大祝要令鐘鼓，並讓瞽者和學子舞人開堂起舞。

〔註65〕周禮・春官・大宗伯〔M〕，//〔清〕孫詒讓，十三經注疏本周禮正義，北京：中華書局，1987：1296～1330。

　　在舉行祭祀活動之前，大司樂要在前一天調試好樂器，「凡樂事，大祭祀宿縣，遂以聲展之」；掌藏樂器的典庸器要在祭祀前準備好所用的器物，「帥其屬而設簨虡，陳庸器」；祭祀時，掌管舞器的司干在舞者排列好之後，分發舞器；掌管軍事所用五兵、五盾的司兵要向舞者分發舞蹈所用的兵器；掌管戈盾之物的司戈盾在祭祀時「授旅賁殳，故士戈盾」，也要向舞者分發兵器。

　　各掌教音樂的樂官在祭祀活動中，分別掌管不同音樂內容的演奏與表演。在祭祀時，大司樂要「帥國子而舞」；大胥「凡祭祀之用樂者，以鼓徵學士，序宮中之事」；大師「大祭祀，帥瞽登歌，令奏擊拊，下管播樂器，令奏鼓𡽡」；樂師「大祭祀，登歌擊拊，下管擊應鼓，徹歌。」又「凡小祭祀，小樂事鼓𡽡，掌六樂聲音之節」；磬師「凡祭祀，奏縵樂」；鍾師「凡祭祀、饗食，奏燕樂」；笙師「凡祭祀、饗射，共其鍾、笙之樂」；鎛師「掌金奏之鼓。凡祭祀，鼓其金奏之樂」；籥師「鼓羽籥之舞」。〔註66〕

（三）吉禮所用四夷之樂

　　西周統治者對外族音樂所採取的態度，是將它們都納入周人祭祀和燕饗等儀式，以炫耀其政教的遠揚。西周時期祭祀儀式常設有「四夷之樂」表演。《禮記・明堂位》：「成王以周公為有勳勞於天下，……命魯公世世祀周公以天子之禮樂。……季夏六月，以禘禮祀周公於大廟，……升歌清廟，下管象，朱干玉戚，冕而舞大武，皮弁素積，裼而舞大夏。昧，東夷之樂也。任，南蠻之樂也。納夷蠻之樂於大廟，言廣魯於天下也。」〔註67〕又《白虎通・禮樂》：「所以作四夷之樂何？德廣及之也。合歡之樂舞於堂，四夷之樂陳於門外之右，先王所以得之，順命重始也。」西周時期的四夷之樂名稱依次如下：「東方曰《韎》、南方曰《任》、西方曰《株離》、北方曰《禁》」，在祭祀場合中表演的四夷之樂，採用管、龠吹奏與歌唱相和的形式，由韎師、鞮鞻氏和旄人掌教。韎師「掌教韎樂。祭祀，則帥其屬而舞之」；旄人「凡祭祀、賓客，舞其燕樂」；鞮鞻氏「掌四夷之樂與其聲歌。祭祀，則龡而歌之。」但掌管四夷之樂的樂官職位級別最低（下士），可見，統治者並非真正重視四夷樂，只是為了顯其功德。

　　統治者將四夷之樂納入大廟，以示君王之德廣所及，胸襟開闊，彰顯君王權威的統治地位。由上可見，祭祀時所用的音樂種類繁多，因諸分管樂官

〔註66〕上述兩段所引文獻，皆為《周禮・春官》之文。
〔註67〕禮記・明堂位〔M〕，//陳戌國，禮記校注，長沙：嶽麓書社，2004：229。

分工明確，爲祭祀儀式「程序化」的順利進行起到良好的輔助作用，對外族音樂的輸入也有一定的積極意義。

（四）吉禮所用其他樂舞

1. 兵舞、帗舞、羽舞

《周禮・地官・舞師》：「舞師掌教兵舞，帥而舞山川之祭祀；教帗舞，帥而舞社稷之祭祀；教羽舞，帥而舞四方之祭祀；教皇舞，帥而舞旱暵之事。」凡王玄冕所祭之小祭祀，則不起舞。孫詒讓：「小祭祀雖同玄冕，若外神林澤之等則有舞，若宮中七祀之等則無舞。」〔註68〕上文所述兵舞、帗舞、羽舞、皇舞，鄭注「此所教四舞，亦皆小舞也。」〔註69〕但據前文所述，帗舞、羽舞、皇舞皆爲西周時期的小舞，並未將兵舞囊括其中，此處鄭玄所云「兵舞亦爲小舞」無從考證，疑指小舞中的干舞而言。

2. 歌舞牲

西周時期，祭祀時有「歌舞牲」之禮。祭祀時所用的牛牲要由封人掌管，「凡祭祀，飾其牛牲，設其楅衡，置其絼，共其水槁」〔註70〕，在國君牽著牛牲進入祭祀會場時，封人要「隨歌舞之，言其肥香以歆神也。」〔註71〕

3. 蠟祭

《周禮・地官・黨正》載，每年都要舉行「國索鬼神而祭祀」。《禮記・郊特牲》云：「蠟者，索也，歲十二月，合聚萬物而索饗之。」西周時期所說的十二月，即夏之十月，農功結束時舉行蠟祭。《禮記・鄉飲酒禮》云：「則以禮屬民而飲酒於序，以正齒位」，是指正當蠟祭之月，「黨正聚民於序學中，以三時務農，將闕於禮，此時農隙，故行正齒位之禮」。天子大蠟八，伊耆氏始爲蠟。蠟之祭也，主先嗇而祭司嗇也。祭百種，以報嗇也。《詩經・小雅・甫田》被認爲是描寫西周蠟祭的祭祀歌曲，詩中描述了奏樂祭祀的場景：「以我齊明，與我犧羊，以社以方。我田既臧，農夫之慶。琴瑟擊鼓，以御田祖。以祈甘雨，以

〔註68〕周禮・地官・舞師〔M〕，//〔清〕孫詒讓，十三經注疏本周禮正義，北京：中華書局，1987：914。

〔註69〕周禮・地官・舞師〔M〕，//〔清〕孫詒讓，十三經注疏本周禮正義，北京：中華書局，1987：911。

〔註70〕周禮・地官・封人〔M〕，//〔清〕孫詒讓，十三經注疏本周禮正義，北京：中華書局，1987：893。

〔註71〕周禮・地官・封人〔M〕，//〔清〕孫詒讓，十三經注疏本周禮正義，北京：中華書局，1987：895。

介我稷黍，以穀我士女。」在原始時期，音樂曾被賦予神秘力量，人們需要通過音樂作為表達意志及控制自然的載體。西周時期的蠟祭雖尚保留原始內容、目的和形式，但也被賦予了新的意義。蠟祭產生於農耕社會初期，當時的人們懾於自然威力，主要是感謝神化了的自然在農耕時節的幫助。

4. 舞雩

《舞雩》為天旱時求雨所用樂舞，在殷墟卜辭中多見關於以舞求雨的記載。西周時期有專門掌管求雨儀式的司巫和女巫，《周禮·春官·司巫》：「司巫掌群巫之政令，若國大旱，則帥巫而舞雩」；又《周禮·春官·女巫》：「女巫掌歲時祓除、釁浴、旱暵，則舞雩」。西周舞雩時規定使用以五彩如鳳凰色的羽毛為道具進行樂舞表演，《周禮·地官·舞師》：「教皇舞，帥而舞旱暵之事」，春秋戰國文獻中關於舞雩的記載頗多，多為屢祭不雨的情況，便產生「暴巫」、「焚巫」之舉，但多被制止。如魯僖公二十一年夏天要焚巫，被臧文仲勸止。穆公要暴巫，被縣子阻止等。

5. 大儺

《大儺》為每年秋季舉行的驅除瘟疫活動所用的樂舞，由方相氏掌管。殷墟卜辭已有關於儺舞的記載，用人或物作祭牲，搜索宅內，以驅除疫鬼，並因驅除疫鬼時要發出「儺儺……」的聲音而命名。儺舞在西周尤為盛行，並有國儺和大儺的區分。國儺為天子和諸侯代表國家舉行的儺舞儀式，大儺則為全國百姓共同舉行的儺舞儀式。《周禮·夏官·方相氏》：「方相氏掌蒙熊皮，黃金四目，玄衣朱裳，執戈揚盾，帥百隸而時難，以索室驅疫。」《周禮》中對主持驅儺儀式的方相氏的服飾、道具等也作了嚴格的規定，方相氏的服飾及道具即生動表現出驅逐疫鬼的場面。出土的漢畫像石中刻畫著大量方相氏驅逐疫鬼的形象。據文獻記載，西周宮廷每年按照規定要舉行三次驅儺儀式，說明人們對以儺來驅除疫病非常重視。孔子對待鬼神的態度為「敬鬼神而遠之」，但他對儺祭卻有明確的信仰，《論語·鄉黨》中載「鄉人儺，朝服而立於阼階。」注：「孔曰：儺，驅逐疫鬼。恐驚先祖，故朝服而立於廟之阼階」，以示對儺祭的恭敬。

6. 祭祀所用的鼓樂

各種不同內容、對象的祭祀中多使用鼓樂，根據祭祀對象和場合的不同，所用的鼓樂亦有所不同。《禮記·禮器》曰：「廟堂之上，罍尊在阼，犧尊在西，廟堂之下，縣鼓在西，應鼓在東。」《周禮》對祭祀所用鼓樂作有明確規

定。《周禮・地官・鼓人》：「以雷鼓鼓神祀，以靈鼓鼓社祭，以路鼓鼓鬼享。」祭祀百物之神時，鼓樂還要爲兵舞、帗舞伴奏。

四、西周嘉禮用樂

嘉禮是古代五禮之一，指飲食、婚冠、賓射、饗宴、脤膰、慶賀等禮。〔註72〕《周禮・春官・大宗伯》：「以嘉禮，親萬民：以飲食之禮，親宗族兄弟；以昏冠之禮，親成男女；以賓射之禮，親故舊朋友；以饗燕之禮，親四方之賓客；以脤膰之禮，親兄弟之國；以賀慶之禮，親異姓之國。」鄭玄注：「嘉，善也。所以因人心所善者而爲之制。嘉禮之別有六。」〔註73〕

以往的研究中，常將國家祭祀用樂（即吉禮所用之雅樂）看成禮樂的全部。實際上禮樂這一概念並不僅限於此，禮樂包括吉、凶、嘉、軍、賓禮（即五禮）用樂。《周禮》中對諸禮用樂作有詳細記載，散見於《周禮》中的各個部分。

嘉禮場合所用多爲樂曲演奏及與歌唱相和，不同場合演奏的樂曲多有重複。嘉禮所用的曲目以《詩經》爲主，多爲《詩經》之《風》、《雅》中的作品，以示其具有的濃厚鄉樂特點，多選取與現實生活息息相關的素材。嘉禮的對象是現實生活中的人，其目的旨在體現出娛人的意義。

（一）大饗禮

大饗是天子宴飲諸侯來朝時所用之禮。《禮記・仲尼燕居》：「大饗有四焉。」鄭注：「大饗，謂饗諸侯來朝者也。」《周禮・春官・大司樂》：「大饗不入牲。」鄭注：「大饗，饗賓客也。」《禮記・仲尼燕居》對兩君相見時所進行的大饗禮作有詳細記載。又《禮記・郊特牲》對大饗所用的音樂情況作有記述，「（大饗）賓入大門而奏《肆夏》，示易以敬也。卒爵而樂闋，孔子屢歎之。奠酬而工升歌，發德也。歌者在上，匏竹在下，貴人聲也。」〔註74〕大饗時具體的用樂情況詳參本章第三節「西周時期的宮廷燕樂」之「天子大饗所用的燕樂」部分。

〔註72〕宋史・禮志十三〔M〕，//〔元〕脫脫，宋史，北京：中華書局，1977：2639。
〔註73〕周禮・春官・大宗伯〔M〕，//〔清〕孫詒讓，十三經注疏本周禮正義，北京：中華書局，1987：1359～1365。
〔註74〕禮記・郊特牲〔M〕，//陳戌國，禮記校注，長沙：嶽麓書社，2004：179～180。

（二）燕禮

燕禮是古代天子諸侯與群臣宴飲之禮，亦指古代敬老之禮。《儀禮·燕禮》：「燕禮，小臣戒與者。」〔註75〕鄭注：「小臣相君燕飲之法……君以燕禮勞使臣，若臣有功，故與群臣樂之。小臣則警戒告語焉，飲酒以合會爲歡也。」《禮記·王制》：「凡養老，有虞氏以燕禮，夏后氏以饗禮，殷人以食禮，周人修而兼用之。」〔註76〕孔穎達疏：「崔氏云：燕者殽烝於俎，行一獻之禮，坐而飲酒，以至於醉。以虞氏帝道宏大，故養老以燕禮。」燕禮用樂情況詳參本章第三節「西周時期的宮廷燕樂」之「燕禮用樂」部分。

（三）大射禮

射禮有四種。一爲大射，是天子、諸侯祭祀前選擇參加祭祀之人舉行的射祀；二爲賓射，是諸侯朝見天子或諸侯相會時舉行的射禮；三爲燕射，是平時燕息之日舉行的射禮；四爲鄉射，是地方官爲薦賢舉士而舉行的射禮。射禮前後，常有燕飲，鄉射禮也常與鄉飲酒禮同時舉行。大射禮是爲祭祀擇士而舉行的射禮。《通典·軍禮二》：「一曰大射。天子將有郊廟之事，與其來朝諸侯及畿內諸侯王之子弟、卿士大夫及諸侯所貢之士行之。」〔註77〕《周禮·天官·司裘》：「王大射，則共虎侯、熊侯、豹侯，設其鵠；諸侯則共熊侯、豹侯；卿大夫則共麋侯，皆設其鵠。」鄭玄對大射禮的性質及功能作以注釋：「大射者，爲祭祀射。王將有郊廟之事，以射擇諸侯及群臣與邦國所貢之士可以與祭者……而中多者得與於祭。」〔註78〕大射禮用樂情況參詳本章第三節「西周時期的宮廷燕樂」之「大射禮用樂」部分。

（四）鄉飲酒禮

周代鄉學三年業成大比，考其德行道藝優異者，薦於諸侯。將行之時，由鄉大夫設酒宴以賓禮相待，謂之「鄉飲酒禮」。歷朝沿用，亦指地方官按時在儒學舉行的一種敬老儀式。《儀禮·鄉飲酒禮》賈公彥疏引鄭玄《三禮目錄》：「諸侯之鄉大夫三年大比，獻賢者能於其君，以賓禮待之，與之飲酒。於五禮屬嘉禮。」鄉飲酒禮的主要儀節有：謀賓、迎賓、獻賓、樂賓、旅酬、無

〔註75〕儀禮·燕禮〔M〕，//楊天宇，儀禮譯注，上海古籍出版社，2004：141。
〔註76〕禮記·王制〔M〕，//陳戌國，禮記校注，長沙：嶽麓書社，2004：103。
〔註77〕通典·軍禮〔M〕，//〔唐〕杜佑撰，王文錦等點校，北京：中華書局，1988。
〔註78〕周禮·天官·司裘〔M〕，//〔清〕孫詒讓，十三經注疏本周禮正義，北京：中華書局，1987：497。

算爵樂、賓返拜等。鄉飲酒禮用樂情況詳參本章第三節「西周時期的宮廷燕樂」之「鄉飲酒禮用樂」部分。

（五）鄉射禮

鄉射禮爲古代射箭飲酒禮儀。鄉射有二：一爲州長春秋於州序（州的學校）以禮會民習射，二爲鄉大夫於三年大比貢士之後，鄉大夫、鄉老與鄉人習射。《周禮·地官·鄉大夫》：「退而以鄉射之禮五物詢眾庶。」〔註79〕孫詒讓云：「退，謂王受賢能之書事畢，鄉大夫與鄉老則退各就其鄉學之庠而與鄉人習射，是爲鄉射之禮。」〔註80〕鄉射禮用樂情況詳參本章第三節「西周時期的宮廷燕樂」之「鄉射禮用樂」部分。

第二節　西周教習雅樂的樂官系統及其他雅樂內容

一、西周時期專門教習雅樂的樂官系統——大司樂

《周禮》對與禮樂制度相應的管理機構及人員，作有詳細分配與安排。《周禮·春官·宗伯》載「宗伯掌邦禮」，宗伯爲掌國家禮制的職官，由卿一人擔任，與國家禮制相應的教習雅樂的樂官系統中諸樂官皆爲其下屬，體現出樂從於禮並服務於禮的觀念。樂舞機構由大司樂領導並掌管，大司樂，又稱大樂正，爲樂官之長。《周禮·春官·大司樂》：「大司樂掌成均之法，以治建國之學政，而合國之子弟焉。」〔註81〕大司樂既可作爲樂官名稱，亦可視爲西周制定體系完備的雅樂教習機構的樂官統領，主要負責音樂行政、音樂教育和音樂表演等工作。通過《周禮·春官》所載一系列樂官身份可看出：這一雅樂教習系統由較低級的貴族（中大夫）參與掌管大學的規章制度、建立國家的教學管理並教育國子等工作。大司樂之下設有樂師，又稱小樂正，主要掌管國子學習的行政管理，亦教習國子六小舞。另還設有大師（即樂工之長）及一系列分別掌管具體樂舞表演的諸樂官，詳見下表。

〔註79〕周禮·地官·鄉大夫〔M〕，//〔清〕孫詒讓，十三經注疏本周禮正義，北京：中華書局，1987：850。

〔註80〕周禮·地官·鄉大夫〔M〕，//〔清〕孫詒讓，十三經注疏本周禮正義，北京：中華書局，1987：851。

〔註81〕周禮·春官·大司樂〔M〕，//〔清〕孫詒讓，十三經注疏本周禮正義，北京：中華書局，1987：1711。

圖表 5　掌教西周雅樂的樂官及其他工作人員詳單

樂官名稱	主要職能	級別／人數	人員分配	小　計
大司樂	掌成均之法，以治建國之學政，而合國之子弟	中大夫二人	樂師，下大夫四人、上士八人、下士十有六人、府四人、史八人、胥八人、徒八十人	130 人
大胥	掌學士之版，以待致諸子	中士四人		4 人
小胥	掌學士之征令而比之	下士八人	府二人、史四人、徒四十人	54 人
大師	掌六律、六同以合陰陽之聲	下大夫二人		2 人
小師	掌教鼓鼗、柷、敔、塤、簫、管、弦、歌	上士四人		4 人
瞽矇	掌播鼗、柷、敔、塤、簫、管、弦、歌		上瞽四十人，中瞽百人，下瞽百有六十人	300 人
眡瞭	掌凡樂事播鼗，擊頌磬、笙磬，掌大師之縣。凡樂事，相瞽		眡瞭三百人；府四人，史八人，胥十有二人，徒百有二十人	444 人
典同	掌六律、六同之和，以辨天地、四方、陰陽之聲，以為樂器	中士二人	府一人、史一人、胥二人、徒二十人	26 人
磬師	掌教擊磬，擊編鍾，教縵樂、燕樂之鍾磬	中士四人	下士八人、府四人、史二人、胥四人、徒四十人	62 人
鍾師	掌金奏	中士四人	下士八人、府二人、史二人、胥六人、徒六十人	82 人
笙師	掌教龡竽、笙、塤、籥、簫、篪、笛、管，舂、牘、應、雅，以教祴樂	中士二人	下士四人、府二人、史二人、胥一人、徒十人	21 人
鎛師	掌金奏之鼓	中士二人	下士四人、府二人、史二人、胥二人、徒二十人	32 人
韎師	掌教韎樂	下士二人	府一人、史一人、舞者十有六人、徒四十人	60 人

旄人	掌教舞散樂，舞夷樂，凡四方之以舞仕者屬焉	下士四人	舞者眾寡無數、府二人、史二人、胥二人、徒二十人	30人
籥師	掌教國子舞羽、龡籥。祭祀則鼓羽龠之舞	中士四人	府二人、史二人、胥二人、徒二十人	30人
籥章	掌土鼓、豳籥	中士二人	下士四人、府一人、史一人、胥二人、徒二十人	30人
鞮鞻氏	掌四夷之樂與其聲歌	下士四人	府一人、史一人、胥一人、徒二十人	27人
典庸器	掌藏樂器庸器	下士四人	府四人、史二人、胥八人。徒八十人	98人
司干	掌舞器	下士二人	府二人、史二人、徒二十人	26人
鼓人	掌教六鼓、四金之音聲	中士六人	府二人、史二人、徒二十人	30人
舞師	掌教兵舞	下士二人	胥四人、舞徒四十人	46人
司兵	司兵掌五兵、五盾，各辨其物與其等，以待軍事。祭祀，授舞者兵	中士四人	府二人、史四人、胥二人、徒二十人	32人
司戈盾	掌戈盾之物而頒之。祭祀，授旅賁殳，故士戈盾。授舞者兵，亦如之	下士二人	府一人、史二人、徒四人	9人

　　由上表可知，《周禮》所規定與雅樂教習相關的人員（含教習雅樂的樂官及教輔人員）為1579人（不含旄人所教散樂和夷樂的舞者，因其人數多少無確數）。《隋書・音樂志》載《周禮》記述樂官人數為「一千三百三十九人。」楊蔭瀏《中國古代音樂史稿》得出包含樂師在內的工作人員為「一千四百六十三人。」筆者經重新核算得出：《周禮》中與音樂相關的人員為「一千五百七十九人。」

　　在上述人員中，除少數中大夫、下大夫、上士、中士、下士等低級貴族外，還有近一千三百人之多屬於奴隸階級的胥、徒、上瞽、中瞽、下瞽、眡瞭、舞者等。西周時期的樂人多以瞽、矇、瞍一類的盲人充當，如《詩經・大雅・靈臺》：「鼉鼓逢逢，矇瞍奏公」。《詩經・周頌・有瞽》詳細描述了盲人樂師在宮廷頗為壯觀的演奏，「有瞽有瞽，在周之庭。設業設簴，崇牙樹羽，應田縣（懸）鼓，鞉（鼗）磬柷圉，既備乃奏，簫管備舉。喤喤厥聲，肅邕

和鳴，先祖是聽。我客戾止，永觀厥成。」這些盲人樂師雖看不到事物，但卻可以熟練掌握鍾、磬、懸鼓、鼗鼓、柷、敔、簫、管等樂器演奏，並合奏莊嚴肅穆的樂曲以祭祀王室祖先，這正與《周禮·春官》所載瞽矇的職責爲「掌播鼗、柷、敔、塤、簫、管、絃歌，諷誦《詩》，世奠繫，鼓琴瑟，掌九德六詩之歌，以役大師」相符。另外，他們也配合大司樂等樂官對貴族子弟進行樂舞教育。

　　西周金文亦有西周樂官名稱的記載。如《師嫠簋》：「王若曰：『師嫠，在昔先王小學，女（汝）敏可事，既命女（汝）更乃祖考嗣（司）小（少）輔（傅）。今余醽（申）豪（景）乃命，命女（汝）嗣（司）乃祖考舊官小（少）輔（傅）眔（暨）鼓鐘……』」師嫠在先王小學中任少傅，後王命他爲少傅兼司周王朝的鼓鐘。又如《大克鼎》：「王若曰：『克……錫女（汝）史、小臣、霝簫、鼓鐘……』」。霝簫爲掌管吹簫的樂官等。

　　據周初經濟發展水平，《周禮》中記載的這些數字從某種意義上不乏誇大之義。西周初期，剛剛完成滅商大業，在戰鬥中消耗的人力和物力必然會很大，百廢待興，西周的宏偉藍圖剛剛描繪出最初一筆。周人重農，且較節儉，較商人大祭祀時要用多至數百頭牲口，西周初期大祭祀所用大牢僅爲一牛、一羊、一豕。周初剛建立起來一套新的禮樂制度，其建立之初未必像我們今天在《周禮》中所見這樣完善，因爲禮樂制度需要在一定的歷史進程中不斷的發展並逐漸完備。周人重視農業，在農業方面勢必投入較多人力推動農業迅速發展，西周初期宮廷雅樂活動是否眞正需要如此之多樂官，分門別類地掌管如此確切的職務，則較令人疑惑。《周禮》中的記載較爲理想化，其中列出的一系列數字未必能體現周初禮樂制度的實際情況，僅供後人參考之用。

二、西周其他雅樂內容

（一）韎樂

　　韎樂是西周時期東方少數民族音樂的名稱。《周禮·春官·韎師》：「韎師掌教韎樂。」〔註82〕鄭注：「舞之以東夷之舞。」東夷之樂即韎樂。在四夷樂中，韎樂最爲接近雅樂。孫詒讓《正義》云：「四夷樂韎，蓋猶近雅，故其用最多，特設官以教之。」《白虎通義·禮樂篇》載，由於夷狄之人沒有完備而

〔註82〕周禮·春官·韎師〔M〕，//〔清〕孫詒讓，十三經注疏本周禮正義，北京：中華書局，1987：1902。

成體系的禮制，表演樂舞時唯恐出錯而導致失禮，因此夷狄樂舞也要由國人來表演，而非夷人。靺樂雖為少數民族音樂，因其最為接近雅樂，最為常用，並設以樂官「靺師」專門掌教。祭祀和大饗時，由靺師率領其屬下表演靺樂。但掌教靺樂的靺師在眾樂官中級別最低，僅為下士。對靺樂的培訓通常由下士二人掌教，率領府一人、史一人、舞者十六人和徒四十人習舞靺樂。因唯恐失禮，「凡舞夷樂，皆門外為之」〔註83〕，故舞四夷樂時要在門外表演而非堂上。

（二）散樂

《說文·肉部》：「散，雜肉也。」王筠《說文句讀》：「散字從肉，故說曰雜肉。實是散碎通用之字，故元應取雜而刪肉也。」林義光《文源》：「散為雜，無雜肉之義……（古）從月，不從肉。」「凡言散者，皆盛沽猥雜、亞次於上之義。」〔註84〕從上述對「散」字的研究可得，「散」為「雜」之義。

《周禮·春官·旄人》：「旄人掌教舞散樂，舞夷樂，凡四方之以舞仕者屬焉。」〔註85〕鄭注云：「散樂，野人為樂之善者，若今之黃門倡矣，自有舞。」〔註86〕孫詒讓《周禮·天官·鹽人》注云：「旄人之散樂，別於雅樂。」〔註87〕散樂實為雜樂，是居雅樂之下的音樂。散樂之舞為大司樂掌教的「六大舞」和樂師掌教的「六小舞」之外，有別於雅樂的舞蹈，其具體舞蹈名稱不詳。掌教散樂的旄人，其級別為下士，由下士四人率領舞者進行表演，舞者人數或多或少，沒有確切人數，府二人、史二人、胥二人、徒二十人。

賈疏云：「旄人教夷樂而不掌，鞮鞻氏掌四夷之樂而不教，二職互相統耳。但旄人加以教散樂，鞮鞻氏不掌之也。」但孫詒讓《正義》認為：「此官掌教亦掌舞，鞮鞻氏則又並掌其聲者歌，二官蓋互相備，非互相統也。」

〔註83〕周禮·春官·靺師〔M〕，//〔清〕孫詒讓，十三經注疏本周禮正義，北京：中華書局，1987：1902。

〔註84〕周禮·春官·鹽人〔M〕，//〔清〕孫詒讓，十三經注疏本周禮正義，北京：中華書局，1987：412。

〔註85〕周禮·春官·旄人〔M〕，//〔清〕孫詒讓，十三經注疏本周禮正義，北京：中華書局，1987：1902。

〔註86〕周禮·春官·旄人〔M〕，//〔清〕孫詒讓，十三經注疏本周禮正義，北京：中華書局，1987：1902。

〔註87〕周禮·春官·鹽人〔M〕，//〔清〕孫詒讓，十三經注疏本周禮正義，北京：中華書局，1987：412。

〔註 88〕賈、孫二人觀點不同，筆者認爲孫說更爲合理，旄人和鞮鞻氏對散樂的掌教是互爲輔助的，對舞者的散樂練習起到相輔相成的作用，並非旄人只教而不掌，鞮鞻氏只掌而不教。

《地官·舞師》：「凡野舞，則皆教之。」〔註 89〕鄭注云：「野舞，謂野人欲學舞者。」舞師由下士二人、胥四人率舞徒四十人組成。孫詒讓《正義》云，此處之「野人」指非宮中習野舞者，「以別於舞徒四十人爲在官之舞人也」〔註 90〕。旄人從舞師所教的野人中，擇取舞蹈表演尚好者，接替舞師繼而教之。

（三）四夷樂

《周禮·春官·鞮鞻氏》：「掌四夷之樂與其聲歌」，四夷之樂除舞蹈外還包括聲歌，是一種皆有聲歌和舞蹈的音樂形式。

《白虎通義·禮樂篇》引《樂元語》：「東夷之樂，持矛舞，助時生也。南夷之樂，持羽舞，助時養也。西夷之樂，持戟舞，助時煞也。北夷之樂，持干舞，助時藏也。」〔註 91〕《通典·樂典》引《五經通義》除「西夷持鉞」之外，其他三夷所持道具皆同。

雖然《周禮》所載之諸樂均應屬廣義雅樂範疇，但通過與其他文獻的比對互證，四夷樂在表演地點、表演人員等方面，仍有所區別。

《白虎通·禮樂》：「所以作四夷之樂何？德廣及之也。合歡之樂舞於堂，四夷之樂陳於門外之右，先王所以得之，順命重始也。」〔註 92〕四夷樂的表演地點爲門外而非堂上。

《禮記·明堂位》：「納夷蠻之樂於大廟，言廣魯於天下也。」在太廟祭祀時，要囊括夷蠻地區的音樂，以擴大國家在天下的影響。此即表明統治者對於四夷樂的態度爲以示其德廣之所及，胸襟開闊，以彰顯其至高無上的統治地位並擴大影響。

〔註 88〕周禮·春官·旄人〔M〕，//〔清〕孫詒讓，十三經注疏本周禮正義，北京：中華書局，1987：1902。

〔註 89〕周禮·地官·舞師〔M〕，//〔清〕孫詒讓，十三經注疏本周禮正義，北京：中華書局，1987：914。

〔註 90〕周禮·地官·舞師〔M〕，//〔清〕孫詒讓，十三經注疏本周禮正義，北京：中華書局，1987：914。

〔註 91〕白虎通疏證·禮樂〔M〕，//〔清〕陳立，白虎通疏證，吳則虞點校，北京：中華書局，1994：108。

〔註 92〕白虎通疏證·禮樂〔M〕，//〔清〕陳立，白虎通疏證，吳則虞點校，北京：中華書局，1994：107。

《周禮‧春官‧鞮鞻氏》載，掌教四夷之樂的樂官是最低級別的。據上文所述及《白虎通義‧禮樂篇》所云：「夷狄樂誰爲舞者，以爲使中國之人。何以言之？夷狄之人禮不備，恐有過誤也。」作爲四夷樂之一的靺樂，其舞者由靺師率領其屬下表演，而非夷人自舞。

（四）縵樂

「縵樂」一詞初見於《周禮》，學者對於「縵樂」之「縵」字，曾作以不同釋義。西漢經學家杜子春和鄭玄二人即有不同見解：杜子春認爲「縵」應讀爲「怠慢」之「慢」；鄭玄認爲「縵」應讀爲「縵錦」之「縵」，謂「雜聲之和樂者也。」《禮記‧學記》：「不學操縵，不能安弦。」鄭注：「操縵，雜弄。」清代俞樾認爲杜子春讀音與釋義有誤，「淫、過、凶、慢」四聲皆屬大司樂所禁止的範圍，他認爲「慢聲者，大司樂之所禁，何得反教之乎？」

又《春秋繁露》：「庶人衣縵」引申之「凡無文皆曰縵」；《左傳》：「乘縵」，注「車無文者也」；《漢書‧食貨志》：「縵田」注「不爲（畮）〔畖〕者也」；《漢律》曰：「賜衣者縵表白裏」；據以上幾條文獻所注，《說文》段注另作一說，認爲「縵」字爲「繒無文也」之意。

《周禮》曾三次提及「縵樂」，《周禮‧春官‧磬師》：「教縵樂、燕樂之鍾磬」〔註93〕；又「凡祭祀，奏縵樂」〔註94〕；《周禮‧春官‧鍾師》：「掌鼙，鼓縵樂」。〔註95〕鄭注：「縵樂，擊鼙以和之。」從以上三條關於「縵樂」的記載可知，縵樂爲祭祀（非大祭祀）時所用，由磬師掌教其鍾磬演奏，鍾師擊鼙而和，爲它伴奏。掌管縵樂演奏和伴奏的樂官的等級均爲中士，可看出其具有一定的用樂等級。

孫詒讓在《周禮正義》中對縵樂的音樂性質作以解釋，認爲：「雜聲者，謂其非雅樂聲曲，散雜不名一調，而可以和正樂，故曰雜聲和樂。雜之云者，異於雅正之謂。雜聲雖非正樂，然尚非淫過凶慢之聲，則亦禮所不廢。」〔註96〕

〔註93〕周禮‧春官‧磬師〔M〕，//〔清〕孫詒讓，十三經注疏本周禮正義，北京：中華書局，1987：1882。

〔註94〕周禮‧春官‧磬師〔M〕，//〔清〕孫詒讓，十三經注疏本周禮正義，北京：中華書局，1987：1885。

〔註95〕周禮‧春官‧鍾師〔M〕，//〔清〕孫詒讓，十三經注疏本周禮正義，北京：中華書局，1987：1893。

〔註96〕周禮‧春官‧磬師〔M〕，//〔清〕孫詒讓，十三經注疏本周禮正義，北京：中華書局，1987：1883。

縵樂雖爲雜樂，非雅正之樂，但亦非大司樂所禁「淫過凶慢」之樂，所以在禮樂制度中並未廢除，至漢代仍保留有縵樂表演。《漢書・禮樂志》：「縵樂鼓員十三人」。顏師古注：「縵樂，雜樂也」，與鄭注之意同。漢代的縵樂表演主要是以鼓爲伴奏，並需擊鼓爲之伴奏人員十三人，漢以後未見縵樂的相關記載。

（五）愷樂、愷歌

愷樂爲軍樂的一種，主要表現軍隊戰勝凱旋，以捷報獻宗廟。《司馬法》曰：「得意則愷歌，示喜也。」〔註97〕《說文》「豈部」和「心部」均收有「愷」字。《說文・豈部》：「豈，還師振旅樂也。」〔註98〕豈和愷二字互相假借。又云：「愷，康也。」《說文・心部》：「愷，樂也。從心，豈聲。」〔註99〕

《左傳・僖公二十八年》：「秋七月丙申，振旅，愷以入於晉。」〔註100〕杜預注曰：「愷，樂也。」愷樂爲軍禮所用兵樂的一種，可以通過音律來聽軍隊之聲，通過鈠揚將之軍威，獻功於社。愷樂的表演根據獻功的主體不同，可分爲王師大獻和軍大獻兩種。

1. 王師大獻

王師大獻指天子親自率兵作戰凱旋而歸時，舉行向祖先獻功儀式。《司馬法・仁本》：「天下既平，天子大愷。」〔註101〕天子要在平定天下之後，奏愷樂以揚軍威，統攝天下。《周禮・春官・大司樂》：「王師大獻，則令奏愷樂。」〔註102〕鄭注：「大獻，獻捷於祖」。天子的軍隊凱旋而歸時，即命作愷樂以示勝利。大司樂爲宗伯之屬，宗伯掌管宗廟之禮，故王師大獻時要獻捷於祖先。

〔註97〕司馬法・天子之義〔M〕，//〔戰國〕司馬穰苴，司馬法譯注，李零譯注，石家莊：河北人民出版社，1992：28。

〔註98〕說文解字注〔M〕，//〔漢〕許慎撰，〔清〕段玉裁注，上海古籍出版社，1981：207。

〔註99〕說文解字注〔M〕，//〔漢〕許慎撰，〔清〕段玉裁注，上海古籍出版社，1981：502。

〔註100〕左傳・僖公二十八年〔M〕，//楊伯峻，春秋左傳注，北京：中華書局，1981：471。

〔註101〕司馬法・仁本〔M〕，//〔戰國〕司馬穰苴，司馬法譯注，李零譯注，石家莊：河北人民出版社，1992：4。

〔註102〕周禮・春官・大司樂〔M〕，//〔清〕孫詒讓，十三經注疏本周禮正義，北京：中華書局，1987：1785。

2. 軍大獻

軍大獻指軍隊凱旋而歸所舉行的社祠獻功儀式。軍大獻獻社，司馬以彰軍事之功。《周禮·春官·鎛師》：「鎛師掌金奏之鼓……軍大獻，則鼓其愷樂。」賈疏：「謂獻捷於祖，作愷歌，亦以晉鼓鼓之。」〔註 103〕軍隊舉行大型獻功儀式時，擊鼓奏愷樂。《周禮·夏官·大司馬》：「若師有功，則左執律，右秉鉞，以先愷樂獻於社。」〔註 104〕若軍隊打了勝仗，大司馬左手執律管，後手舉著斧鉞，走到隊伍最前面高奏愷樂以到社祠去報捷。《周禮·春官·樂師》：「凡軍大獻，教愷歌，遂倡之。」〔註 105〕樂師要在軍隊凱旋慶功時，教唱愷歌，並帶領大家共同演唱，以鼓舞士氣，發揚軍威。

眠瞭在戰勝獻功奏愷樂時也要掌管擊奏鍾和鼓。《周禮·春官·眠瞭》：「掌凡樂事播鼗，擊頌磬、笙磬，掌大師之縣。凡樂事，相瞽。大喪，廞樂器。大旅，亦如之。賓射，皆奏其鐘鼓、鼗。愷獻，亦如之。」〔註 106〕據《春官·大司樂·大師》載，大軍事活動開始時，大師要執律管，通過將士們所發出的呼聲以辨知戰鬥的勝敗吉凶。

凱旋之禮以振奮軍威，愷樂為軍禮所用之樂，愷歌為奏愷樂時演唱的樂歌，以紀武功之盛。今本所見的《周禮》司馬法中未見「愷歌」二字，但《漢書·馬融傳》注引司馬法中有此二字，今本蓋傳寫脫之。

（六）祴樂

《說文·示部》：「祴，宗廟奏祴樂。從示，戒聲。」段注：「宗廟中賓醉而出，奏《祴夏》，故字從示。」〔註 107〕祴樂，即《祴夏》，為《九夏》之一，亦作《陔夏》。《周禮·春官·笙師》：「掌教歙竽、笙、塤、籥、簫、篪、笛、管，舂牘、應、雅，以教祴樂。」〔註 108〕鄭注：「《祴樂》，《祴夏》之樂。」

〔註103〕周禮·春官·鎛師〔M〕，//〔清〕孫詒讓，十三經注疏本周禮正義，北京：中華書局，1987：1901。
〔註104〕周禮·夏官·大司馬〔M〕，//〔清〕孫詒讓，十三經注疏本周禮正義，北京：中華書局，1987：2354。
〔註105〕周禮·春官·樂師〔M〕，//〔清〕孫詒讓，十三經注疏本周禮正義，北京：中華書局，1987：1812。
〔註106〕周禮·春官·眠瞭〔M〕，//〔清〕孫詒讓，十三經注疏本周禮正義，北京：中華書局，1987：1869～1871。
〔註107〕說文解字注〔M〕，//〔漢〕許慎撰，〔清〕段玉裁注，上海古籍出版社，1981：7。
〔註108〕周禮·春官·笙師〔M〕，//〔清〕孫詒讓，十三經注疏本周禮正義，北京：中華書局，1987：1894。

《鍾師》：「凡樂事，以鐘鼓奏九夏：《王夏》、《肆夏》、《昭夏》、《納夏》、《章夏》、《齊夏》、《族夏》、《祴夏》、《驁夏》。」〔註109〕鄭注引杜子春云：「祴，讀爲陔鼓之陔。王出入奏《王夏》，尸出入奏《肆夏》，牲出入奏《昭夏》，四方賓來奏《納夏》，臣有功奏《章夏》，夫人祭奏《齊夏》，族人侍奏《族夏》，賓醉而出，奏《陔夏》，公出入奏《驁夏》。」〔註110〕賈疏：「賓醉將出奏之，恐其失禮，故陔切之，使不失禮。」鄉飲酒禮和鄉射禮賓出時所奏《陔》（《陔夏》）即《祴》（《祴夏》）。

西周末年，王室日益衰落，禮制及樂舞等級等方面，逐漸失去其控制功用。由於雅樂內容和形式較爲僵化，不能滿足權貴追求的享樂需要，至春秋時期「禮壞樂崩」，便日益沒落下來。後世雅樂較西周更爲冗長、呆滯，春秋戰國時期即已多有具體實例說明。據《淮南鴻烈》載，至漢代更有對其作「朱弦疏越，一唱而三歎，可聽而不可快也」的批評。加上流傳在近世的宗廟祭祀音樂（如大成廟祭孔音樂）以齊奏爲主，曲調簡單節拍緩慢，所以有人以爲上古雅樂的音樂特點亦如此，但恐難用後世雅樂推斷上古雅樂風格。西周雅樂本源於民間音樂，並非都是簡單、呆滯的音樂風格。另據王國維考證，《詩經》中的「頌之聲，較風、雅爲緩也」。〔註111〕「頌」相對於「雅」和「風」的音樂來說，並非特別滯慢和遲緩。

第三節　西周宮廷燕樂

一、「燕」、「宴」、「讌」、「醼」四字釋義

《說文》：「燕，玄鳥也。䕃口，布翅，枝尾，象形。」段注：「古多叚燕爲宴安，宴享。」由此可知，「燕」通「宴」字，意爲宴饗。《詩經·魯頌·閟宮》：「魯侯燕喜，令妻壽母。」鄭箋「燕，燕飲也。」

《說文》：「宴，安也。」段注：「宴，引申爲宴饗，經典多叚燕爲之。」

讌，同醼，宴會、會飲。《廣韻·霰韻》：「讌，同醼。」

醼，同宴。《廣韻·霰韻》：「醼，醼飲，古無酉，今通用，亦作宴。」

〔註109〕周禮·春官·眠瞭〔M〕，//〔清〕孫詒讓，十三經注疏本周禮正義，北京：中華書局，1987：1886。

〔註110〕周禮·春官·眠瞭〔M〕，//〔清〕孫詒讓，十三經注疏本周禮正義，北京：中華書局，1987：1886。

〔註111〕王國維，説周頌〔M〕，//觀堂集林，北京：中華書局，1959：111。

先秦典籍中，多見「燕」、「宴」二字，此二字見於《說文》。但「讌」、「醼」二字未見於先秦典籍及《說文》等漢代辭書，而見於北宋官修韻書《廣韻》和《集韻》及與唐代相關的諸文獻。見於《周禮》所載燕樂，專指宮廷宴饗時所用之樂，但凡祭祀鬼神、饗食、饗射諸侯、宴樂賓客時，都要用燕樂。燕樂不僅有音樂，亦有舞蹈，是樂舞相融的一種音樂形式。

《周禮・春官・磬師》：「教縵樂、燕樂之鍾磬。」鄭玄注：「燕樂，房中之樂。」學者一直對先秦「燕樂」概念存在誤解，如《中國大百科全書・音樂舞蹈卷》「燕樂」詞條認爲：「周代已有所謂『燕樂』，即『房中樂』，爲后妃在宮中所用。」〔註112〕另如《中國音樂詞典》「燕樂」詞條認爲「燕樂即宴樂、讌樂。周代的『燕樂』用於讌享賓客，亦稱房中樂。」〔註113〕以上兩部工具書都是根據《周禮注疏》中鄭玄注「燕樂，房中之樂」，認爲「燕樂即房中樂」，進而認爲周代的「燕樂」就是「房中樂」，僅注意了燕樂作爲內廷之樂這一功能，忽視了燕樂所具有的其他功能。

二、《周禮》中述及宮廷燕樂的使用場合

《周禮》對西周制禮作樂諸方面有詳細而又明確的規定，其中不乏關於「燕樂」的記載。據《周禮・春官》，宮廷燕樂的使用場合可分爲祭祀、饗食、饗射、賓客和內廷五類。

（一）祭祀

《周禮・春官・鍾師》：「凡祭祀饗食，奏燕樂。」〔註114〕在宗廟祭祀祖先時要有燕樂表演，起到事神的作用。

（二）饗食

《周禮・春官・鍾師》：「凡祭祀饗食，奏燕樂。」〔註115〕賈疏：「饗食，謂與諸侯行饗食之禮。在廟，故與祭祀同樂。」此處的饗食是指王與諸侯在宗廟，祭祖的地方行饗食之禮，因在宗廟，故與祭祀所用燕樂相同。

〔註112〕中國大百科全書・音樂舞蹈卷〔M〕，上海：中國大百科全書出版社，1986：775。
〔註113〕中國藝術研究院音樂研究所《中國音樂詞典》編輯部，中國音樂詞典〔M〕，北京：人民音樂出版社，1984：447。
〔註114〕周禮・春官・鍾師〔M〕，//〔清〕孫詒讓，十三經注疏本周禮正義，北京：中華書局，1987：1892。
〔註115〕周禮・春官・鍾師〔M〕，//〔清〕孫詒讓，十三經注疏本周禮正義，北京：中華書局，1987：1892。

《周禮・春官・鞮鞻氏》:「鞮鞻氏掌四夷之樂與其聲歌。祭祀，則歠而歌之，燕亦如之。」﹝註116﹞鄭注:「吹之以管籥爲之聲。」賈疏:「『吹之以管籥爲之聲』者，以其歌者在上，管籥在下，既言吹之用氣，明據管籥爲之聲可知，是以笙師教吹管籥之等。」此處之「燕」，應爲宴饗之「燕」，屬饗食，饗宴時所奏之燕樂爲四夷樂。孫詒讓云:「吹管籥以爲歌舞之節，與雅樂文舞略同。」又「王者必作四夷之樂，以定天下之歡心，祭神明吹而歌之，以管樂爲之聲。」君王爲彰顯其至高無上的地位，必定奏四夷之樂以表定天下大勢之雄威。

（三）饗射

《周禮・春官・笙師》:「凡祭祀、饗射，共其鍾笙之樂。燕樂亦如之。」﹝註117﹞鄭注云:「作樂時，下管、笙奏、間歌、合樂諸節，皆鍾笙並奏，笙之聲應鍾之均，是謂鍾笙之樂。」由此可知，燕樂是由下管、笙奏、間歌、合樂組成的四位一體的音樂表演形式。

（四）賓客

《周禮・春官・宗伯》:「以饗燕之禮，親四方之賓客」﹝註118﹞，在款待四方賓客時，需要用饗燕之禮，而饗燕之禮必用燕樂。《周禮・春官・旄人》:「凡祭祀、賓客，舞其燕樂。」﹝註119﹞賈疏:「賓客亦謂饗燕時。」此處提及「舞其燕樂」，賈疏:「『舞其燕樂』，謂作燕樂時，使四方舞士舞之以夷樂。」燕樂不僅有音樂，而且還有舞蹈，進行燕樂表演時，可令舞士舞夷樂。東方之樂曰韎、南方之樂曰任、西方之樂曰株離、北方之樂曰禁。此時的燕樂表演以西周周邊少數民族地區舞蹈爲主，歌唱爲輔。

（五）內廷

《周禮・春官・磬師》:「磬師，掌教擊磬，擊編鍾，教縵樂、燕樂之鍾磬。」「燕樂，房中之樂」者，此即《關雎》、《二南》也。謂之『房中』者，

﹝註116﹞周禮・春官・鞮鞻氏〔M〕，//〔清〕孫詒讓，十三經注疏本周禮正義，北京:中華書局，1987:1920。

﹝註117﹞周禮・春官・笙師〔M〕，//〔清〕孫詒讓，十三經注疏本周禮正義，北京:中華書局，1987:1899。

﹝註118﹞周禮・春官・大宗伯〔M〕，//〔清〕孫詒讓，十三經注疏本周禮正義，北京:中華書局，1987:1363。

﹝註119﹞周禮・春官・旄人〔M〕，//〔清〕孫詒讓，十三經注疏本周禮正義，北京:中華書局，1987:1903。

房中，謂婦人。后妃以風喻君子之詩，故謂之房中之樂。」《周南》和《召南》在很多場合中被演繹，這裡尤指內廷中所用之樂。孫詒讓認爲：「燕樂用二南，即鄉樂，亦即房中之樂。」〔註120〕他同時指出鄉樂、房中樂和燕樂三者僅是據用途不同而導致名稱有區別，但三者實際演奏的音樂內容則相同。「蓋鄉人用之謂之鄉樂，后夫人用之謂之房中之樂，王之燕居用之謂之燕樂，名異而實同。」〔註121〕

據上文分析可知，《周禮》中幾條有關「燕樂」的記載，涉及到燕樂的以下五個方面：一爲述及燕樂的五種使用場合；二爲燕樂是集歌唱、器樂、舞蹈三者結合的表演形式；三爲燕樂演奏所用樂器：鍾、笙、管、龠；四爲某些場合燕樂所演奏的音樂類型爲四夷之樂；五爲某些場合燕樂演奏四夷之樂時的主次關係，即四夷之舞爲主，歌唱爲輔。

岸邊成雄在《燕樂名義考》提出「燕樂的本質即是俗樂的一部分」這一觀點，筆者認爲有待商榷。宴饗中燕樂表演的主要目的是娛人娛神，燕樂作爲宴饗娛樂時所用之樂，經常會採用或注入一些俗樂的成分，這是合乎情理的。《周禮・春官・旄人》：「凡祭祀、賓客，舞其燕樂。」賈疏：「『舞其燕樂』，謂作燕樂時，使四方舞士舞之以夷樂。」但通過《周禮》中對於四夷樂的記載不難發現，周人並未將之看成俗樂，周人極爲講禮，對將俗樂的內容納入到宮廷雅樂體系中是有所依據的，在周人觀念中有其自成體系地理解，既然能夠在周代宮廷中演奏，即可視其爲雅樂，而不再視其爲俗樂，周人根據表演場合決定了音樂的性質。這涉及到許多相關音樂事象，如後文將提及的唐太宗李世民在任秦王時所創作的《破陣樂》，在其爲太宗時即被納入雅樂。《周禮》中記載的諸樂都應屬周代雅樂內容，燕樂作於祭祀、饗射等場合時，屬雅樂無疑，但在天子諸侯饗食、賓客及內廷等場合使用時，除雅樂的內容外，還包括一些「俗樂」（亦即上文提及由演奏場合而決定的如四夷樂之類的「俗變雅」的音樂）內容。上述三種場合較濃厚的娛樂性質，決定其燕樂表演時所用之樂爲雅、「俗」樂兼備。雖在以上三種場合燕樂表演中有「俗樂」成分注入，但並不能簡單地將其本質認爲是俗樂的一部分，而應從使用場合進行區分，將以上三種場合燕樂用樂看作西周時期的廣義雅樂，似更爲合理、確切。

〔註120〕周禮・春官・磬師〔M〕，//〔清〕孫詒讓，十三經注疏本周禮正義，北京：中華書局，1987：1883。

〔註121〕周禮・春官・鍾師〔M〕，//〔清〕孫詒讓，十三經注疏本周禮正義，北京：中華書局，1987：1892。

三、規格最高的宮廷燕樂──天子饗宴所用的燕樂

　　天子與諸侯或次國、小國之君饗宴時要升歌《大雅》，而合《小雅》之樂。若天子與大國之君饗宴時則要升歌《頌》，合《大雅》之樂，此爲規格最高的宮廷燕樂。《詩譜》云：「天子、諸侯燕群臣及聘問之賓，皆歌《鹿鳴》，合鄉樂。」〔註122〕鄭云：「諸侯相燕，天子與國君燕，與大國之君燕。」由此以示因等級的差異，各等級饗宴時所饗燕樂的區別。

　　《周禮》中對天子與諸侯饗宴作有記載。《周禮·春官·大司樂》：「大饗不入牲，其他皆如祭祀。」〔註123〕鄭注中對大饗的用樂情況作有明確的規定與記述：「大饗，饗賓客也。不入牲，牲不入，亦不奏《昭夏》也。其他謂王出入、賓客出入亦不奏《昭夏》也。其他，謂王出入、賓客出入亦奏《王夏》《肆夏》。」《昭夏》不爲大饗所用，大饗常備之樂爲《王夏》和《肆夏》。

　　《禮記·仲尼燕居》中孔子說：「大饗有四焉。……兩君相見；揖讓而入門，入門而縣興，揖讓而升堂，升堂而樂闋。下管《象》、《武》，《夏》籥序興。……行中規，還中矩，和鸞中《采齊》，客出以《雍》，徹以《振羽》。是故，君子無物而不在禮矣。入門而金作，示情也；升歌《清廟》，示德也；下而管《象》，示事也。是故，古之君子，不必親相與言也，以禮樂相示而已。」〔註124〕這裡所述爲天子宴饗來朝的諸侯，其大饗用樂有四種。孔疏：「四者，謂賓初入門而縣興，揖讓而升堂，主人獻賓，賓飲訖而樂闋，是一也；賓酢主人，金奏作，主人飲畢而樂闋，是二也；至工入，升歌《清廟》，是三也；歌畢，堂下管《象》《武》，是四也。」《象》、《武》皆爲武舞也。《夏籥》爲文舞。堂下吹管，按順序連續舞文、武之樂。《采齊》、《雍》、《振羽》，皆爲樂章。《清廟》爲頌文王之德之樂章。升歌合樂可以體現出身份地位等級的尊卑之差，若納賓之樂，天子與五等諸侯同用《肆夏》，以《燕禮》納賓用《肆夏》。

　　《穆天子傳》卷五載有周穆王享用燕樂的情況：「許男不敢辭，升坐於出尊，乃用宴樂。」〔註125〕又卷六：「天子命歌《南山有□》，乃紹宴樂。」

〔註122〕〔漢〕鄭玄，小大雅譜〔M〕，//十三經注疏本毛詩正義，上海：上海古籍出版社，1990：306。

〔註123〕周禮·春官·大司樂〔M〕，//〔清〕孫詒讓，十三經注疏本周禮正義，北京：中華書局，1987：1781。

〔註124〕禮記·仲尼燕居〔M〕，//陳戍國，禮記校注，長沙：嶽麓書社，2004：397。

〔註125〕穆天子傳〔M〕，〔晉〕郭璞注，北京：中華書局，1985：25。

〔註 126〕周穆王在宴饗中所用的燕樂歌曲爲《南山有□》，該歌曲名稱有缺漏，且史料中沒有對此曲的記載，今不得詳。

四、今本《詩經》中記述的燕樂情況

《詩經》是我國最早的一部詩歌總集，由孔子根據周朝官方收集的三千多首詩歌所編。《史記·孔子世家》：「古者詩有三千餘首，及至孔子，去其重，……取三百五篇。」今本《詩經》分爲《風》、《雅》、《頌》三部分。《儀禮》鄭注：「鄉樂者，《風》也。《小雅》爲諸侯之樂，《大雅》《頌》爲天子之樂。」沈文倬先生認爲：「音樂演奏以《詩》爲樂章。詩、樂結合便成爲各種禮典的組成部分。」

張岱年《中國文化概論》說：「《大雅》、《小雅》，共 105 篇，大多是宮廷宴飲的樂歌。」〔註 127〕《詩經》中有五篇描寫宮廷燕樂表演的詩篇，分別爲《小雅》之《鹿鳴》、《彤弓》、《鼓鐘》《賓之初筵》和《大雅》之《行葦》。《小雅》描寫諸侯享用燕樂情況的四篇主題分別爲：貴族宴會時所唱讚揚客人佳德之歌、周天子以彤弓賞賜有功諸侯、在淮水邊上觀賞周樂、描述統治貴族飲酒縱樂；《大雅》中描寫天子享用燕樂情況的主題爲周族統治者宴請族人賓客，並舉行射箭比賽。《毛詩》爲《詩經·大雅·天保》作注時即使用此詞：「天保民之質矣，日用飲食。質，平也，民事平，以禮飲食相燕樂而已。」通過以上五篇的主旨可見，《大雅》、《小雅》中的詩篇具有宴飲時所用燕樂這一特點。我們也可通過《詩經》中的描述，進一步地瞭解當時燕樂表演之景致。

《詩經·小雅》中描寫宮廷燕樂的四首詩篇，所用樂器可分爲以下幾種：（一）撥絃樂器：琴、瑟；（二）吹奏樂器：笙、龠；（三）打擊樂器：鍾、鼓、鼗、磬。《詩》文呈現出的燕樂樂器組合形式有以下幾種：（一）撥絃樂器與吹奏樂器合奏：瑟、笙；琴、瑟；（二）打擊樂器合奏：鍾、鼓；鍾、鼗；（三）吹奏樂器與打擊樂器合奏：笙、磬；龠、笙、鼓；（四）打擊樂器、撥絃樂器與吹奏樂器大合奏：鍾、瑟、琴、笙、磬、龠。《詩經·大雅》之《行葦》述及燕樂表演時，還可有歌唱或擊鼓等形式。

〔註 126〕穆天子傳〔M〕，〔晉〕郭璞注，北京：中華書局，1985：26。
〔註 127〕張岱年，方克立主編，中國文化概論〔M〕，北京：北京師範大學出版社，1996：212。

歷來學者對燕樂有無鍾磬議論紛繁，黃以周認爲：「燕樂自有鍾磬，有舞，教於磬師，掌於旄人，通行於祭祀饗食。」孫詒讓認爲：「竊謂房中樂有鐘鼓，燕樂有鍾磬及鍾笙，《詩》《禮》有明文足證。後寢亦具宮縣，但燕樂自在堂下，黃說得之。《詩》著『由房』之文，亦止云『執簧』，明在房者唯琴瑟簧矣。《燕禮》注說實未晐備，當以此注爲正。至《燕禮》之有房中樂，蓋當合樂無算樂時；祭饗無無算樂，則唯合樂時奏之，雖與鄉樂同用二南，而其音節當小異也。」〔註128〕筆者結合《周禮》、《儀禮》及《詩經》中的記載認爲：在祭祀、饗食、饗射、賓客四種場合進行燕樂表演時應有鍾磬；在內廷時，則無鍾磬。

五、《儀禮》中述及的宮廷燕樂情況

邵懿辰《禮經通論》認爲：「樂本無經也，樂之原在《詩》三百篇之中，樂之用在《禮》十七篇之中。」《儀禮》鄉飲酒禮、燕禮、鄉射禮、大射禮中，對宮廷燕樂使用情況作有具體記述。雖然學界對《儀禮》作者究竟爲何人尚存疑，但通過《儀禮》記載可知，《儀禮》概爲戰國時期追溯西周禮制的著作。我們可通過《儀禮》中的記載，窺見當時宮廷燕樂表演情況及其具體過程。

（一）《儀禮·燕禮》之宮廷燕樂情況

燕禮，指古代天子諸侯與群臣宴飲之禮。《周禮·春官·樂師》：「饗食諸侯，序其樂事，令奏鐘鼓，令相，如祭之儀。」〔註129〕樂師掌管諸侯饗食時之樂事，燕禮於五禮中屬嘉禮。鄭玄《三禮目錄》云：「諸侯無事，若卿大夫有勤勞之功，與群臣燕飲以樂之。」據《儀禮注疏》所載，根據「燕」之對象和目的的不同，將「燕」分爲四等，「《目錄》云諸侯無事而燕，一也；卿大夫有王事之勞，二也；卿大夫又有聘而來，還與之燕，三也；四方聘客與之燕，四也。」〔註130〕《儀禮·燕禮》：「燕禮，小臣戒與者。」小臣在燕禮儀式中要起到輔助作用，鄭玄注：「小臣相君燕飲之法……君以燕禮勞使臣，若臣有功，故與群臣樂之。小臣則警戒告語焉，飲酒以合會爲歡也。」《周禮·夏官·大僕》云：「王燕飲（大僕）則相其法」；《周禮·夏官·小臣》云：「凡

〔註128〕周禮·春官·磬師〔M〕，//孫詒讓，十三經注疏本周禮正義，北京：中華書局，1987：1885。

〔註129〕周禮·春官·樂師〔M〕，//孫詒讓，十三經注疏本周禮正義，北京：中華書局，1987：1811。

〔註130〕鄭玄注，賈公彥疏，儀禮注疏〔M〕，李學勤主編，北京大學出版社，1999：248。

大事佐大僕」。在君王燕飲時，由大僕輔助，小臣輔佐大僕。《儀禮》中所描述燕禮的規格爲諸侯之「燕」，故由小臣輔佐。

《儀禮·燕禮》燕樂表演過程如下：

在舉行燕禮之前，要先將鍾磬懸掛好。射人請大夫登堂後開始進行燕樂表演，樂工歌唱《鹿鳴》、《四牡》、《皇皇者華》，此三詩皆爲《詩經·小雅》之詩。《鹿鳴》意爲貢奉賢能，是卿大夫或國君饗燕時所用之詩；《四牡》爲使臣被國君慰勞時所用之詩；《皇皇者華》爲「爲君出聘」之詩；《鹿鳴》是國君與臣下及四方來賓進行饗燕時，講道修政的樂歌。君王用旨酒來招待嘉賓，以示和善之道。詩中「我有旨酒，嘉賓式燕以敖」和「我有旨酒，以燕樂嘉賓之心」二句都描寫了飲酒燕饗的場景。另「我有嘉賓，德音孔昭」一句更表明了嘉賓有孔昭之明德，值得學習和仿傚，讚揚嘉賓之佳德。《四牡》爲國君慰勞使臣的到來而演唱的樂歌。「若然，《目錄》云卿大夫有勤勞之功，聘使之勞兼王事之勞二也者，知臣子覜聘還與之燕者，《四牡》勞使臣是也。」〔註131〕使臣勤於王事，想念父母卻由於王事的繁重而無法奉養，表現出其深摯的忠孝之心。《皇皇者華》是國君派遣使臣出使之樂歌，主要表現出使臣繁重工作的勞苦，使臣秉國君之命，須以咨周善道，廣詢博訪。

敬酒完畢，眾笙吹奏《南陔》、《白華》、《華黍》三首樂曲，毛詩序認爲此三首「有其義而亡其辭」。詩序云：「《南陔》，孝子相戒以養也。《白華》，孝子之絜白也。《華黍》，時和歲豐，宜黍稷也。」《南陔》意爲奉養和孝敬雙親；《白華》意爲孝子養父母常自潔如白華；《華黍》意爲時和歲豐，但此三首笙奏之詩早已亡佚。

眾吹笙人接受並飲完祭酒後，要歌唱《魚麗》、《南有嘉魚》、《南山有臺》三詩，笙吹奏《由庚》、《崇丘》、《由儀》三詩。以上六首皆《小雅》詩篇，「《魚麗》，言大平年豐物多也」；「《南有嘉魚》，言大平君子有酒樂與賢者共之也」；「《南山有臺》，言大平之治以賢者爲本」，另笙奏《由庚》、《崇丘》、《由儀》之三詩已亡，其義不詳，我們僅能從《詩》序中窺見其概況：「《由庚》，萬物得由其道也。《崇丘》，萬物得極其高大也。《由儀》，萬物之生，各得其宜也。」此段採用堂下吹笙，堂上昇歌，歌唱和笙奏交替的形式，一段歌唱，一段笙奏來進行表演，如堂上歌《魚麗》結束時，堂下笙續吹《由庚》，以下皆同。

〔註131〕鄭玄注，賈公彥疏，儀禮注疏〔M〕，李學勤主編，北京大學出版社，1999：248。

由上可知，堂上昇歌之詩俱在，唯堂下吹奏之笙詩《南陔》、《白華》、《華黍》、《由庚》、《崇丘》、《由儀》皆亡，可知當時詩的保存方式爲以類別區分，笙歌之詩分開存放，堂上昇歌和堂下笙詩二者不存同處，故導致後來笙詩的亡佚。

　　之後合鄉樂，鄉樂爲《詩》之《風》也，合樂爲歌樂與眾聲一起進行表演。合鄉樂時所用之詩爲《詩》之《周南》、《召南》，皆爲《風》詩。《風》在西周本未納入雅樂體系，漢儒鄭玄對二南持「周原說」，認爲二南兩地客觀存在，即「周、召分治」的埰地，唐孔穎達《詩譜》更確定了周、召埰地的位置，認爲二南與周公、召公有關，將二南納入雅樂，多用於宮廷燕樂表演。先歌《周南》之《關雎》、《葛覃》、《卷耳》，次歌《召南》之《鵲巢》、《采蘩》、《采蘋》，皆爲三遍。但有時也可根據賓主喜好而無次數限定。「《關雎》言后妃之德，《葛覃》言后妃之職，《卷耳》言后妃之志，《鵲巢》言國君夫人之德，《采蘩》言國君夫人不失職，《采蘋》言卿大夫之妻能修其法度。」以上六首鄉樂，皆爲《國風》中《周南》、《召南》之詩篇。「夫婦之道，生民之本，王政之端，此六篇者，其教之原也。」因此，國君與其臣下及四方之賓燕時要用合樂。

　　賓客飲酒結束而出，奏《陔夏》，用鐘鼓奏之。《陔夏》爲《九夏》之一，詩亡。賓客到達中庭及國君行拜禮接過酒爵，奏《肆夏》，鍾、鎛、鼓、磬合奏。「若以樂納賓，則賓及庭，奏《肆夏》」〔註132〕，《肆夏》亦爲《九夏》之一。登堂時，歌唱《鹿鳴》，隨後笙奏《新宮》，歌唱鄉樂，笙伴奏。鄭注：「《新宮》，《小雅》逸篇也，管之入三成，謂三終也。」〔註133〕學者們對《新宮》是否爲今之所見《小雅·斯干》持有不同見解。《左傳·昭公二十五年》：「宋公享昭子，賦《新宮》。」江永《群經補義》認爲《新宮》即今《小雅·斯干》；胡培翬《儀禮正義》引褚氏寅亮曰：「……周公時已有《新宮》，……其非《斯干》可知。宋公享叔孫昭子賦《新宮》，其有辭可知，故注云，『《小雅》逸篇。』」若有舞蹈表演的情況，則舞《勺》。鄭注：「勺，頌篇告成大武之樂歌也。」《周頌·勺》序：「鄭以勺即酌也。」鄭玄認爲《勺》即《周頌·酌》。《禮記·內則》：「十三舞勺，成童舞象」。注云：「先學勺，後學象，文武之次也。」《勺》爲文舞之小者，因此燕禮得用之。

〔註132〕鄭玄注，賈公彥疏，儀禮注疏〔M〕，李學勤主編，北京大學出版社，1999：291。
〔註133〕鄭玄注，賈公彥疏，儀禮注疏〔M〕，李學勤主編，北京大學出版社，1999：292。

圖表6　《儀禮・燕禮》燕樂表演情況表

使用場合	樂工人數	樂器	樂器數目	演唱曲目	演奏曲目	演奏形式
燕禮前		鍾				
		磬				
射人請大夫登堂後	四人	瑟	2	《鹿鳴》		瑟、鼓爲歌唱伴奏
		鼓		《四牡》		
				《皇皇者華》		
敬酒完畢	眾人	笙			《南陔》	眾笙合奏
					《白華》	
					《華黍》	
眾吹笙人接受並飲完祭酒				《魚麗》	《由庚》	笙歌相間
				《南有嘉魚》	《崇丘》	
				《南山有臺》	《由儀》	
				鄉樂。《周南》:《關雎》《葛覃》《卷耳》;《召南》:《鵲巢》《采蘩》《采蘋》		
賓客出門		鍾			《陔夏》	鍾、鼓合奏
		鼓				
賓客到達中庭及國君行拜禮接過酒爵		鍾			《肆夏》	鍾、鎛、鼓、磬合奏
		鎛				
		鼓				
		磬				
登堂				《鹿鳴》		
		笙			《新宮》	笙奏
				鄉樂		笙伴奏
若有舞蹈				《勺》		

　　通過《儀禮・燕禮》的燕樂描述可知，此燕禮爲諸侯之制，是諸侯與卿大夫宴飲時燕樂表演的過程。燕樂表演的具體順序爲先置鍾磬，樂工升歌，升歌既畢，笙入。歌者在堂上，笙者在堂下，歌笙有間有合，間歌《魚麗》、《南有嘉魚》、《南山有臺》，笙奏《由庚》、《崇丘》、《由儀》。合鄉樂者《周

南》之《關雎》、《葛覃》、《卷耳》；《召南》之《鵲巢》、《采蘩》、《采蘋》。鐘鼓奏《陔夏》，鍾鎛鼓磬奏《肆夏》，歌《鹿鳴》，有管有舞，笙奏《新宮》，合鄉樂，笙伴奏，舞之詩為《勺》。「燕合鄉樂者，禮輕者可以逮下也」，燕禮燕樂表演中所用詩篇，除鄉樂六首為《風》之《周南》、《召南》詩外，其餘皆為《小雅》之詩。

（二）《儀禮·大射禮》之燕樂情況

大射禮為射禮之一。西周時期屬嘉禮，後屬軍禮，為天子或諸侯之射禮。鄭注：「大射者，為祭祀射。王將有郊廟之事，以射擇諸侯及群臣與邦國所貢之士可以與祭者……而中多者得與於祭。」〔註134〕天子率諸侯、卿大夫、士所進行的射禮，常在祭祀祖先前進行，並以射選定貢士，其規模在諸射禮中最為盛大。《周禮·天官·司裘》載，在周王舉行大射禮時，供給其以虎皮為飾的皮靶、以熊皮為飾的皮靶、以豹皮為飾的皮靶，在靶的中心位置設置鵠。在諸侯大射時，供給其以熊皮為飾的皮靶、以豹皮為飾的皮靶。卿大夫大射時，供給其以麋皮為飾的皮靶麋侯，也都是在靶的中心位置設置鵠。

《禮記·射義》：「古者諸侯之射也，必先行燕禮。」〔註135〕進行大射禮之前，要先行燕禮，行燕禮時必有燕樂表演。《周禮》中對王大射時所用音樂作有規定，王進出時，奏《王夏》；及射時，奏《騶虞》。另大射和燕射時還有弓矢舞表演，只是舞者不同。王大射時，由諸侯們揮動弓箭而舞；而燕射時，則由射手們持弓箭而舞，表現出揖讓進退之勢。《周禮·春官·大司樂》：「大射，王出入，令奏《王夏》；及射，令奏《騶虞》，詔諸侯以弓矢舞。」〔註136〕燕射為君王與諸侯諸臣因燕而射，燕射時除表演弓矢舞外，還要進行擊奏鐘鼓。《周禮·春官·樂師》：「燕射，帥射夫以弓矢舞，樂出入，令奏鐘鼓。」〔註137〕

《儀禮·大射儀》之燕樂表演情況如下：

大射禮和鄉射禮的燕樂情況基本相同，但由於等級的差異，在射禮規模

〔註134〕周禮·天官·司裘〔M〕，// 〔清〕孫詒讓，十三經注疏本周禮正義，北京：中華書局，1987：497。

〔註135〕禮記·射義〔M〕，//陳戌國，禮記校注，長沙：嶽麓書社，2004：501。

〔註136〕周禮·春官·大司樂〔M〕，// 〔清〕孫詒讓，十三經注疏本周禮正義，北京：中華書局，1987：1782～1784。

〔註137〕周禮·春官·樂師〔M〕，// 〔清〕孫詒讓，十三經注疏本周禮正義，北京：中華書局，1987：1811。

及用樂情況等方面存在一些區別。

　　樂人在舉行大射儀的前一天，要在阼階的東邊將樂器懸掛好。笙磬朝西，它的南面是笙鍾，笙鍾的南面是鎛，都要陳設到南面。建鼓放在阼階東的西邊，鼓面朝南，應鼙在它的東邊，鼓面也朝南。在阼階西的西邊，頌磬面朝東，它的南邊是鍾，鍾的南邊是鎛，都面朝南陳設。一個建鼓在它們的南邊，鼓面朝東，朔鼙在建鼓的北邊。另一建鼓在阼階西的東邊，鼓面朝南。簜（笙簫之類的吹奏樂器）在兩個建鼓中間，鼗鼓倚在頌磬旁，繫鼗的繩子朝西。國君登堂就席後，奏《肆夏》以迎接主賓。國君行拜禮接過象觚後，也要奏《肆夏》。

　　大射禮所用樂曲和鄉射禮有所不同，鄉射禮中的鄉飲酒禮僅有合樂部分，而大射禮中的燕禮則包括金奏《肆夏》、升歌《鹿鳴》和下管《新宮》三部分。

　　樂工歌唱《鹿鳴》三遍。大師、少師、上工都下堂站在西邊的鼓北邊，眾樂工伴隨其後，吹奏《新宮》三遍。

　　當司射返回西階的西邊時，把撲插入腰間，面朝東命令樂正說：「國君令奏樂以助射。」司射來到堂下面朝北看著上射，命令道：「射箭若和音樂的節奏不相應，就不作數。」上射行揖禮。《周禮・春官・樂師》：「凡射，王以《騶虞》為節，諸侯以《貍首》為節，大夫以《采蘋》為節，士以《采蘩》為節。」〔註138〕樂正命令大師「演奏《貍首》，每一次演奏的節奏間隔都要一樣。」大師不起身，應允。演奏《貍首》以助射。三番射結束後，主賓像原來一樣來到左物的北邊等待主君。主君待音樂開始演奏後再來到右物處，連續不斷地射出，但並未按照樂曲的節拍而射。大射禮助射所用樂曲《貍首》為金石所奏，有別於鄉射禮所用的鼓樂為節。

　　士在西階像最初主君為士舉旅酬時一樣，待酬酒結束時奏「無算樂」，即不計數地一遍又一遍演奏音樂，歌唱、吹奏及合樂無次數限制，直到盡興而止。

　　主賓酒醉，朝北面坐下，拿著進獻的乾肉下堂。這時樂工演奏《陔夏》。主賓手執乾肉，走到門內屋檐處將乾肉賜予掌管鐘鼓之人，隨即出去，卿大夫也都出去，主君不送。當主君離開射宮進入都城時，樂工奏《驁夏》。至此，大射禮中的燕樂表演結束。

〔註138〕周禮・春官・樂師〔M〕，//〔清〕孫詒讓，十三經注疏本周禮正義，北京：中華書局，1987：1804。

圖表 7　《儀禮・大射禮》所載大射儀樂隊組合排列示意圖

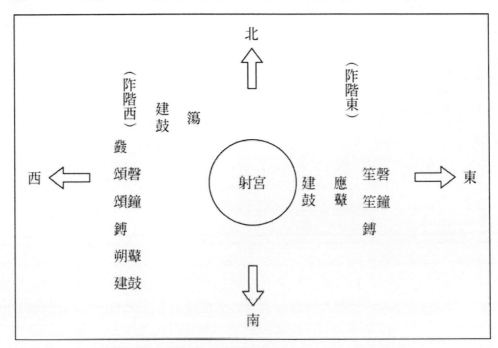

（三）《儀禮・鄉射禮》之燕樂情況

　　由於古時戰亂紛繁，弓矢即成為戰爭中最為重要的工具，射藝程度的高低與否直接決定國家軍事戰鬥力，因此自古以來一直對習射頗為重視，至周代更被納入禮制規範，通過習射以顯示仁之道。

　　《禮記・射義》對射的內涵及其與禮樂的關係做以明確說明：「射者，仁之道也。」又「射者，男子之事也，因而飾之以禮樂也。故事之盡禮樂而可數為，以立德行者，莫若射，故聖王務焉。」〔註 139〕鄉射禮是州長於春、秋二季在州序會民習射之禮，在行鄉射禮前，必先行鄉飲酒禮。鄉射禮和大射禮都是以樂節射之儀。射不僅是一種技藝的練習與競賽，更重要的是體現一種觀盛德、司禮樂、正志行，以成己立德的道德教化意義。

　　據《禮記・射義》，鄉射禮由射手間的三輪比射（即「三番射」）組成。在舉行鄉射禮前要先進行鄉飲酒禮，但此時的鄉飲酒禮燕樂表演去除升歌、笙奏和間歌三部分，僅存合樂部分。堂上彈瑟的樂工和堂下吹笙擊編磬的樂工，合奏《周南》之《關雎》、《葛覃》、《卷耳》，《召南》之《鵲巢》、《采蘩》、《采蘋》。

〔註 139〕禮記・射義〔M〕，//陳戌國，禮記校注，長沙：嶽麓書社，2004：501。

上文所述，《周禮》中對射禮所用音樂作有明確規定。本應屬於天子大射所用的音樂《騶虞》，也用於鄉射禮中。鄭注：「此天子之射節也。而用之者，方有樂賢之志，取其宜也。其他賓客卿大夫則歌《采蘋》。」〔註140〕

《周禮》中亦對射禮所用之樂節有所規定。《周禮・夏官・射人》：「王以六耦射三侯，三獲三容，樂以《騶虞》，九節五正；諸侯以四耦射二侯，二獲二容，樂以《狸首》，七節三正；孤卿大夫以三耦射一侯，一獲一容，樂以《采蘋》，五節二正；士以三耦射豻侯，一獲一容，樂以《采蘩》，五節二正。」〔註141〕《儀禮・鄉射禮》：「歌《騶虞》，若《采蘋》，皆五終。」賈疏：「上用《騶虞》以化民，下用《采蘋》，大夫之樂節。」鄉射禮之樂節數符合《周禮》中對卿大夫之禮的規定。

射禮中要奏燕樂助射。司射在西階的西邊，去掉插在腰間的撲，穿好上衣登堂，向賓請示演奏樂曲以助射。司射面朝東命令樂正說：「向賓請示奏樂以助射，賓已同意。」司射來到兩階中間，站在堂下面朝北命令道：「射箭若和音樂的節奏不相應，就不作數。」樂正面朝東命令大師說：「奏《騶虞》，間隔如一。」大師應允。樂正退後返回原位。演奏《騶虞》以助射。樂工按照固定而均勻的節奏，每一次演奏《召南》之《騶虞》的節奏間隔都要相同。三番射結束，主賓、主人、大夫和眾賓客相繼射箭。

行「旅酬」之禮，合奏無算樂多次，即不計數地一遍又一遍演奏音樂，歌唱、吹奏及合樂無次數限制，直到盡興而止。主賓站起時，樂正命樂工奏《陔夏》。主賓下堂到達臺階時，《陔夏》之樂奏起。次日，主賓召請自己想請的人，並告知鄉先生和鄉君子即可。在行無算爵時，可任意奏《周南》、《召南》中之六首樂曲。

音樂響起，大夫不進入，樂正和賓客站立的次序相同。由三支笙和一支和奏出樂曲。在第三輪射箭時，用樂曲的節拍長短來做射箭速度的標準。大夫解開紮捆的箭後，歌唱《騶虞》和《采蘋》五遍。至此，鄉射禮中的燕樂表演告一段落。

（四）《儀禮·鄉飲酒禮》之燕樂情況

周代鄉學三年業成大比，考其德行道藝優異者，薦於諸侯。將行之時，由鄉大夫設酒宴以賓禮相待，謂「鄉飲酒禮」。《儀禮·鄉飲酒禮》賈公彥疏引漢鄭玄《三禮目錄》：「諸侯之鄉大夫三年大比，獻賢者能於其君，以賓禮待之，與之飲酒。於五禮屬嘉禮。」〔註142〕

鄉飲酒禮對貴族卿大夫宴會典禮時演唱《詩》三百中的樂歌，首先是《小雅》，隨後是二《南》。這些被稱爲「正歌」，二《南》是風詩，被列於正歌之末，且二《南》中所奏的又大多是貴族階級的詩歌。〔註143〕

鄉飲酒禮與燕禮中的燕樂表演基本相同，但由於饗宴等級不同，諸侯之燕的規格隨等級差異而有所提高，二者在細節之處尚存略微不同。如燕禮前要「告戒」和「設縣」。《燕禮》合鄉樂，禮輕者可以逮下也；《鄉飲酒禮》升歌《小雅》，禮盛者可以進取也，堂上有歌瑟、堂下有笙磬。

進行鄉飲酒禮燕樂表演時，要在堂邊爲樂工鋪席，以東邊爲上位。樂工四人，二人鼓瑟，二人在堂上歌唱《鹿鳴》、《四牡》、《皇皇者華》。歌唱結束，主人爲樂工斟酒及備好乾肉進獻。樂工不站起，將瑟放置左邊，一人行拜禮接過酒爵。主人在阼階上行拜禮，將斟滿酒的爵與乾肉獻予樂工，並讓扶助的僕人幫助樂工祭祀祖先。飲畢，不行拜禮。主人接過空爵。眾樂工不行拜禮，接過酒爵，坐下飲祭酒，將酒飲完。眾樂工席前都備有干肉等，但不予祭祀祖先之用。大師爲主人洗爵。主賓和介下堂，主人辭謝，樂工不辭謝不洗爵。吹笙者來到堂下，在磬的南邊面朝北站立，奏《南陔》、《白華》、《華黍》三首樂曲。主人在西階爲樂工斟酒及備好乾肉進獻。笙工一人來到臺階，不登堂，接過酒爵。笙工在阼階前坐著祭酒，站著飲酒，不行拜禮。主人接過空爵。眾笙工不行拜禮，接過酒爵，坐下飲祭酒，將酒飲完。眾樂工席前都備有干肉等，但不予祭祀祖先之用。

隨後歌唱和吹奏交替進行，歌唱《魚麗》，笙奏《由庚》；歌唱《南有嘉魚》，笙奏《崇丘》；歌唱《南山有臺》，笙奏《由儀》。然後合鄉樂，合樂爲歌樂與眾聲一起進行表演。先歌《周南》之《關雎》、《葛覃》、《卷耳》，次歌《召南》之《鵲巢》、《采蘩》、《采蘋》。樂工告知樂正：「正歌已齊備。」樂正告知於主賓，然後下堂。

〔註142〕鄭玄注，賈公彥疏，儀禮注疏〔M〕，李學勤主編，北京大學出版社，1999：126。
〔註143〕孫克強，雅俗之辨〔M〕，北京：華文出版社，1997：19。

賓客將鞋子脫去，像剛開始一樣拱手相讓，登堂坐下。然後進獻乾肉，酒爵不計數，一遍又一遍演奏音樂，歌唱、吹奏及合樂無數次，直到盡興而止。

主賓出門，奏《陔夏》。主人送到門外行拜禮兩次。

樂正和賓客都是按照年齡大小的次序站立。音樂響起，大夫不進入。向樂工和吹笙人獻酒，從堂上的圓型容器中取出酒爵，獻酒之後，把酒爵放在堂下的圓型容器中。向吹笙人獻酒，在西階上進行。磬在東階西階中間，面朝北而擊。

樂正命令奏《陔夏》，主賓出門，當主賓下堂到達臺階時，《陔夏》之樂奏起。至此，鄉飲酒禮中的燕樂表演結束。

（五）西周時期宮廷燕樂小結

通過以上四者的燕樂表演情況可知：燕禮主要是為了在宴饗時得到愉悅和歡樂，以燕樂表演為中心；大射禮主要以射為中心，而以燕樂表演為輔助；鄉飲酒禮主要以燕樂為主，但與燕禮的燕樂等級稍有不同；鄉射禮和大射禮一樣，也是以射為主，燕樂為輔，但不言樂工數目，臣禮避初也。

宮廷燕樂表演通常包括：升歌、笙、間、合樂四部分。鄉飲酒禮和燕禮都是以愉悅歡心為主，注重燕樂表演，因此有升歌、笙、間、合樂，獻工獻笙後間合不獻。鄉射禮沒有笙、間，只有合樂，笙工並為，到結束時一併獻之。大射禮沒有間歌、合樂，只有升歌。歌唱《鹿鳴》三遍結束，主人將樂工獻上，之後吹奏《新宮》，這是國君之禮有別於鄉射禮之處。鄉射禮和大射禮都以燕樂表演為略，大射禮不能省略升歌，而省略笙、間、合三者，《二南》為鄉大夫之正，《小雅》為諸侯之正，不能省略合樂，也不能省略其正樂。諸侯不能省略《鹿鳴》即此道理。

鄉射禮所用樂器為鼓，大射禮所用樂器有鍾、鎛、磬、鼓、應鼙、朔鼙、鼗、鼘等。鄉射禮所演奏的樂章為《騶虞》，大射禮演奏的樂章為《狸首》。因大射禮中的主人和賓客的身份地位較高，故有以上的區別。《鄉射禮》鄭注：「鐘鼓者，天子諸侯備用之，大夫士鼓而已。」鄉飲酒禮行於大夫和士之間，送賓時有樂，迎賓時則無樂，行禮時則要「升歌」、「笙奏」、「間歌」、「合樂」。燕禮行於天子與諸侯、卿大夫之間，迎送賓客時都要用「金奏」之樂，以體現因行禮主體不同而產生差別。

第二章 「禮壞樂崩」影響下的春秋戰國雅樂

　　平王東遷洛邑，昭示著東周的開始，史稱春秋戰國（公元前 770 年～前 221 年）。這是一個社會、政治、文化、經濟等方面大動蕩、大變革、大發展的時期。春秋時期，諸侯爭霸戰爭不斷，形成春秋五霸；戰國時期，春秋時期各諸侯國相互兼併，繼而又不斷發起新的戰爭，形成戰國七雄。春秋戰國五百餘年間戰亂頻繁，政治時局極為動蕩。

　　春秋（公元前 770 年～前 476 年）及緊隨其步履的戰國（公元前 476 年～前 221 年）是我國由奴隸社會向封建社會轉型的過渡時期。奴隸社會的井田制、宗法制及分封制等逐漸瓦解，繼之而來的是封建制度土地私有制及中央集權制度的逐步確立。隨著生產力不斷進步，封建社會經濟狀況迅速發展，呈現出繁榮的商品經濟態勢。王夫之在《讀通鑑論》中稱這一時期為「古今一大變革之會」。

　　德國哲學家卡爾・雅斯貝爾斯（Karl Jaspers，1883～1969）《人的歷史》指出：

> 在公元前 800 年到公元前 200 年間所發生的精神過程，似乎建立了這樣一個軸心。在這時候，我們今日生活中的人開始出現。讓我們把這個時期稱之為「軸心的時代」。在這一時期充滿了不平常的事件，在中國誕生了孔子和老子，中國哲學的各種派別的興起，這是墨子、莊子以及無數其他人的時代。〔註1〕

〔註 1〕卡爾・雅斯貝爾斯，人的歷史〔M〕，//現代西方史學流派文選，上海：上海人民出版社，1982：38～39。

公元前 800 年到至公元前 200 年是世界文明發展的重要突破階段，在各個文明中都出現了引領精神文化發展的偉大先哲，如古希臘有蘇格拉底、柏拉圖、亞里士多德，古印度有釋迦牟尼。春秋戰國時期即屬雅斯貝爾斯提出的「軸心時代」，出現了孔子、老子、孟子、莊子、墨子等不同學派的諸子百家，產生了一個精神文化的原型。

> 人類一直靠軸心時代所產生的思考和創造的一切而生存，每一次新的飛躍都回顧這一時期，並被它重新點燃。自那以後，情況就是這樣，軸心期潛力的蘇醒和對軸心期潛力的回歸，或者說復興，總是提出了精神的動力。〔註2〕

這一時期，整個社會都處於較大歷史變革中，各方諸侯割據，諸侯間的階級鬥爭尤爲劇烈，形成群雄爭霸的局面。在當時的變革形勢下，生產力發展水平推動歷史不斷前進。久已腐朽的奴隸社會開始走向崩潰，繼替而來的是新興地主階級不斷發展壯大。與當時社會政治、經濟、文化等方面大變革相適應，在這一時期思想領域也出現史無前例的重大變革，產生了諸多影響後世的經典學說，形成「百家爭鳴」的新局面，將先秦時期的文化發展推向空前繁榮階段。這不僅爲中國哲學思想史的發展揭開了嶄新的一頁，同時對春秋戰國的音樂文化發展產生了不可估量的深遠影響。

春秋時期，各諸侯國蠢蠢欲動，蜂擁而起，形成「諸侯爭霸」的局面。周初分封的「八百諸侯」，春秋時兼併爲一百七十多個大大小小的諸侯國。小國附庸大國，大國爭奪霸權，形成「挾天子以令諸侯」和「政自大夫出」的局面。西周以來建立的禮樂等級制度逐漸失去了舊有的約束力，西周雅樂也遭到嚴重破壞，爲「禮壞樂崩」埋下了強勁的導火索。

文獻中記載既有「禮崩樂壞」一詞，亦有「禮壞樂崩」一詞，二詞意基本相同，且「禮崩樂壞」較「禮壞樂崩」更爲常用。「禮壞樂崩」和「禮崩樂壞」皆指爲維護君臣上下等級秩序而建立的一套典章制度、禮儀教化遭到極大的破壞。「禮壞樂崩」最早見於班固（32年～92年）《漢書·劉歆傳》：「《泰誓》後得，博士集而讀之。故詔書稱曰：『禮壞樂崩，書缺簡脫，朕甚閔焉。』」《論語·陽貨》亦說：「君子三年不爲禮則禮壞，三年不爲樂則樂崩。」可見春秋禮樂的實際狀況，即在禮壞的影響下（即禮制的敗壞），導致了樂崩（即音樂的敗壞）。「禮崩樂壞」則見於應劭（約153年～196年）《風俗通義》：「其

〔註 2〕卡爾·雅斯貝爾斯，歷史的起源與目標〔M〕，重慶：華夏出版社，1989：14。

後，周室陵遲，禮崩樂壞，諸侯恣行，競悅所習，桑間、濮上，鄭、衛、宋、趙之聲，彌以放遠，滔湮心耳，乃忘和平，亂政傷民，致疾損壽。重遭暴秦，遂以闕忘。」筆者基於文獻中對春秋時期呈現的這種特殊的禮樂關係闡述，這是一種在禮制敗壞下而引發的音樂的敗壞，且孔子的言論亦提及當時情況爲「禮壞」、「樂崩」。本著遵循文獻最早出處及當時的實際情況，下文皆用「禮壞樂崩」。

春秋戰國時期的「禮壞樂崩」，最初表現爲諸侯僭用天子之禮，隨後又發展成各諸侯國的卿大夫僭用諸侯之禮、天子之禮。孔子《論語・季氏》說：「天下有道，則禮樂征伐自天子出；天下無道，則禮樂征伐自諸侯出。自諸侯出，蓋十世希不失矣；自大夫出，五世希不失矣；陪臣執國命，三世希不失矣。天下有道，則政不在大夫。天下有道，則庶人不議。」〔註3〕

戰國時期呈現出「海內爭於戰功」的局面，「務在強兵並敵，謀詐用而從衡短長之說起」〔註4〕，一些國家爲了謀取戰爭勝利，多方爭取與他國合作，常使用合縱連橫策略。戰國時期是各諸侯國從分裂割據趨向統一的時期。這一時期各諸侯國在政治、經濟、文化、思想等方面的發展水平，呈現出不平衡的態勢。中原地區較爲先進，邊緣地區較爲落後。在政治上明顯地體現出各自爲政的分裂割據，不僅戰國七雄（魏、韓、趙、齊、楚、秦、燕）各自割據一方進而相互兼併，同時還有中山、宋、衛、鄒、魯等小國存在，即「泗上十二諸侯」。這一時期的經濟，由於各諸侯國間的貿易往來日益頻繁，水陸交通日益便利，國與國之間的聯繫更爲密切；農業、手工業生產，隨著生產技藝的不斷提高，均得到一定發展；科學技術也得到大力發展，如鑄鐵工藝的創造與不斷完善；思想方面，呈現出「百花齊放」的繁榮景象，新興制度取代舊有制度過程，不再像西周那樣受到等級制度的嚴苛規範，較西周有所突破。

第一節　春秋雅樂

春秋時期，新興的地主階級並未徹底將禮樂制度拋棄，而是先將其接受並按照自己的意願加以改造和利用，以維護其封建統治。這一階級僭越禮樂旨在突顯其政治地位和權利。春秋時期的「禮壞樂崩」令舊有的禮樂制度受

〔註3〕楊伯峻，論語譯注〔M〕，北京：中華書局，1980：174。
〔註4〕〔漢〕司馬遷，史記・六國年表〔M〕，北京：中華書局，1982：685。

到嚴重衝擊，在文獻中多見各諸侯國中發生的有悖於西周禮樂制度的「僭越」之事。

春秋中期以降，隨著宗法制的瓦解，與宗法秩序相應的禮樂制度難以繼續維持，逐漸失去對貴族階層的規範和約束。「宗族和姻戚的情誼經過的世代愈多，便愈疏淡，⋯⋯光靠宗族的情誼和君臣名分維持的組織，必不能長久。」〔註5〕見於《左傳》、《公羊傳》、《國語》等文獻記載的僭越現象比比皆是，諸侯僭越天子之制，大夫僭越諸侯之制等以下犯上的現象屢見不鮮。就連西周禮樂制度承繼者的魯國亦多有「禮壞樂崩」現象發生。本書首先以魯國爲例，深入分析在「禮壞樂崩」的影響下，春秋時期雅樂的具體使用情況。

一、魯國禮制及雅樂使用情況

由於周公助武王奪取政權，輔佐武王建立萬古基業，故武王將東方分封予周公之子伯禽，在今曲阜一帶建立了魯國。魯國因「秉周禮」，由公族執掌朝中大政。魯國建國之地爲殷商勢力較爲頑固的地區，將伯禽分封到魯國，是要把魯國建設成爲宗周禮樂模式的東方根據地，將其發展爲春秋時期推行禮樂制度的中心。據《國語・魯語上》，魯國在眾多諸侯國中處於「班長」之位，延續著西周時期的禮樂制度，繼承了與之一脈相承的周文化。春秋之際，在社會變革的推動下，傳統的宗法制已不可避免地逐步瓦解。伴隨著春秋中後期劇烈的社會變革，當這種等級制度與社會地位、政治權利及經濟利益等因素產生矛盾時，原本嚴格規定的各種等級制度被打破，作爲「宗周模式嫡傳」〔註6〕的魯國也難逃宗法制逐漸解體的命運。

《禮記・明堂位》：「凡四代之器、服、官，魯兼用之。是故，魯，王禮也，天下傳之久矣。」〔註7〕春秋初期，魯國奉西周制定的禮樂制度爲人們的行爲準則，上至魯公，下至卿大夫及士階層，無不遵循禮制而動。無論在國家大事，還是在禮尚往來的細節中，皆可見魯人對周禮的重視和尊崇。在祭天、朝聘、宴饗、鄉射等諸場合中，若有與禮不合之處，隨即會遭到指責，甚至被視爲一種「不祥」之舉。

〔註5〕張蔭麟，中國史綱〔M〕，上海古籍出版社，1999：57～58。

〔註6〕楊向奎，宗周社會與禮樂文明〔M〕，北京：人民出版社，1997：277。

〔註7〕禮記・明堂位〔M〕，//陳戌國，禮記校注，長沙：嶽麓書社，2004：232。

　　魯國有行天子之禮的特權，如郊祀之禮、禘禮、雩禮等。《禮記・明堂位》載：「魯君孟春乘大路……日月之章，祀帝於郊，配以後被，天子之禮也。」〔註8〕除郊祭之禮外，魯國還使用禘禮。《公羊傳・僖公八年》：「秋七月，禘於太廟」，又《左傳・襄公十年》：「魯有禘樂，賓祭用之。」另有雩禮，據《詩・大雅・雲漢》所述，雩乃祭天祈雨，祀及上帝先祖，爲天子之禮。魯國也施行雩禮，在古魯城外，尚存有當年舞雩壇舊址。

　　春秋時期在魯國發生的諸侯、卿大夫的「僭越」現象不計其數。自隱公起，魯國僭越禮制的情況逐漸增多，如隱公如棠觀魚；桓公納宋郜大鼎而置於太廟；宣公夏濫於泗淵等。又據《周禮》載，只有天子才能進行祭天儀式（郊祭），諸侯僅能祭祀其封國境內的山川。但從魯僖公（公元前659年～前627年在位）開始也舉行「郊祭」，《公羊傳・僖公三十一年》：「魯郊，非禮也。何以非禮？天子祭天，諸侯祭土。天子有方望之事，無所不通。諸侯山川有不在封內者，則不祭也。」〔註9〕再如春秋後期的季氏（季平子）〔註10〕亦有「旅」泰山之舉。本來只有天子和諸侯才有祭祀「名山大川」的資格，且「旅泰山」爲天子之禮。季氏僅爲魯國大夫，卻欲行「旅泰山」之禮，實爲極大地「僭越」西周時期的禮制。以下列幾則非禮用樂實例。

（一）非禮用樂

1. 大夫僭越天子之樂

（1）季氏「八佾舞於庭」

　　上文所述季氏（季平子）欲行「旅泰山」之舉，僭越天子之禮。《論語・八佾》中又載季氏僭越天子之樂。《八佾》中載季氏「八佾舞於庭」，僅能爲天子所用的八佾樂舞（即八行，六十四人）之制，卻被季平子在自家庭院所用。季平子爲季孫氏第三代執掌魯國政權的太宰大夫，與魯昭公、孟孫氏、叔孫氏是堂兄弟，與魯國的君主同爲姬姓，也是周公的後代。因周公對西周王朝所做的巨大貢獻，西周初期成、康二王時特賜予周公旦之子伯禽以八佾樂舞，故魯國尚有八佾之制。但只有文王和周公家廟才能使用八佾樂舞，且

〔註8〕禮記・明堂位〔M〕，//陳戌國，禮記校注，長沙：嶽麓書社，2004：229。

〔註9〕公羊傳・僖公三十一年〔M〕，王維堤，唐書文撰，春秋公羊傳譯注，上海：上海古籍出版社，1997：250。

〔註10〕多有學者認爲季氏實爲季桓子，但據《左傳・昭公二十五年》及《漢書・劉向傳》中的記載，季氏可能是指季平子，即季孫意如。

只能用文舞，不能用武舞。據《周禮》記載，祭祀時所用樂舞形制為「天子八佾，諸侯六佾，大夫四佾，士二佾」，作為大夫的季平子本應享受「四佾」（即四行，三十二人）的樂舞規模，卻在自家庭院中享受天子之禮的樂舞形制，實在是令人氣憤。孔子聞此事後隨即發出「是可忍孰不可忍」的憤怒之言。更令人髮指的是，《左傳·昭公二十五年》載，因季氏將宮中舞者都帶到家中，致禘祭魯襄公時，宮中僅剩兩個舞者的荒唐局面。

（2）「三家」〔註11〕撤除祭品時用《雝》

仲孫、叔孫、季孫三位都是在魯國當政的卿大夫，但三家祭祀祖先時，卻都享用天子之禮，演唱《雝》來撤除祭品。《雝》為《詩·周頌·臣工之什》中第七首詩，是武王祭祀文王，撤去祭品時所唱的樂歌。《雝》詩中有云「相維辟公，天子穆穆」，由諸侯來助祭，天子威嚴肅穆地在主祭。此三家「僭越」之舉實在太不合禮制了。

2. 諸侯僭越天子之樂——魯昭公「朱干，玉戚，以舞《大夏》，八佾以舞《大武》」

《公羊傳·昭公二十五年》（公元前517年）載，魯昭公（公元前541年～前510年在位）「朱干，玉戚，以舞《大夏》，八佾以舞《大武》」，僭用天子之禮。「昭公將弒季氏，告子家駒曰：『季氏為無道，僭於公室久矣，吾欲弒之何如？』子家駒曰：『諸侯僭於天子，大夫僭於諸侯久矣。』昭公曰：『吾何僭矣哉？』子家駒曰：『設兩觀，乘大路，朱干，玉戚，以舞《大夏》，八佾以舞《大武》，此皆天子之禮也。且夫牛馬維婁，委己者也，而柔焉。季氏得民眾久矣，君無多辱焉。』」〔註12〕魯昭公想要殺季氏，他和子駒說：「季氏行為無道，僭越公室很久了，我要殺了他，怎麼樣？」子駒答道：「諸侯僭越天子、大夫僭越諸侯很久了。」昭公問子駒：「我有什麼僭越的地方？」子駒答道：「宮門前設立兩座觀，乘坐大路，用紅色的盾玉製的斧來舞《大夏》，使用八列六十四人來舞《大武》，這些都是天子之禮。」通過魯昭公和子駒討伐季氏的言論，可知魯昭公深知季氏對天子之禮的僭越，但對自己僭越天子之禮卻毫無察覺，並反詰子駒。魯昭公所處的春秋末期，甚至連魯公本人對自己僭越天子之禮竟渾然不知。可見，此時的「禮壞樂崩」現象較春秋中期又產生更深層的發展。

〔註11〕三家指仲孫、叔孫、季孫。
〔註12〕公羊傳·昭公二十五年〔M〕，王維堤，唐書文撰，春秋公羊傳譯注，上海：上海古籍出版社，1997：485。

《公羊傳・隱公五年》載，魯隱公爲祭祀其母惠公夫人仲子廟，欲獻演《萬舞》。他問眾仲應用多少名執羽的舞者。「初獻六羽。初者何？始也。六羽者何？舞也。初獻六羽何以書？譏。何譏爾？譏始僭諸公也。六羽之爲僭奈何？天子八佾，諸公六，諸侯四。諸公者何？諸侯者何？天子三公稱公，王者之後稱公，其餘大國稱侯，小國稱伯、子、男。天子三公者何？天子之相也。天子之相則何以三？自陝而東者，周公主之，自陝而西者，召公主之，一相處乎內。始僭諸公昉於此乎？前此矣。前此則曷爲始乎此？僭諸公猶可言也，僭天子不可言也。」〔註13〕公羊以爲魯之廟舞前此皆用八佾，僭天子之禮，因爲國諱，不可明言，此用六佾，乃僭諸公之禮，其罪小，故經明言以示譏。

3. 魯文公宴饗來聘使者「僭禮」

春秋戰國時期，國與國之間互相訪問（即「聘」）和交流十分常見。在「禮壞樂崩」情況加劇之時，魯國在宴饗來聘使者時在用樂的等級制度方面也發生混亂情形。如《左傳・文公四年》（公元前 623 年）載：「衛甯武子來聘，公與之宴，爲賦《湛露》及《彤弓》。不辭，又不答賦。使行人私焉。對曰：『臣以爲肆業及之也。昔諸侯朝正於王，王宴樂之，於是乎賦《湛露》，則天子當陽，諸侯用命也。諸侯敵王所愾而獻其功，王於是乎賜之彤弓一，彤矢百，旅弓矢千，以覺報宴。今陪臣來繼舊好，君辱貺之，其敢干大禮以自取戾。』」〔註14〕魯文公在宴請衛國甯武子時，所演奏的兩首樂曲《湛露》和《彤弓》不符合用樂等級制度，此二曲爲天子饗宴諸侯時所用之曲，均不符合甯武子應享用的卿大夫之禮。甯武子遵循傳統禮制，對禮制中規定不符其身份所享用的音樂及時更正，體現出甯武子對傳統禮樂制度的堅守。

（二）魯國糾正他國非禮用樂

1. 魯國聘晉國及時發現對方非禮用樂行爲

魯國穆叔作爲使者到晉國訪問，晉侯多次僭越用樂等級，穆叔能夠及時做出判斷，並加以更正，直至符合自己身份的音樂出現時才行拜謝之禮。《左傳・襄公四年》（公元前 569 年）載魯國穆叔（叔孫豹）到晉國報答知武子在襄公元年（公元前 572 年）之際來魯國訪問之事。晉侯舉行宴會來招待他，以鐘鎛奏《肆夏》中的三章（即《肆夏》、《繁遏》、《渠》），並以鼓節之，這

〔註13〕公羊傳・隱公五年〔M〕，王維堤，唐書文撰，春秋公羊傳譯注，上海：上海古籍出版社，1997：30。
〔註14〕左傳・文公四年〔M〕，//楊伯峻，春秋左傳注，北京：中華書局，1981：535。

是天子用來宴饗元侯的音樂，穆叔不拜謝。命樂工演唱《文王》中的三章（即《文王》、《大明》、《綿》），這是兩君相見時所用之樂，穆叔又不拜謝。又命樂工演唱《鹿鳴》中的三章（即《鹿鳴》、《四牡》、《皇皇者華》），君之所以賜予使臣，臣不敢不拜謝賜予，穆叔接連拜謝了三次。

晉國的卿大夫韓獻子讓接待人員去問穆叔說：「子以君命，辱於敝邑。先君之禮，藉之以樂，以辱吾子。吾子舍其大，而重拜其細，敢問何禮也？」〔註15〕穆叔回答說：「三《夏》是天子宴饗元侯時所用的音樂，我不敢拜謝；《文王》為兩諸侯國君相見時所用之樂，我也不敢拜謝；《鹿鳴》是國君嘉許敝國之君的音樂，我怎敢不拜謝呢？並進一步說明《四牡》是國君用來慰勞使臣的，我怎敢不再次拜謝？《皇皇者華》是國君教予使臣：『一定要請教忠信之人。』我聽說，訪問於善者稱為請教，請教親戚之間的相處之道稱為『詢』，請教不同場合所用的禮節稱為『度』，請教政事稱為『諏』，請教預防患難的辦法稱為『謀』。我從這首樂歌中，獲得了五件事的啟示，怎敢不再次拜謝？」可見，魯國的穆叔是非常講「禮」的，並能夠做出正確的區分和判斷。

2. 魯國與齊國相會，孔子及時更正僭禮之樂

《史記·齊太公世家》和《史記·魯周公世家》都對魯定公（公元前509～前495在位）和齊景公在夾谷相會之事作有記載。魯定公十年（公元前500年），魯定公和齊景公相會於夾谷，由孔子負責相禮之事。齊國藉此機會想偷襲魯國國君，孔子以禮上階，殺掉了齊國表演淫樂的舞者。由於魯國係周公之子伯禽建立的國家，嚴格遵循西周禮樂制度，孔子此番舉動可表明魯國對西周禮樂制度的遵守與繼承。

二、其他諸侯國僭禮用樂之舉

春秋時期，除魯國外，其他諸侯國也多有發生「僭越禮樂」之事。西周雅樂制度雖猶存，但無法抵擋種種挑戰。楊寬認為：「代表地主階級的卿大夫這樣『僭禮』，實質上就是奪取政治權利的一種表現。這對奴隸主貴族來說，是『禮崩樂壞』，而對新興地主階級來說，就是大興禮樂來鞏固封建統治。」〔註16〕

〔註15〕左傳·襄公四年〔M〕，//楊伯峻，春秋左傳注，北京：中華書局，1981：933。
〔註16〕楊寬，戰國史〔M〕，上海人民出版社，1980：253。

　　《左傳・襄公十年》（公元前 563 年）載，宋公在楚丘要宴饗晉侯，並欲表演殷商天子所用樂舞《桑林》。晉國的卿大夫荀罃替晉侯表示推辭，但晉國另二位卿大夫荀偃和士匄說：「諸侯在宋國和魯國都可以觀賞到天子的禮樂」，並提及當時魯國保留的雅樂情況。「魯有禘樂，賓祭用之。」據杜預所注，此處之「禘樂」即指三年大祭之時所用的四代之樂（舜樂《韶》、夏樂《大夏》、商樂《大濩》、周樂《大武》）。依晉國荀偃、士匄二位卿大夫之見認爲：「宋國以《桑林》宴饗國君，不是也可以嗎？」聞此二位卿大夫一席話，舞師隨即揮舞著旌旗指揮舞隊，晉侯害怕得立即退到內房。

　　《禮記・郊特牲》云：「大夫之奏《肆夏》，由趙文子〔註17〕始也。」《肆夏》是大夫不得享用的，諸侯以上可同用之。趙文子在魯成公十八年（公元前 573 年）、晉悼公元年（公元前 572 年）爲晉卿，魯襄公十三年（公元前 560 年）、晉悼公十三年（公元前 559 年）爲將軍。此時，趙文子爲晉國重臣。他爲卿時，晉王室尚強，趙文子便任意僭用禮樂，隨後其接管執政，僭越現象則更爲深入。自趙文子開始，《肆夏》廣爲僭越，爲卿大夫一級所用。

　　在《國語》、《晏子春秋》等文獻中，亦可見春秋某些諸侯國禮樂使用的僭越及混亂現象。如《晏子春秋・內篇雜上第五》載，齊景公（公元前 547 年～前 490 年）在位時，晉平公要征討齊國，讓臣子范昭到齊國打探虛實。「樽觶具矣，范昭佯醉，不說而起舞，謂太師曰：『能爲我調成周之樂乎？吾爲子舞之。』太師曰：『冥臣不習。』范昭趨而出。」〔註18〕范昭欲僭越「成周之樂」，即天子之樂，但齊國樂師藉以「冥臣不習」，未予理睬，范昭灰溜溜地跑出去了。這件事情發生之後，齊景公將此事述於晏子說：「『晉，大國也，使人來將觀吾政，今子怒大國之使者，將奈何？』晏子曰：『夫范昭之爲人也，非陋而不知禮也，且欲試吾君臣，故絕之也 。』景公謂太師曰：『子何以不爲客調成周之樂乎？』太師對曰：『夫成周之樂，天子之樂也，調之，必人主舞之。今范昭人臣，欲舞天子之樂，臣故不爲也。』范昭歸以報平公曰：『齊未可伐也。臣欲試其君，而晏子識之；臣欲犯其禮，而太師知之。』仲尼聞之曰：『夫不出於尊俎之間，而知千里之外，其晏子之謂也。可謂折衝矣！而太師其與焉。』」〔註19〕諸如此類的僭越行爲在春秋時期不勝枚舉，「禮壞樂

〔註17〕趙文子即趙武，趙武於公元前 548 年執政。
〔註18〕吳則虞，晏子春秋集釋〔M〕，北京：中華書局，1982：325～326。
〔註19〕吳則虞，晏子春秋集釋〔M〕，北京：中華書局，1982：325～326。

崩」現象在當時已日益普遍並流傳開來，西周嚴格的等級制度在春秋社會的動蕩分化中被肆意踐踏和僭越。

三、魯國保存與使用西周雅樂的具體情況

上文主要談及「禮壞樂崩」影響下，雅樂所遭遇到嚴重衝擊的情況。但此時在魯國尚存對西周雅樂制度較好傳承的情況。《禮記・禮運》：「壞國、喪家、亡人，必先去其禮。」〔註20〕《左傳・閔公元年》載公元前661年，齊國欲討伐魯國，齊公問「魯可取乎」，齊國大夫仲孫湫答曰：「不可。猶秉周禮。周禮，所以本也。臣聞之：『國將亡，本必先顚，而後枝葉從之。』魯不棄周禮，未可動也。」〔註21〕當時魯國尚未放棄西周禮制，還在延續並基本上按照西周禮制規定實施。

楊向奎認為：「通論中國文化之發展，虞夏以來，至於春秋，其中心地域在今山東、河南、河北，後來發展遂及山西、陝西。虞夏代表夷、夏，共處於中國東方，黃河下流，以山東爲中心，東及遼瀋，西及河南，南及江淮，北達燕薊。後來發展爲齊魯文明，實爲宗周文化之嫡傳，而魯爲姬，齊爲姜，後來結果，齊一變至於魯，魯一變至於道；周禮在魯，遂爲中心之中心。」〔註22〕周公及其同僚，建立了禮樂制度，魯國繼承西周的禮樂文化正統。各種有利因素及條件均促使魯國在春秋初期較好地成爲西周禮樂的承繼者，時稱「周禮盡在魯矣」，因此魯國也成爲各國諸侯學習周禮的重要去處。

馬克思曾說：「人們自己創造自己的歷史，但是他們並不是隨心所欲地創造，並不是在他們自己選定的條件下創造，而是在直接碰到的、既定的、從過去承繼下來的條件下創造。一切已死的先輩的傳統，像夢魘一樣糾纏著活人的頭腦。」〔註23〕

春秋「禮壞樂崩」影響的不斷深入，從上述諸多關於魯國及其他諸侯國非禮用樂的僭禮行爲中即可見一斑。但就在諸侯、卿大夫大肆「僭越」西周禮樂制度的同時，吳國公子季札來聘魯國觀周樂時所做的精彩評論，卻爲我們呈現出了雅樂的另一番情形。通過季札對其在魯國所見到的雅樂

〔註20〕禮記・禮運〔M〕，//陳戌國，禮記校注，長沙：嶽麓書社，2004：162。
〔註21〕左傳・閔公元年〔M〕，//楊伯峻，春秋左傳注，北京：中華書局，1981：257。
〔註22〕宗周社會與禮樂文明〔M〕，//楊向奎，北京：人民出版社，1992：277。
〔註23〕馬克思恩格斯選集〔C〕，北京：人民出版社，1972：603。

表演情況所做出的細緻評論，我們看到了令人欣喜的一面。自春秋初期始，早已被使用的混亂不堪的西周禮樂制度，此時猶然綻放出一抹分外奪目的霞光，彷彿讓後人在魯國處於黑暗、混亂的環境中，看到了那份久違的黎明。

（一）季札聘魯觀周樂

魯襄公（公元前 572 年～前 542 年在位）二十九年（公元前 544 年），吳國公子季札來魯國訪問，請求觀賞周樂。因魯國爲周公之子伯禽建立的國家，故可享用周王室虞、夏、商、周四代樂舞。《左傳・襄公二十九年》載有季札對當時魯國保留「周樂」所作出的精美的評論。

季札是泰伯後人，位居蘇州滄浪亭五百名賢祠中第一聖賢。吳培恩稱季札爲「儒家的先驅」；金學智稱季札爲「中國文藝評論的開山祖」；南懷瑾稱季札爲「周末第一文化大使」；馮學成稱季札爲「高士、逸士、博士」。季札觀樂的評論，既論其音樂，又論其歌辭和舞象。他對各諸侯國的音樂多持稱讚態度，言語中稱讚多餘批評，他以樂言詩，通過樂來知曉其義，而樂與舞二者不分，認爲樂舞反映了各個朝代政治之得失，他對西周樂舞所作的精彩評論影響深遠。以下爲季札聘魯觀周樂時的詳細情況：

1. 季札對西周雅樂主要內容——《詩經》音樂所作的評論

季札評《周南》和《召南》時說：「多美好啊！周朝的教化已經奠定基礎了，卻尙未完善，人民雖然辛苦但沒有怨恨了。」《周南》所收大抵爲今陝西、河南、湖北相交地區的民歌，頌揚周之德化及南方。

邶國位於今河南省湯陰縣東南或今河南省北部、河北省南部一帶。周武王滅商後，爲了安置殷商遺民，將商王畿之地分爲邶、鄘、衛三地，封商紂王之子武庚於殷地，稱邶國。鄘國位於今河南省新鄭市西南、今河南省汲縣東北。衛國位於今河南省東部、山東省西部和河北省西南部一帶，幅員廣闊，其都城最初定於朝歌，即今河南省淇縣。周公興師平定武庚和「三監」叛亂後，將康叔封於殷商舊地，建立衛國。季札評邶、鄘、衛三國的音樂：「多美好啊！意味這樣深遠，憂傷但不困窘。我聽說衛康叔和武公的德行就是這樣的，這大概就是《衛風》吧？」

王國爲周平王東遷後的國都（洛邑），在今河南省洛陽市一帶。據季札所說，《王風》爲周平王東遷之後創作的樂詩，其樂雖有愁思，但卻毫不畏懼。

鄭國在今河南省新鄭縣一帶。《鄭風》所言多為男女愛情之事，幾乎沒有與政治相關的樂詩，季札評《鄭風》音樂：「多美好啊！它的音樂表現很細緻，人民無法忍受繁瑣的統治，恐要先亡國了」，故鄭國早亡於周安王二十六年（公元前 376 年）。

齊國的領土較為廣闊，今山東省大部分地區均屬齊。季札評《齊風》音樂：「多美好啊！具有宏大的風格，作為東海諸國的表率，只有姜太公吧，這個國家的前途不可限量。」

豳國又作邠國，為周之舊國，在今陝西省郴縣、旬邑縣一帶。「蕩蕩」表現出其樂具有博大的風貌。據季札所述，《豳風》為西周時期所創作的樂詩，主要描寫周公東征三年，為成就成王承后稷先公的偉業而不敢荒淫。

秦國在今陝西省境內。古時指西方為夏，為周之舊地。季札評論《秦風》音樂：「這是所謂中原地區的音樂，能接近中原就能光大，且極為光大，這應該就是西周的舊地吧？」

魏國本為姬姓國，在今山西省芮城縣東北，閔公元年（公元前 661 年）被晉獻公所滅。《魏風》多為諷刺之詩。季札評《魏風》音樂：「多美好啊！宏大而婉約，政令習俗雖節儉但容易施行，只要用德教輔助他，就會成為一個鮮明的君主了。」

唐國為晉的前身，在今山西省太原市。季札評《唐風》音樂：「表現出深遠的憂慮，這裡也許有陶唐氏的遺民吧？若不然，為什麼憂慮顯得如此深遠呢？若不是繼承美德者的後代，誰能夠像這樣啊？」

陳國在今河南省開封市以東淮陽、柘城及安徽省亳縣一帶。哀公十七年（公元前 525 年）楚公孫朝率師滅陳。季札評《陳風》音樂：「國家像是沒有君主，難道會長久嗎？」

檜國在今河南省鄭州市南，新鎮、滎陽、密縣一帶，為鄭武公所滅。曹國在今山東省曹縣、菏澤、定陶一帶。在《檜風》以下（含《檜風》和《曹風》），季札對民間音樂就不作評論了。

通過上述季札對《國風》中十三國民間音樂的評價，可見季札對《周南》、《召南》、《邶》、《鄘》、《衛》、《王》、《齊》、《豳》、《秦》、《魏》、《唐》之樂分別予以肯定，僅對《鄭風》、《陳風》所表現內容予以否定，另《檜風》和《曹風》未予評論。

圖表 8 季札評周樂言論

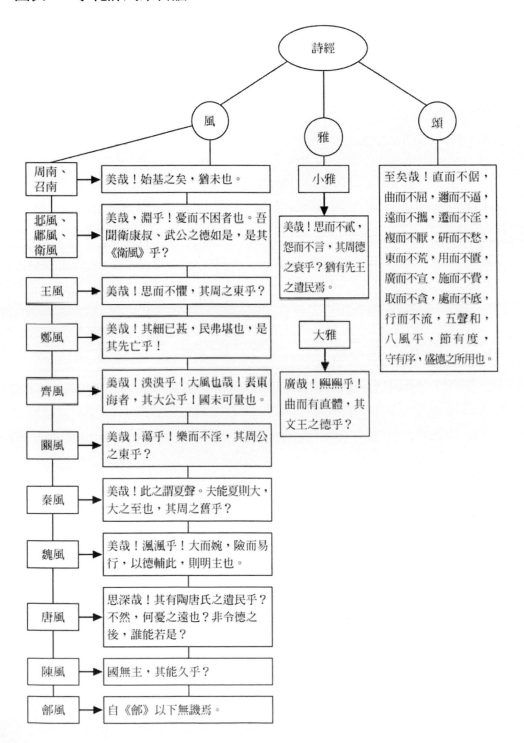

在對《國風》進行精彩的評論之後，季札又對《小雅》、《大雅》和《頌》的音樂逐一進行點評。季札認為《小雅》的音樂表現出當時人們的憂思和怨憤之情，但怨而不言，反映出西周衰敗的情景，但也表現出興盛時先王遺民的呼聲；認為《大雅》的音樂寬廣和美，其樂抑揚頓挫高下之妙，而本體則正，大概是表現文王的功德；認為《頌》的音樂正直而不傲慢，曲折而不卑屈，緊密而不局促逼迫，悠遠而不游離，雖有變化而不放縱，雖有反覆而不令人厭倦，哀傷而不憂愁，歡樂而不沉湎，像物資雖耗費而不缺乏，志向寬廣而不炫耀，施惠而不浪費，徵收而不貪婪，停留而不顯得留滯，流動而不顯得散失。宮商角徵羽五聲和諧，各地民歌的風格並存。節奏有一定的規律，樂器的組合也有一定的順序，這是各種表現盛德的頌歌所具有的相同之處。

2. 季札對西周樂舞所作的評論

季札對《詩經》音樂作以精彩的評論後，亦對魯國保留的西周樂舞情況作以詳細評述，他所評的樂舞依次為《象箾》、《南籥》、《大武》、《韶濩》、《大夏》、《韶箾》，以下為季札對魯國保留西周樂舞所作的評論：

圖表 9　季札評樂舞言論

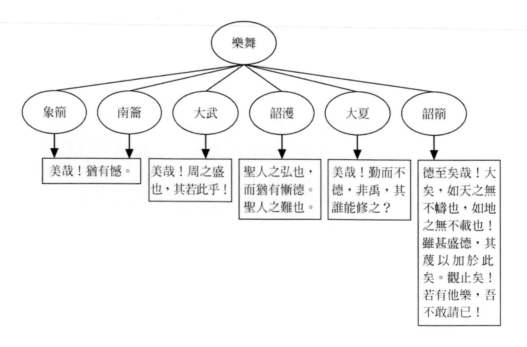

《象箾》，箾即簫，吹簫而爲象舞。《邶風・簡兮》：「左手執籥，右手秉翟」，籥和翟（野雞毛）皆爲象舞道具。「《象箾》《南籥》皆頌文王之舞」〔註24〕，杜注云：「文王恨不及已致太平。」季札認爲此二舞尚有不足之處。他認爲《大武》表現出西周興盛的情形；《韶濩》表現出聖人的弘大，但尚有缺點，做聖人實爲不易之事；《大夏》表現出勤勞於民卻不以德行自居，若不是禹，還有誰能做到呢？《簫韶》盛德達到了極點，它的廣大就像天一樣無所不覆，像地一樣無所不承載，即使有再大的功德，也無法再增加了。

季札觀樂結束後，又說：「還有其他的音樂，我也不再請求觀賞了。」可見季札在魯國所觀周樂實爲春秋時期雅樂的一部分，但從上述季札對於樂舞的評論中，可看出他認爲《詩》的音樂令人獲得陶冶和濡染。孔疏認爲：「樂之爲樂，有歌有舞，歌以詠其辭，而以聲播之，舞則動其容，而以曲隨之。歌者樂器同而辭不一，聲隨辭變，曲終更歌，故云謂之歌風，爲之歌雅。及其舞則每樂別舞，其舞不同。季札請觀周樂，魯人依次而舞，每見一舞，各有所歎。……樂有音聲，唯言舞者，樂以舞爲主。……是其以舞爲主而被以音聲，故魯作諸樂於季札，皆云見舞也。禮法，歌者在堂而舞在庭，故《郊特牲》云，『歌者在上，匏竹在下，貴人聲也。』以貴人聲，樂必先歌後舞，故魯爲季札先歌諸詩而後舞諸樂。其實舞時，堂上歌其舞曲也。」杜注認爲，季札「請此周樂，欲聽其聲，然後依聲以參時政，知其興衰。」但《樂記》中云：「聲音之道，與政通矣。」季札「醉翁之意不在酒」，他想通過聲音之道觀其政治情況，觀詩歌的內容，即可推知政俗與風化影響的狀況。季札通過在魯國觀賞周樂的實際表演，可看出周樂在襄公二十九年之際較爲完好的保留情況。

季札觀周樂舞之後所作的一番深刻評論，從詩風開始，進而品評詩調，然後上溯到思想範疇，下究其蘊含的內涵，精密的觀樂詩角度，開啓了後人如劉勰、鍾嶸、司空圖等人評論詩文的視角。

四、諸侯國王室貴族出奔及魯國樂師分散對雅樂傳播的影響

（一）諸侯國間相奔中的音樂文化交流對雅樂傳播的影響

始於春秋時期的「禮壞樂崩」現象，隨著時間推移不斷深入。在這一時

〔註24〕左傳・襄公二十年〔M〕，//楊伯峻，春秋左傳注，北京：中華書局，1981：1165。

期，產生了一個特殊的現象即「相奔他國」。在春秋相關文獻中常見「奔」字，「奔」意爲敗逃、逃亡，春秋時期各諸侯國中不同等級的人士因政事的落敗、叛變或其他原因紛紛出奔他國的現象比比皆是。如「昭公二十年夏，曹公孫會自鄸出奔宋。冬十月，宋華亥、向寧、華定出奔陳」〔註25〕；「昭公二十一年夏，宋華亥、向寧、華定自陳入於宋南里以判」〔註26〕等。在這些出奔的現象中，影響最大的應屬「王子朝奔楚」。

公元前 520 年周景王去世後，周王室在繼位問題上產生分歧。庶長子王子朝佔據王城洛陽多年，嫡次子王子丐（後被立爲周敬王）避居澤邑。景王死後，王子朝聯合了舊官、百工起兵爭奪王位。晉頃公十年（公元前516年）之際，晉頃公出兵送敬王入王城，派晉知躒、趙鞅的軍隊配合周敬王攻打王子朝，王子朝不敵而奔楚，《公羊傳‧昭公二十五年》：「尹氏、召伯、毛伯以王子朝奔楚」。〔註27〕但實際上，召伯倒戈迎敬王而未奔楚，奔楚者乃召氏之族。歷經四年的戰爭，以王子朝兵敗告終。王子朝奉周之典籍（包括周王室使用和保存的大量商代、夏代甚至更早時期的青銅禮器、樂器及文獻等相當珍貴的文物）投奔楚國。

《左傳‧昭公二十六年》載：「王子朝及召氏之族、毛伯得、尹氏固、南宮嚚奉周之典籍以奔楚。」〔註28〕在隨王子朝奔楚的一行人中，既有王室成員、貴族，也有掌管周王室圖書檔案資料的職官和學者，而長期負責周王室圖書管理的思想家老子也有可能同行。《史記‧老莊申韓列傳》：「老子者，楚苦縣厲鄉曲裏人也。姓李氏，名耳，字伯陽，諡曰聃。周守藏室之史也。」〔註29〕又《莊子‧天道》載：「孔子西藏書於周室，子路謀曰：由聞周之征藏史有老聃者，免而歸居，夫子欲藏書，則試往因焉。孔子曰：善。往見老聃，而老聃不許。」〔註30〕魯定公五年（公元前505年）春，周殺王子朝於

〔註25〕左傳‧昭公二十年〔M〕，//楊伯峻，春秋左傳注，北京：中華書局，1981：1406。

〔註26〕左傳‧昭公二十一年〔M〕，//楊伯峻，春秋左傳注，北京：中華書局，1981：1423。

〔註27〕公羊傳‧昭公二十五年〔M〕，王維堤，唐書文撰，春秋公羊傳譯注，上海：上海古籍出版社，1997：490。

〔註28〕左傳‧昭公二十六年〔M〕，//楊伯峻，春秋左傳注，北京：中華書局，1981：1475。

〔註29〕〔漢〕司馬遷，史記‧老子韓非列傳〔M〕，北京：中華書局，1982：2139。

〔註30〕曹礎基，莊子淺注〔M〕，北京：中華書局，2000：194。

楚。王子朝一行奔楚，是春秋時期最大的一次王室文化遷移，由於周人和周之典籍大量移入，促進了楚文化的發展。楚文化逐步接受了周文化的精髓，並與宋、魯並駕齊驅成為當時的三大文化中心之一。此三國，先後出現孔子創立的儒家學派（魯國），墨翟創立的墨家學派（宋國）和李耳創立的道家學派（楚國）。

《漢書‧禮樂志》載：「春秋時，陳公子完奔齊。陳，舜之後，《招（韶）樂》存焉。」〔註31〕可見齊之《韶樂》為陳公子完奔齊時所帶去的。《韶》樂入齊後，在齊國進行了一番改革，秉「因俗簡禮」之策，適應當地民俗風情，並注意吸收當地的藝術養分，從內容到形式上都有所豐富和變化，更增強了《韶》樂的音樂表現力。此時的《韶》樂更貼近東夷樂舞，展現出新的風貌。

公元前516年，孔子在齊國欣賞《韶》樂。《論語‧述而》：「子在齊聞《韶》，三月不知肉味，曰：『不圖為樂之至於斯也。』」〔註32〕但《史記‧孔子世家》中對此事的記載與《論語》中略有出入，「孔子適齊，……與齊太師語樂，聞《韶》音，學之，三月不知肉味，齊人稱之。」〔註33〕于省吾先生在《論語新證》一文中認為，「三月」乃「三日」之誤〔註34〕，據上下文之義，此說更為合理。孔子在齊國聽到《韶》樂後，並學習之，因此才感覺很長時間嘗不出肉的味道，真正體會到欣賞音樂如此美好，居然達到了這樣的境界。試問孔子若只聽到《韶》樂，並未真正學習《韶》樂是否僅從音樂本身發出如此感慨？筆者認為，孔子可能還是對《韶》樂進行了一番學習（三日）後，從各個方面深入挖掘《韶》樂的韻味與魅力，才作此慨歎的。

（二）魯國樂師分散至他國對雅樂傳播的影響

隨著春秋末期魯國王室的衰微，樂師、百工等陸續分散到其他諸侯國，使唯一秉承周禮的諸侯國的禮樂文化不斷下移。魯國禮樂文化下移具有雙重意義，從消極方面講，因樂師、百工分散他國，西周所建立並經營的禮樂制度經歷了一次重大的洗禮，將西周延留下來的一套完備的禮樂制度搞得體無完膚；從積極方面來講，由於魯國的樂師、百工移至他國，促進了諸侯國之間的音樂文化交流。

〔註31〕〔漢〕班固，漢書‧禮樂志〔M〕，北京：中華書局，1999：889。
〔註32〕楊伯峻，論語譯注〔M〕，中華書局：1980：70。
〔註33〕〔漢〕司馬遷，史記‧孔子世家〔M〕，北京：中華書局，1982：1910。
〔註34〕于省吾，論語新證〔J〕，社會科學戰線，1980（4）。

孔子對魯國宮廷樂官的分散出走尤爲關心。《論語·微子》中記載了魯哀公時（公元前 494 年～前 468 年在位）樂師四散，紛紛出走他國的情景：「太師摯適齊；亞飯干適楚；三飯繚適蔡；四飯缺適秦；鼓方叔入於河；播鼗武入於漢；少師陽、擊磬襄入於海」〔註 35〕。《論語·泰伯》載：「師摯之始，關雎之亂，洋洋乎盈耳哉」〔註 36〕中的摯爲魯國的太師，逃往齊國，天子和諸侯每食必奏樂，且樂章各異，各有樂師負責。古代天子、諸侯第二次進食時奏樂侑食的樂師稱作亞飯，名爲干，逃往楚國；天子、諸侯第三次進食時奏樂侑食的樂師稱作三飯，名爲繚，逃往蔡國；天子第四次進食時奏樂侑食的樂師稱作四飯，名爲缺，逃往秦國。另有擊鼓的方叔入居黃河之濱；搖小鼓的武入居漢水流域；少師陽和擊磬的襄入居東海之濱。

《左傳·襄公十年》：「諸侯宋、魯，於是觀禮。」〔註 37〕宋國保存的是舊的殷禮，魯國保存的是西周之禮。孔子曾說：「夏禮吾能言之，杞不足徵也；殷禮吾能言之，宋不足徵也。文獻不足故也。故，則吾能征之也。」〔註 38〕杞國爲夏禹的後代，在今河南省杞縣；宋國爲商湯的後代，在今河南商丘以東，江蘇徐州以西一帶。在周人「興滅國，繼絕祀」的觀念下，他們才得以繼續祭祀先祖。杞宋兩國雖分別爲夏商後裔，但據孔子所言，兩國對夏、殷故禮的保存及掌握程度較爲不完備。因孔子生長在魯國，所以對西周時期的禮樂制度十分熟識。

春秋末年，孔子見魯國多有「僭越」禮制的行爲，深感痛惡，於是他極力恢復周禮，推行以「王道」興於天下，並向大量門徒傳授禮樂文化。魯國於公元前 249 年被楚國所滅，而魯國傳承下來的西周禮樂文化，則由孔子及其門徒等人創立的儒家學派加以弘揚，加深了人們對意識形態的認識。正是由於孔子等人所作的努力，才使西周時期建立的禮樂制度並未因魯國的滅亡而消失殆盡。

秦朝末年，劉邦率兵圍剿魯國時，「魯中諸儒尚講誦育習禮樂，絃歌之音不絕」〔註 39〕。至漢武帝時代，太史公司馬遷到魯故地「觀仲尼之廟堂」時，諸生仍「以時習禮其家」。顧頡剛認爲：「漢代統一了魯國的禮教和秦國的法律」，可見魯國的禮樂文化對漢代文化的創建所產生的重要影響。

〔註35〕楊伯峻，論語譯注〔M〕，北京：中華書局，1980：197。
〔註36〕楊伯峻，論語譯注〔M〕，北京：中華書局，1980：83。
〔註37〕左傳·襄公十年〔M〕，//楊伯峻，春秋左傳注，北京：中華書局，1981：977。
〔註38〕楊伯峻，論語譯注〔M〕，北京：中華書局，1980：26。
〔註39〕〔漢〕班固，漢書·儒林傳〔M〕，北京：中華書局，1999：2665。

第二節 春秋時期的「女樂」、「新聲」、「新樂」

春秋時期呈現出「女樂」、「新聲」、「新樂」等民間音樂齊頭並進的發展勢頭，因其流行範圍較爲廣泛，對宮廷雅樂產生一定影響，後出現將「女樂」、「新聲」、「新樂」等施於朝廷的局面。

一、女樂

女樂指奴隸社會以來，供統治階級享樂的女性樂工。〔註40〕自夏代開始，「女樂」即已出現。《管子・輕重甲》：「昔者桀之時，女樂三萬人，晨噪於端門，樂聞於三衢。」〔註41〕可見夏桀時女樂規模浩大之勢。又《呂氏春秋・侈樂》：「夏桀、殷紂作爲侈樂，大鼓、鍾、磬、管、簫之音，以鉅爲美，以眾爲觀，俶詭殊瑰，耳所未嘗聞，目所未嘗見，務以相過，不用度量。」夏桀、殷紂二王縱樂程度尤甚，追求奢侈之樂，全然不顧音樂特點肆意制定樂器和曲調。

春秋時期，女樂充斥於各諸侯國宮廷，某種程度上女樂還作爲爲達到某種政治目的而賄賂、饋贈之物。賄原指財帛的通稱，鄭注「賄，予人財之言也」，意爲贈送財物。賂亦爲贈送財物之義，段注「貨賂皆謂物，其用之則有公私邪正之不同」，但後來關於「賂」的用法用於邪私而不公正則較多。

《史記・秦本紀》及《韓非子・十過》均載有公元前 626 年，秦繆公爲了要從戎國得到一位叫「由余」的人才，以「女樂二八」十六人送於戎王，以麻痺西戎統治者，得到賢才由余，並乘勢得西戎十二國。

楚莊王（公元前 613 年～前 591 年）即位，三年不發號施令，日夜「左抱鄭姬，右抱越女，坐鐘鼓之間」。楚莊王鑒於當時較特殊的社會環境，爲觀察朝野動態，同時也讓他國對楚國放鬆警惕，他當政三年未發佈一項政令，在處理朝政問題上無任何作爲，終日沉迷於女樂。楚國當時的右司馬看到楚國在當時大國爭霸形勢下較爲不利，便想方設法勸諫楚莊王，他向楚莊王講述了有一種鳥落在南方的土崗上，三年不展翅、不飛翔，也不鳴叫，悄然無聲，問楚莊王這隻鳥的名字？莊王心裏深知右司馬是在暗示自己，然後說三年不展翅，是爲讓羽翼更爲豐滿；不飛翔、不鳴叫，是在觀察民眾的態度。其實，莊王對自己的想法心知肚明，只能暫時以這種方式來掩蓋內心中的眞

〔註40〕中國藝術研究院音樂研究所，中國音樂詞典〔C〕，北京：人民音樂出版社，1984：288。
〔註41〕〔唐〕房玄齡注，管子〔M〕，上海古籍出版社，1989：128。

正抱負，待時機成熟後，他終於「不飛則已，一飛衝天；不鳴則已，一鳴驚人」〔註 42〕。此處所說的莊王沉迷於女樂，僅爲一種政治上的隱匿手段，靜觀其變。

春秋時期鄭國國力較衰弱，周圍有晉、楚、宋、蔡等較爲強大的鄰國。《左傳・襄公十一年》（公元前 562 年）載，到繆公時代，鄭被晉、楚兩國威逼，成爲交戰戰場，終日不得安寧。因此，鄭國以向晉侯賄賂歌鍾、鎛磬及女樂十六人爲饋贈品來求和，以平息戰爭。晉侯把一半樂器和樂人賜予魏絳，於是魏絳始備金石之樂，因爲大夫有功則賜，這是符合禮制的。《國語・晉語》中亦對此事作有記述，但與《左傳》的記載稍有出入。《晉語》載，晉悼公十二年，晉公討伐鄭國，軍於蕭魚。鄭伯嘉來納女、工、妾三十人，女樂十六人，歌鍾二肆及寶鎛。晉公將女樂八人、歌鍾一肆賜予魏絳，說：「子教寡人和諸戎、狄而正諸華，於今八年，七合諸侯，寡人無不得志，請與子共樂之。」〔註 43〕文獻中關於「女樂」的記載頗多，女樂在當時作爲饋贈品之用，體現出其所具有的社會功用。

二、新聲、新樂

春秋時期在各諸侯國民間產生的新興世俗音樂，當時稱爲「新聲」、「新樂」，亦稱爲「今樂」，這種音樂是相對於古樂而言的。

《國語・晉語》載，晉平公（公元前 558 年～前 532 年在位）喜歡新聲，樂師師曠發自肺腑地對晉平公表達出正確對待音樂的態度及其與禮所蘊含的道理。「公室其將卑乎！君之明兆於衰矣。夫樂以開山川之風也，以耀德於廣遠也。風德以廣之，風山川以遠之，風物以聽之，修詩以詠之，修禮以節之。夫德廣遠而有時節，是以遠服而邇不遷。」〔註 44〕師曠擔心新樂的流行，將成爲公室政治地位衰落的先兆。

《晏子春秋》載，齊景公（前 547 年～前 490 年在位）日夜飲酒聽新樂不朝。對於臣子的勸阻，齊景公卻說：「夫樂，何必夫故哉！」〔註45〕齊景公所說的「故樂」爲舊有的雅樂，而令他徹夜不眠地迷戀與沉醉其中的卻是「新樂」，即當時流行的一種俗樂。又《晏子春秋・諫上六》：「晏子曰：『以新樂

〔註42〕〔漢〕司馬遷，史記・滑稽列傳〔M〕，北京：中華書局，1982：3197。
〔註43〕鄔國義，胡果文，李曉路，國語譯注〔M〕，上海古籍出版社，1994：414。
〔註44〕鄔國義，胡果文，李曉路，國語譯注〔M〕，上海古籍出版社，1994：431。
〔註45〕吳則虞，晏子春秋集釋〔M〕，北京：中華書局，1982：23。

淫君。』」吳則虞集釋:「新樂者,指變齊音言。」〔註46〕可見,充斥於君王身邊的多為新樂。《晏子春秋·內篇問下第四》載晏子答齊景公:「桓公……左有鮑叔,右有仲父。今君左為倡,右為優;讒人在前,諛人在後,又焉可逮桓公之後乎!」〔註47〕包圍在齊景公身邊的是左倡右優及進讒之人,對其前後夾擊,阿諛奉承。

《韓非子·十過》載衛靈公(公元前534年~前493年在位)和師涓在濮水之上聞鼓瑟,靈公聽後非常喜愛,命隨行樂官師涓將鼓瑟之樂記錄下來,稱之為「新聲」。衛靈公到達晉國後,兩國君臣宴飲。師涓彈奏此曲,但尚未彈完,晉國樂官師曠就出來制止,說這首樂曲是樂官師延為商紂王所作的「靡靡之樂」。

《史記·孔子世家》載,齊國人聽說孔子在魯國為政僅三個月(公元前498年)就已取得很好政績,害怕若孔子繼續輔佐魯定公治理魯國,魯國必將稱霸。於是,「選齊國中女子好者八十人,皆衣文衣而舞康樂,文馬三十駟」送給魯國國君。「陳女樂文馬於魯城南高門外」,季桓子私自微服前往看了好幾次,準備接受,建議魯國國君出外巡視一番,看了一整天,怠慢了政事。季桓子終於接受了齊國女樂,三日不問朝政;郊祭之時,又不發祭祀所用祭肉給大夫。孔子見此情形隨即出走,離開魯國。

綜上所述,可見春秋時期新興的「新樂」、「新聲」及「女樂」對古樂(雅樂)所產生的巨大衝擊。很多諸侯國君和貴族多喜好新興俗樂,癡迷於新樂,導致古樂倍受冷落,當時古樂的保留和發展呈現出較為滯慢的態勢。在隨後的戰國時期,古樂失寵的情形更為岌岌可危。

西周時期貴族所用音樂,是配合禮儀而演奏的雅樂。這種與禮相配合的音樂,主要是為了維護貴族的莊嚴氣勢,音樂曲調較為講究「中平」而「肅莊」,即荀子所謂「樂中平則民和而不流,樂肅莊則民齊而不亂」。西周時期廟堂上所奏之雅樂,主要以鍾、磬之類的金石樂器為主,另加上擊鼓相配合,據雅樂所用的樂器即可推知其音樂應為較舒緩、平和,即荀子在《樂論篇》中所說:「鼓似天,鍾似地,磬似水,竽、笙、簫、筊(管)、籥似星辰日月。」〔註48〕

〔註46〕吳則虞,晏子春秋集釋〔M〕,北京:中華書局,1982:23。
〔註47〕吳則虞,晏子春秋集釋〔M〕,北京:中華書局,1982:247。
〔註48〕北京大學《荀子》注釋組,荀子新注〔M〕,北京:中華書局,1979:339。

春秋時期的禮樂情況主要表現爲：一方面，諸侯國統治者所維護的周天子或諸侯權威象徵的等級制度在逐漸崩潰；另方面，諸侯、卿大夫多對西周禮樂制度進行改造與利用，以鞏固和提高自己的地位，實爲在醞釀形成一套符合當時社會狀況的新的禮樂制度。雖春秋初期發生「禮壞樂崩」的現象，諸侯國中呈現出諸多非禮之舉，但魯國尚有不少熟識禮樂制度之人，如臧僖伯、臧哀伯、臧文仲、柳下惠、曹劌、夏父展、里革、匠人慶、申繻、叔孫豹、子服景伯等。

春秋時期「禮壞樂崩」呈現出的各種僭越禮制行爲，都是原來相對較低的等級，欲標榜於較高等級甚至周天子及王室，競相攀比，竭盡全力致力於發展各種禮器和金石之樂。當時有很多小國甚至弱國，因不甘於低他國一等，故在樂器及樂舞使用的規模上也有大膽的突破，從今天所見出土的春秋時期音樂文物中，我們還可看到這些小諸侯國在禮器及金石之樂的使用及製作方面所體現出的令人驚異的輝煌成就。

學者通常認爲在「禮壞樂崩」影響下，舊有的用樂等級制度遭到了嚴重的破壞。但從另一方面來講，隨著音樂欣賞主體已從西周時期的貴族階層轉變爲新興地主階級，不同階級的人們對於享樂的喜好是有所區別的。新興的地主階級已不再向西周貴族那樣端冕而坐欣賞古樂，他們對音樂也有新的追求，他們所喜好的是所謂的「鄭聲」、「鄭衛之音」、「新聲」等民間音樂，民間音樂的曲調較之雅頌之樂而言，更爲婉轉動聽，富於變化。

春秋時期的「禮壞樂崩」，使雅樂在禮樂文化下移過程中覆蓋範圍不斷擴大。隨著各諸侯國王孫貴族及樂師因政事被迫奔往他國，雖舊有的樂舞等級制度被破壞，但卻使春秋戰國的音樂文化交流得到了空前的繁榮發展。從某種意義上說，禮樂文化下移對春秋後期及戰國時期的音樂文化發展，起到了一定的促進作用，將各諸侯國的音樂緊密地聯繫在一起，並傳承發揚下去。

第三節　孔子的音樂雅鄭（俗）觀

西周制定了我國歷史上較早的明確的禮樂制度，對諸禮用樂都作有詳細記載，對不同等級的用樂制度亦有嚴格規定。周公制禮作樂，制定了較爲完備的「雅樂體系」，但當時的雅樂僅限於《周禮》中所記載之諸樂。筆者查閱相關文獻發現，西周似並未出現「雅樂」概念，至春秋時期的孔子始提出「雅樂」一詞。最早的「雅」是狹義的，與地域、部族和周人有關，後來逐漸擴

展。在周人的意識形態中，並不存在「雅」和「不雅」之區分。西周雖未從禮樂制度中將「雅樂」一詞單獨提煉，但西周禮樂制度中所規定諸禮用樂，皆涵蓋於後來孔子提出的「雅樂」內容中。西周制禮作樂時，將六代之樂囊括其中，實際上建立了一個廣義的「雅樂體系」，從這一方面來說，「雅」又是和「禮」聯繫在一起的。在民間看來，單純的「雅」是廣義的，而狹義的「雅」卻是和「禮」聯繫在一起的。周人爲了維護統治地位和相關等級制度，在原來的周族遷入到宮廷後即產生一種象徵尊卑等級的意味，並將雅樂視爲一種具體的音樂，與禮制緊密相連。

孔子（前 551～前 479）名丘，字仲尼，魯國陬邑（今山東省曲阜市）人，爲宋國的貴族微子之後。據《左傳》載，相傳孔子曾禮於老聃，訪樂於萇弘。至春秋時期，「雅」更被賦予了道德、政治等方面的內容。孔子說：「周監於二代，郁郁乎文哉，吾從周。」〔註 49〕這是孔子追尋的理想境界。從宏觀角度看，孔子繼承了西周禮樂制度觀念，竭力維護《周禮》中對於音樂的主張。他捍衛雅樂，欲維護西周制定的禮樂制度。

吳國公子季札在魯國觀周樂時，孔子僅八歲，從季札觀周樂的情形可看出，季札時代《詩》的大致情況，也是由十五國《風》、《雅》、《頌》三部分構成。十五國《風》的名稱皆與今本相同，只是在篇目排序上和今本略有不同，可看出在季札時代魯國宮廷中所奏之雅樂實已包含《風》，直至孔子才明確將《風》納入雅樂體系。

至孔子時代，實已擴大了雅樂的範圍。孔子認爲：「《詩》三百，一言以蔽之，曰：『思無邪』。」〔註 50〕他強調《詩》的作用以及整體性，故在原來已屬於雅樂的《雅》、《頌》基礎上，將《風》也列入雅。「思無邪」，原爲《詩經·魯頌·駉》篇中的一句詩，在孔子看來，「思無邪」可以體現出《詩經》蘊含的深刻內涵和意義所在。

《詩經》是我國第一部詩歌總集，它收集了從西周初期至春秋中期約 500 年間的詩歌 305 篇。先秦時期稱之爲《詩》或《詩三百》，西漢時期被尊爲儒家經典，始稱《詩經》，並一直沿用至今。《禮記·仲尼燕居》：「不能詩，於禮謬，不能樂，於禮素」。

《詩經》中諸詩皆爲合樂的歌辭，最初爲周樂官太師掌管。孔子認爲「不

〔註 49〕論語·八佾〔M〕，楊伯峻，論語譯注，北京：中華書局，1998：28。
〔註 50〕論語·爲政〔M〕，楊伯峻，論語譯注，北京：中華書局，1998：10。

學詩無以言」，指出《詩》的重要性。《漢書·藝文志》對《詩》的社會功用作有明確記述：「古有釆詩之官，王者所以觀風俗，知得失，自考正也。」孔子進一步指出《詩》所具備的社會功用：「小子何莫學夫詩？詩，可以興，可以觀，可以群，可以怨。邇之事父，遠之事君；多識於鳥獸草木之名。」〔註51〕

對於孔子是否刪詩這一問題歷來就存在分歧，持孔子刪詩說觀點從漢代的司馬遷開始，《史記·孔子世家》指出：「古者《詩》三千餘篇，及至孔子，去其重，取可施於禮義。」宋歐陽修、王應麟、鄭樵及清顧炎武等人都贊同此說，而唐孔穎達、宋朱熹、葉適、清朱彝尊、王士禎、趙翼、崔述等人則反對此說。《史記》所說：「古者《詩》三千餘篇」蓋指太師所採集之數目，但天子聽到的協於音律的大概有三百篇，其餘不協於音律的都被捨棄，太師所採集的詩歌並不只是保留歌辭，對所用的音樂亦有所保存。自周王室東遷後，在禮壞樂崩的影響下，《詩》中某些詩篇已不成篇，無法配與絃歌。因此，孔子自衛返魯後，正《詩》之樂，並教予其門人。孔子曾多次提到「詩三百」，可見歷經長時期的流傳、保存和整理的過程後，孔子時代的《詩》已定型，與今本所見基本相同。

《詩經》各篇皆為樂詩。《墨子·公孟篇》說：「誦詩三百，弦詩三百，歌詩三百，舞詩三百」，《史記》卷四十七《孔子世家》也說：「三百五篇，孔子皆絃歌之」，可說明《詩經》最初皆為可入樂演唱的歌詩。

楊向奎認為：「樂是最高的境界，因為它可以消滅個人的主觀成見而達到『人際』協和的目的。禮尚別異於樂重合同，由興而立而成，境界不同，但不可分；詩、禮、樂三者本不可分，禮而無詩如禮何，禮而無樂無禮何？」〔註52〕

近年來，關於戰國楚竹書的發掘和整理取得了重要進展，不僅對文字學具有重要意義，對於先秦音樂史的研究亦意義深遠。楚竹書中《孔子詩論》、《詩樂》和幾篇未見於毛詩之詩，為先秦音樂史的研究開啓了諸多新認識與新視野。

《詩經》作為我國第一部詩歌總集，在我國文學史及文化史上具有里程碑似的重要意義，承載著先秦人民用「詩」這種獨特的文學形式進行的一種情感表達，富有深刻的文化意蘊。通過郭店楚簡和戰國楚竹書及今本三者比較，可以清晰地看出戰國時期文字的通用情況及在後世文字流變中所形成的通假情況，為我們研究《詩經》提供了頗具價值的寶貴文獻。

〔註51〕論語·陽貨〔M〕，楊伯峻，論語譯注，北京：中華書局，1998：185。
〔註52〕楊向奎，宗周社會與禮樂文明〔M〕，北京：人民出版社，1992：371。

一、竹書《孔子詩論》對西周雅樂的諸認識

（一）竹書《孔子詩論》對《詩經》主旨的闡釋

在竹書《孔子詩論》面世之前，《詩經》研究主要以漢代《魯詩》、《齊詩》、《韓詩》、《毛詩》四家詩學體系爲主，其中魯、齊、韓三家詩稱爲「官學」，毛詩爲「私學」。官學中以《魯詩》最爲突出，影響最大，傳播最爲廣泛。《魯詩》不止在對《詩經》三百篇的主旨提煉上，而是以前人的研究爲基礎，進行了較大的創新，具體體現在《魯詩》所提出的「四始說」，即將《國風》首篇《關雎》的主題歸納爲《國風》的題旨；《小雅》首篇《鹿鳴》的主題歸納爲《小雅》的題旨；《大雅》首篇《文王》的主題歸納爲《大雅》的題旨；《頌》首篇《清廟》的主題歸納爲《頌》的題旨。《史記・孔子世家》：「《關雎》之亂以爲《風》始，《鹿鳴》爲《小雅》始，《文王》爲《大雅》始，《清廟》爲《頌》始。」〔註53〕其他漢代三家詩亦均有「四始說」之言論。

以往對《詩》的排序均爲《國風》、《小雅》、《大雅》、《頌》，但上海博物館（以下簡稱上博館）藏戰國楚竹書中的記載徹底顛覆了這一排序。上博館藏戰國楚竹書《孔子詩論》（以下簡稱《詩論》）中對《詩》的排序爲《訟》、《大夏》、《少夏》、《邦風》。在《詩論》中，亦載有對於《詩》之《訟》（《頌》）、《大夏〔註54〕》（《大雅》）、《少夏》（《小雅》）、《邦風》（《國風》）主旨的一些前所未見的觀點。

《詩論》中第一簡即爲「對詩的整體性認識」，對詩的主旨作以完整的歸納與總結。《詩論》第一簡載孔子曰：「詩亡隱志，樂無隱情，文亡隱言。」〔註55〕此簡主要從詩、樂、文三個方面對詩的功能作以總括。孔子認爲詩不能隱藏情志，音樂不能隱藏情感，文辭不能隱藏言語之意。此簡將詩樂所抒寫情志的性質和功能明晰地揭示出來。下面分別對《訟》、《大夏》、《少夏》、《邦風》的主旨作以解析。

1. 《訟》的主旨

《頌》爲西周廟堂祭祀時所用樂舞歌辭，包括《周頌》、《魯頌》、《商頌》三部分。宋代朱熹《詩集傳・頌四》說：「頌者，宗廟之樂歌」。《詩大序》：「故

〔註53〕〔漢〕司馬遷，史記・孔子世家〔M〕，北京：中華書局，1959：1936。
〔註54〕通過上海博物館藏戰國楚竹書中分別將《大雅》《小雅》寫作《大夏》《少夏》，再一次證實了「雅」與「夏」古字相通。
〔註55〕馬承源主編，上海博物館藏戰國楚竹書（一）〔M〕，上海古籍出版社，2004：123。

詩有六義焉：一曰風，二曰賦，三曰比，四曰興，五曰雅，六曰頌……頌者，美盛德之形容，以其成功，告於神明者也。」《詩大序》中清晰地將《頌》的本質及主旨揭示出來。清阮元在《釋頌》中對《頌》作以全面的詮釋：「《詩》分風、雅、頌，頌之訓爲美盛德者，餘義也；頌之訓爲形容者，本義也。且頌字即容字也……風雅，但絃歌笙間，賓主及歌者皆不必因此而爲舞容。惟三《頌》各章，皆是舞容，故稱爲頌。」 季札觀樂中稱《頌》：「盛德之所同」與《孔子詩論》中「訟，坪德也」的主旨相同。

《史記・周本紀》：「興正禮樂，度制於是改，而民和睦，頌聲興。」〔註56〕《詩論》第二簡對《頌》的主旨作以記述：「《訟》，平德也，多言後。其樂安而屖，其歌紳而逖，其思深而遠，至矣！」〔註57〕《訟》的特點是平和之德，多言及子孫後代。它的音樂特點平穩而遲緩，歌唱舒展而悠長，所蘊含的思想意義深遠，三者都達到了極致。

《禮記・樂記》：「王者功成作樂，治定制禮。」《詩論》第五簡載：「……是也，又成功者何如？曰：《訟》是也。」〔註58〕此即表明「功成作樂」之義，說明《訟》的創作緣由及背景。《詩論》所評《訟》詩共三首，分別爲《周頌》之《清廟》、《烈文》、《昊天有成命》，通過《詩論》對以上三篇主旨的分析，即可看出《訟》類詩篇多爲歌頌文王、成王功德的內容，以示「禮不忘本」。據《魯詩》「四始說」，《周頌》首篇《清廟》即點明《頌》的主旨。《文選》中載王褒《四子講德論》：「周公詠文王之德而作《清廟》，建爲《頌》首。」《清廟》體現出文王之德達到極致，將敬宗廟之禮作爲根本，將秉承文王之德爲偉業。《詩論》第二十一簡載：「《文王》，吾美之。《清……」此處缺文應指《清廟》，黃懷信將「《清……」後面的缺文據文例文義補爲「《清〔廟〕，吾敬之。〕」〔註59〕此處之意應理解爲孔子對《清廟》篇中所描寫之人的敬重。孔子說他喜歡《烈文》篇，體現出不忘前王的功德。《昊天有成命》篇表達成王接受昊天之成命體現出的既尊貴又顯赫的地位。從上述《詩論》所收入的三篇評《訟》的詩作與今本《詩經》所見《頌》，在記述西周幾代天子功德的內容基本吻合。

〔註56〕〔漢〕司馬遷，史記・周本紀〔M〕，。北京：中華書局，1959：133。

〔註57〕馬承源主編，上海博物館藏戰國楚竹書（一）〔M〕，上海古籍出版社，2004：127。

〔註58〕馬承源主編，上海博物館藏戰國楚竹書（一）〔M〕，上海古籍出版社，2004：131。

〔註59〕黃懷信，上海博物館藏戰國楚竹書《詩論》解義〔M〕，北京：社會科學文獻出版社，2004：215。

圖表 10　《詩論》所收入《訟》篇

詩篇名稱	所在簡數	今本位置	今本所見詩篇主旨	《詩論》評論
《周頌・清廟》	5	《周頌・清廟之什》第一篇	周公祭祀文王的頌歌	《清廟》，王德也，至矣。敬宗廟之禮，以爲其本；秉文之德，以爲其業〔註60〕
《周頌・烈文》	6	《周頌・清廟之什》第四篇	周成王即將執政，諸侯獻助成王祭祀祖考的樂歌	《烈文》曰：「乍競唯人」，「不顯維德」，「於乎，前王不忘」〔註61〕
《周頌・昊天有成命》	6	《周頌・清廟之什》第六篇	稱頌成王之德	「昊天有成命，二后受之」，貴且顯矣〔註62〕

2.《大夏》的主旨闡釋

　　雅爲正之義，故《大雅》、《小雅》謂詩歌中之正聲。雅分爲《大雅》和《小雅》，對二雅的區分主要有三種觀點：一爲毛萇在《詩大序》中以政事來區分；二爲司馬遷在《史記・司馬相如列傳論》中以道德來進行區分；三爲朱熹在《詩・小雅集傳》中以樂曲來進行區分。諸家對《雅》之大、小問題眾說紛紜，但仍以毛氏所說較爲合理。《詩大序》：「雅者，正也，言王政之所廢興也。政有小大，故有《小雅》焉，有《大雅》焉。」《雅》是因政事的小大而分爲《大雅》和《小雅》。《雅》本爲西周王畿地區的音樂。《大雅》多爲西周王室貴族的作品，主要歌頌西周王室祖先至武王、宣王等功績，但亦不乏反映厲王、幽王的暴虐昏亂及其統治危機的詩篇。《史記・司馬相如列傳》：「《大雅》言王公大人而德逮黎庶。」〔註63〕

　　《詩論》第二簡：「《大夏》，盛德也，多言……」，此簡表明《大夏》所表現的是盛廣之德。廖名春將《詩論》第簡中缺文補爲：「『……者將何如？』

〔註60〕馬承源主編，上海博物館藏戰國楚竹書（一）〔M〕，上海古籍出版社，2004：131。

〔註61〕馬承源主編，上海博物館藏戰國楚竹書（一）〔M〕，上海古籍出版社，2004：133。

〔註62〕馬承源主編，上海博物館藏戰國楚竹書（一）〔M〕，上海古籍出版社，2004：133。

〔註63〕〔漢〕司馬遷，史記・司馬相如列傳〔M〕，。北京：中華書局，1959：3073。

曰：『《大雅》』（《大夏》）。」〔註64〕《大雅》之《皇矣》和《大明》兩篇均出自於《大雅・文王之什》，歌頌文王之功德。從上述《詩論》中所收入《大夏》詩篇，可見其多爲敘述西周祖先及文王、武王之功績，與今本《詩經》所見《大雅》之主旨基本相同。

圖表 11　《詩論》所收入《大夏》篇

詩篇名稱	所在簡數	今本位置	今本所見詩篇主旨	《詩論》評論
《大雅・皇矣》	7	《大雅・文王之什》第七篇	敘述大王大伯之德及文王伐密伐崇，克敵制勝之事	……「懷爾明德」，曷？誠謂之也
《大雅・大明》	7	《大雅・文王之什》第二篇	歌頌文王受命之德和武王伐紂之功	「有命自天，命此文王。」誠命之也，信矣。孔子曰：「此命也夫，文王雖欲已，得乎？此命也」
《大雅・生民》	24	《大雅・生民之什》第一篇	周人陳述始祖后稷降生經過及播種五穀所做出的功績	后稷之見貴也，則以文、武之德也
《大雅・文王》	22	《大雅・文王之什》第一篇	周人在祭祀時讚美文王功德	《文王》□（曰）：「文王在上，於昭於天」，吾（孔子）美之

3. 《少夏》的主旨闡釋

《小雅》大致產生於西周後期和東周初期。此時恰逢西周王政衰微，政治黑暗，社會矛盾日益尖銳。故《小雅》中較多地描寫斥責朝政缺失，反映社會動亂，表現西周王室與西北戎狄部族及東方各諸侯國之間的矛盾，還有少數爲統治階級宴會的樂歌。劉安《離騷傳》和《史記・屈原賈生列傳》均認爲：「《小雅》怨誹而不亂。」《史記・司馬相如列傳》：「《小雅》譏小己之得失，其流及上。」〔註65〕《荀子・大略》：「《小雅》不以於污上，自引而居

〔註64〕筆者認爲廖氏所云尚欠準確，依《孔子詩論》對《詩》的分類爲《訟》《大夏》《少夏》《邦風》和文法風格來看，此處云「《大雅》」尚欠準確，筆者認爲應遵照《詩論》的文法將《大雅》更正爲《大夏》，筆者在所引廖氏填補的缺文後亦將此處作以修改，以括號注明。以下述及的《小雅》更正爲《少夏》同。

〔註65〕〔漢〕司馬遷，史記・司馬相如列傳〔M〕，北京：中華書局，1959：3073。

下，疾今之政，以思往者，其言有文焉，其聲有哀焉。」〔註66〕

《詩論》第三簡：「(《少夏》)也，多言難，而悁懟者也。衰矣，少矣。」
《少夏》的特點多言及災難和怨恨。我們可從中看出當時社會形勢動蕩，日趨
衰落，因此其篇幅較小。第四簡：「民之有罷倦也，上下之不和者，其用心也將
何如？〔曰：《小雅》(《少夏》)是也。〕」〔註67〕學者對此句之後缺文的理解未
達成共識。馬承源在《上海博物館藏戰國楚竹書（一）》認爲，此句之後的缺文
應指《邦風》，亦有學者認爲缺文內容應指《小雅》，即《少夏》，筆者結闔第三
簡中對《少夏》主旨的概括，同意此觀點。此簡描寫百姓憂患，當人們勞苦疲
倦的時候，表現出上下不和，如何看待他們的用心呢？那就看看《少夏》吧。
正和第三簡中所云《少夏》多言及百姓的災難和怨恨的主旨相符。《詩論》中共
收有十九篇《少夏》之詩，反映的內容多爲百姓所表現出的那種不言之怨，其
中不乏有多篇刺詩，與今本《詩經·小雅》中所見的主旨基本一致。

圖表12　《詩論》所收入《少夏》篇

詩篇名稱	所在簡數	今本位置	今本所見詩篇主旨	《詩論》評論
《小雅·十月》	8	《小雅·節南山之什》第三篇《十月之交》	以發生地震等自然災害爲上天警告，希望統治者有所悔改	《十月》善諱言
《小雅·雨無正》	8	《小雅·節南山之什》第四篇	大夫刺周幽王昏暴，小人誤國	《雨亡政》、《節南山》，皆言上之衰也，王公恥之
《小雅·節南山》	8	《小雅·節南山之什》第一篇	大夫刺周幽王昏暴，政令如雨之多而皆苛虐，非所以爲政之道	《雨亡政》、《節南山》，皆言上之衰也，王公恥之
《小雅·小旻》	8	《小雅·節南山之什》第五篇	大夫刺周幽王之任用不適合之人	《小旻》多疑，疑言不中志也
《小雅·小宛》	8	《小雅·節南山之什》第六篇	大夫此周幽王，兄弟相戒而免除災禍	《小宛》其言不惡，少有危焉

〔註66〕北京大學《荀子》注釋組，荀子新注〔M〕，北京：中華書局，1979：466。
〔註67〕亦爲廖名春所補。

《小雅・小弁》	8	《小雅・節南山之什》第七篇	刺周幽王,整治腐敗,賢者受壓迫	《小弁》、《巧言》,則言讒人之害也
《小雅・巧言》	8	《小雅・節南山之什》第八篇	刺周幽王,大夫被讒言所傷	《小弁》、《巧言》,則言讒人之害也
《小雅・伐木》	8	《小雅・鹿鳴之什》第五篇	宴朋友親戚故舊	《伐木》□□實咎於其也
《小雅・天保》	9	《小雅・鹿鳴之什》第六篇	群臣稱頌天子	《天保》,其得祿蔑疆矣,贊寡德故也
《小雅・祈父》	9	《小雅・鴻雁之什》第五篇	刺宣王,用人不當,害民害國	《祈父》之責,亦有以也
《小雅・黃鳥》	9	《小雅・鴻雁之什》第七篇	刺宣王,寄居異國,受到冷遇而思歸	《黃鳴》則困而欲反其故也,多恥其病之乎
《小雅・菁菁者莪》	9	《小雅・南有嘉魚之什》第六篇	樂育材也。宴飲賓客	《菁菁者莪》則以人益也
《小雅・堂堂者芋》	9	《小雅・甫田之什》第四篇《裳裳者華》	刺周幽王亂用小人,棄賢者。應派遣使臣訪求賢達之士	
《小雅・杕杜》	18	《小雅・鹿鳴之什》第九篇	婦女思念征軍之夫,反映出戰爭帶來的苦難	《杕杜》,則情喜其至也
《小雅・將大車》	21	《小雅・谷風之什》第六篇《無將大車》	行役勞頓者的途中憂思	《將大車》之囂也,則以為不可如何也
《小雅・湛露》	21	《小雅・南有嘉魚之什》第四篇	周天子設宴招待前來朝見的諸侯	《湛露》之益也,其猶馳與
《小雅・鹿鳴》	23	《小雅・鹿鳴之什》第一篇	大宴群臣賓客之詩	《鹿鳴》,以樂始而會,以道交見善而效,終乎不厭人
《小雅・大田》	25	《小雅・甫田之什》第二篇	周王祭祀田祖而祈年之詩	《大田》之卒章,知言而有禮
《小雅・蓼莪》	26	《小雅・谷風之什》第二篇	百姓苦於兵役而無法奉養父母	《蓼莪》有孝志

4.《邦風》的主旨闡釋

《國風》為《詩經》中三種詩歌類型的一種,簡稱為《風》,由《周南》

《召南》、《邶風》、《鄘風》、《衛風》、《王風》、《鄭風》、《魏風》、《唐風》、《齊風》、《秦風》、《陳風》、《檜風》、《曹風》、《豳風》十五國風組成。宋代朱熹曾對《風》所反映的內容作以論述，《〈詩集傳〉序》：「凡《詩》之所謂『風』者，多出於里巷歌謠之作，所謂男女相與詠歌，各言其情者也。」南朝梁劉勰《文心雕龍‧風骨》認為：「《詩》總六義，風冠其首，斯乃化感之本源，志氣之符契也。」又《辨騷》載：「自《風》《雅》寢聲，莫或抽緒，奇文鬱起，其《離騷》哉！」

　　第四簡：「……曰：詩，其猶平門，與賤民而逸之，其用心也將何如？曰：《邦風》是也。」〔註68〕詩就像平齊的城門一樣，賤民也可以自由出入，能夠使人感到心逸。

　　第三簡：「《邦風》，其內勿也，專觀人谷焉，大（斂）材焉。其言文，其聲善。」〔註69〕《孔叢子‧巡守》：「命史採民詩謠，以觀其風。」通過竹簡中對於《邦風》的描述，可見其廣泛收集材料，旨在普觀民俗。作為可以入樂演唱的《邦風》，其歌辭賦有文采，其聲音尤為和善。統治者通過對淳樸的風土民情進行集取，以察看當時各方面的發展狀況。

　　劉安《離騷傳》和司馬遷《史記‧屈原賈生列傳》均認為：「《國風》好色而不淫。」《荀子‧大略》：「《國風》之好色也，《傳》曰：『盈其欲而不愆其止。其誠可比於金石，其聲可納於宗廟。』」〔註70〕《風》與《頌》和《大雅》、《小雅》一樣，《詩論》中所見之主旨與今本所見基本相同。

圖表 13　《詩論》所收入《邦風》篇

詩篇名稱	所在簡數	今本位置	今本所見詩篇主旨	《詩論》評論
《周南‧關雎》	10 11 12	《周南》第一篇	詩人對河邊採摘荇菜的姑娘所唱的樂歌	（第十簡）《關雎》以色喻於禮；（第十一簡）《關雎》之改，則其思益矣；第十二簡）……好，反納於禮，不亦能改乎

〔註68〕馬承源主編，上海博物館藏戰國楚竹書（一）〔M〕，上海古籍出版社，2004：130。

〔註69〕馬承源主編，上海博物館藏戰國楚竹書（一）〔M〕，上海古籍出版社，2004：129。

〔註70〕北京大學《荀子》注釋組，荀子新注〔M〕，北京：中華書局，1979：465。

《周南‧樛木》	11 12	《周南》第四篇	祝願親人得到福祿	（第十一簡）《樛木》之時，則以其祿也； （第十二簡）《樛木》，福斯在君子，不……
《周南‧漢廣》	11	《周南》第九篇	追求女子而不可得	（第十一簡）《漢廣》之知，則智不可得也
《召南‧鵲巢》	11 13	《召南》第一篇	諸侯國君夫人出嫁時所享受的禮遇	（第十一簡）《鵲巢》之歸，則儷者……； （第十三簡）《鵲巢》出以百兩，不亦有儷乎
《召南‧甘棠》	9 15 24	《召南》第五篇	人們懷念和讚美召公	（第九簡）《甘棠》之保； （第十五簡）《甘棠》之愛，以召公……； （第二十四簡）吾（孔子）以《甘棠》得宗廟之敬，民性固然。甚貴其人，必敬其位；悅其人，必好其所爲，惡其人者亦然
《邶風‧綠衣》	9 16	《邶風》第二篇	睹衣思人，男子悼念亡婦	（第九簡）《綠衣》之思； （第十六簡）《綠衣》之憂，思古人也
《邶風‧燕燕》	9 16	《邶風》第三篇	衛莊姜送歸妾	（第九簡）《燕燕》之情，蓋日終而皆賢於其初者也； （第十六簡）《燕燕》之情，以其獨也
《周南‧葛覃》	16	《周南》第二篇	回家探望父母	吾以《葛覃》得氏初之詩，民性固然。見其美必欲反其本。夫葛之見歌也，則……
《齊風‧東方未明》	17	《齊風》第五篇	國君隨時差遣朝臣，不分晝夜地忙碌，難免發出怨言。刺朝廷興居無節，號令不時	《東方未明》有利詞
《鄭風‧將仲》	17	《鄭風》第二篇《將仲子》	姑娘勸男子不要來她家，擔心人言可畏	《將仲》之言，不可不畏也

《王風・揚之水》	17	《王風》第四篇	刺平王因母家申國鄰楚，屢遭侵伐，遣戍守申，致使人民家室離散	《揚之水》，其愛婦烈
《王風・採葛》	17	《王風》第八篇	對親友的深摯懷念	《採葛》之愛婦□
《衛風・木瓜》	18	《衛風》第十篇	衛人歌頌齊桓公救助衛國之厚德	（第十八簡）因《木瓜》之報，以喻其悁者也；（第十九簡）《木瓜》有藏願而未得達也。交……；（第二十簡）……幣帛之不可去也，民性固然。其隱志必有以諭也，其言有所載而後納，或前之而後交，人不可幹
《陳風・宛丘》	22	《陳風》第一篇	表現出相思無望之情	《宛秋》曰：「洵有情，而亡望。」吾（孔子）善之
《齊風・猗嗟》	22	《齊風》第十一篇	刺魯莊公不能防禦混亂局面	《猗嗟》曰：「四矢反，以御亂。」吾（孔子）喜之
《曹風・鳲鳩》	22	《曹風》第三篇	稱頌君子風度翩翩	《鳲鳩》曰：「其義一氏，心如結也。」吾（孔子）信之
《周南・兔罝》	23	《周南》第七篇	諷刺諸侯豢養武士為其心腹	《兔罝》其用人，則吾取……
《王風・有兔》	25	《王風》第六篇《兔爰》	沒落貴族感歎生不逢時，表現出擔憂之情	《有兔》不逢時
《邶風・柏舟》	26	《邶風》第一篇	婦人遭受遺棄，又不甘屈服之詩	《邶・柏舟》，悶
《邶風・谷風》	26	《邶風》第十篇	棄婦詩，姑娘傾訴自己的不幸	《谷風》，背
《檜風・隰有萇楚》	26	《檜風》第三篇	不堪忍受生活的憂患和壓迫，對世俗生活的煩惱	《隰有萇楚》，得而悔之也
《何斯》	27			……如此，《何斯》雀之矣

《唐風·蟋蟀》	27	《唐風》第一篇	及時行樂，要有節制，不要荒廢正事	《蟋蟀》知難
《邶風·中氏》	27	《邶風·燕燕》末章	衛莊姜送歸妾	《中氏》君子
《邶風·北風》	27	《邶風》第十六篇	衛行虐政，百姓懼禍，相繼離去	《北風》不絕人之怨
《鄘風·牆有茨》	28	《鄘風》第二篇	揭露統治者荒淫無恥的行徑	《牆有茨》，愼密而不知言
《周南·卷耳》	29	《周南》第三篇	採摘卷耳的女子，懷念離家親人	《卷耳》不知人
《鄭風·涉溱》	29	《鄭風》第十三篇《褰裳》	青年男女春遊之樂	《涉溱》其絕，而士

　　漢代傳《詩》者有魯、齊、韓、毛四家，其中前三家爲今文經學派，並立於官學，但已先後散佚。唯趙人毛萇所傳《詩》（稱爲「毛詩」），爲古文經學派，未立於官學，在漢末日益興盛，並逐步取代前三者，獨存於世。在《詩大序》中毛萇對《詩》的主旨作以總體性評述，並對《風》、《雅》、《頌》的特點及風格作以概括。毛萇對《詩》的主旨作以深入的論述，認爲：「詩者，志之所之也，在心爲志，發言爲詩，情動於中而形於言，言之不足，故嗟歎之，嗟歎之不足，故詠歌之，詠歌之不足，不知手之舞之足之蹈之也。情發於聲，聲成文謂之音，治世之音安以樂，其政和；亂世之音怨以怒，其政乖；亡國之音哀以思，其民困。故正得失，動天地，感鬼神，莫近於詩。先王以是經夫婦，成孝敬，厚人倫，美教化，移風俗。」隨後對《風》、《雅》、《頌》的風格特點逐一進行闡釋：「是以一國之事，繫一人之本，謂之風；言天下之事，形四方之風，謂之雅。雅者，正也，言王政之所由廢興也。政有大小，故有小雅焉。頌者，美盛德之形容，以其成功告於神明者也。是謂四始，詩之至也。」

　　綜上所見，竹書《孔子詩論》中所評《詩》達 59 首，多爲先秦禮樂制度中常用的詩篇，涉及士昏禮、士相見禮、鄉飲酒禮、鄉射禮、燕禮、大射禮、公食大夫禮等。《詩論》中記述了部分雅樂樂歌名稱，如周人在祭祀天地神祇時演奏的郊廟樂歌《清廟》、《烈文》、《昊天有成命》等；兩君相見時演奏的《文王》、《大明》等樂歌；諸侯朝王時演奏的《鹿鳴》等樂歌；燕禮、鄉飲

酒禮、大射禮、鄉射禮等場合中演奏的《鹿鳴》、《皇皇者華》、《關雎》、《葛覃》、《卷耳》、《鵲巢》等樂歌。中國素有「禮儀之邦」美譽，見於竹書《孔子詩論》中所評論的大部分詩均為重要禮儀場合所用之詩，反映出禮樂制度是《詩》自產生經受眾後傳播所汲取的重要文化養分。

二、孔子對以「鄭衛之音」為代表的俗樂的認識

鄭聲，即「鄭衛之音」，原指鄭、衛等國（今河南省新鄭、滑縣一帶）的民間音樂。〔註71〕春秋戰國時期，「鄭聲」和「鄭衛之音」概念基本一致。至漢代，漢儒將「鄭衛之音」的概念範圍擴大，幾乎涵蓋各個地方民間音樂及不屬「古樂」或「雅樂」的音樂。鄭聲是春秋戰國時期形成的一種與「雅樂」（古樂）相「對立」的音樂形式，最初是指以鄭國為代表的民間音樂，後常與「衛」連用，稱為「鄭衛之音」，泛指各地民間音樂。

春秋時期以來，隨著「禮壞樂崩」局面的不斷深入，以「鄭聲」為代表的民間音樂影響日益擴大，形成欲取代雅樂的趨勢。在孔子心中，「鄭聲」（鄭衛之音）處於和「雅樂」對立層面。儒家尤為注重「樂通倫理」，作為儒家學派創始人的孔子，亦遵循通過雅樂體現聖王之德，維護和鞏固嚴格的等級制度。鄭聲與孔子等人所提倡的雅樂相背，故受儒家排斥。繼春秋之後，凡與雅樂背道而馳的音樂，甚至是一般民間音樂，皆為崇「雅」黜「俗」者貶斥為「鄭聲」。

（一）「鄭聲」的提出及內涵

經查閱文獻，關於「鄭聲」的最早記載應屬孔子在《論語》提出。他在《論語》中曾兩次提出「鄭聲」這一概念，其一為《論語·陽貨》：「惡紫之奪朱也，惡鄭聲之亂雅樂也，惡利口之覆邦家者。」〔註72〕此處「鄭聲」是作為雅樂對立面出現的，孔子憎恨春秋時期以「鄭聲」為代表的新興俗樂擾亂了正統雅樂，表現出對這種情況的擔憂。這是在魯桓公和齊桓公都喜歡穿紫色的衣服，衛渾良夫因「紫衣狐裘」而被問罪，當時紫色已代替了朱紅色而變成諸侯衣服的顏色的背景之下提出的。其二為《論語·衛靈公》：「放鄭聲，遠佞人；鄭聲淫，佞人殆。」〔註73〕此為顏淵問孔子如何治理國家，孔

〔註71〕 中國藝術研究院音樂研究所《中國音樂詞典》編輯部編，《中國音樂詞典》〔M〕，北京：人民音樂出版社，1984：504。
〔註72〕 論語·陽貨〔M〕，楊伯峻，論語譯注，北京：中華書局，1998：187。
〔註73〕 論語·衛靈公〔M〕，楊伯峻，論語譯注，北京：中華書局，1998：164。

子的觀點十分明確：「施行夏朝的曆法，坐殷朝的車子，戴周朝的帽子，音樂就用《韶》和《武》。」

漢代，許慎對「鄭聲淫」作以詮釋：「鄭國有溱、洧之水，男女聚會，謳歌相感。故鄭詩二十一篇，說婦人者十九，故鄭聲淫也。」〔註74〕清代劉寶楠正義中所言之意與許慎同。南朝梁劉勰在《文心雕龍·樂府》中也對鄭聲作以評論：「《韶》響難追，鄭聲易啓。」明代楊慎即點明孔子「鄭聲淫」之本義，認爲「鄭聲」非「鄭詩」，應將「鄭聲」和「鄭詩」二者分開來看，《升菴經說·淫聲》：「鄭聲淫者，鄭國作樂之聲過於淫，非謂鄭詩皆淫也。」清代陳廷焯《白雨齋詞話》卷五：「此《關雎》所以不作也，此鄭聲所以盈天下也。」在新興勢力當道的春秋社會中，孔子提出：「捨棄鄭國的音樂，並進一步認爲鄭國的樂曲靡曼淫穢」。其實孔子反對的不是鄭聲，而是以鄭國音樂爲代表的這種過度淫溢的新興音樂對雅樂造成的威脅。

《周禮·春官·大師》：「教六詩：曰風，曰賦，曰比，曰興，曰雅，曰頌。」雅和頌的分立在西周時期。春秋時期《詩經》分風、雅、頌三部分，在西周即已將三者嚴格分開。《周禮·春官·籥章》：「籥章掌土鼓、豳籥。中春晝擊土鼓、吹豳詩以逆暑；中秋夜迎寒亦如之。凡國祈年於田祖，吹豳雅、擊土鼓以樂田畯。國祭蜡，則吹豳頌、擊土鼓以息老物。」〔註75〕孫詒讓《周禮正義》：「此三『豳』詩同而聲異，『豳詩』以土音爲聲，『豳雅』以王畿正音爲聲，『豳頌』以宮廟大樂爲聲。」

春秋戰國時期因「禮壞樂崩」導致雅和頌常混雜在一起。《論語·子罕》：「吾自衛返魯，然後樂正，雅頌各得其所。」〔註76〕據《左傳》載，孔子在魯哀公十一年（公元前484）從衛國回到魯國。當時世道衰落，禮樂荒廢，孔子回到魯國之後，將次序錯亂的《雅》、《頌》重新改正，使得《雅》歸《雅》，《頌》歸《頌》，各有適當的安置。隨著禮壞樂崩的不斷深入，至孔子時代，禮制的敗壞使得諸樂使用也受到嚴重破壞，諸侯、大夫們對音樂不分場合的錯誤使用，混淆不清，致使孔子深感痛惜。在孔子正樂之前，《雅》、《頌》曾出現過使用混亂的情況。故孔子回到魯國後，及時將使用不當的音樂加以調整，孔子並不是對《詩》的本身進行整理，而是重在整理音樂，因《雅》、

〔註74〕《初學記》卷十五《雜樂》第二「敘事」下引《五經通義》。
〔註75〕周禮·春官·籥章〔M〕，//孫詒讓，十三經注疏本周禮注疏，北京：中華書局，1980：1905～1911。
〔註76〕論語·子罕〔M〕，楊伯峻，論語譯注，北京：中華書局，1998：92。

《頌》是在音樂上使用混亂而不是其詩使用混亂，孔子正樂，使得樂各得其所。綜上可見，孔子修正的是《雅》、《頌》之樂而不是《雅》、《頌》之詩。毛奇齡謂：「正樂，正樂章也。正《雅》、《頌》之入樂部者也。」王崧之認為孔子此舉重在正樂：「竊以為詩必兼辭、聲、義三端而始全。先有意而後有辭，有意則義在其中，徒有辭而不能叶之於聲，則是記序議論之文，而非樂章矣」。

　　《樂記・樂化篇》：「先王恥其亂，故制《雅》、《頌》之聲以道之，使其聲足樂而不流，使其文足論而不息，使其曲直、繁瘠、廉肉、節奏足以感動人之善心而已矣，不使放心邪氣得接焉。是先王立樂之方也。」〔註77〕此段文獻對於先王作樂的原則作有記述，先王製作《雅》、《頌》這類的樂曲來引導人們的心緒。又「故聽其《雅》、《頌》之聲，志意得廣焉」〔註78〕。人們在聽了《雅》、《頌》這樣的音樂時，胸懷變得寬廣了。可見以《雅》、《頌》為代表的雅樂對於一個人的修養具有一定的教化作用。《樂記・師乙篇》進一步對適合演唱《風》、《雅》、《頌》之人的特點作以說明：「寬而靜，柔而正者宜歌《頌》；廣大而靜，疏達而信者宜歌《大雅》；恭儉而好禮者宜歌《小雅》；正直清廉而謙者宜歌《風》；肆直而慈愛者宜歌《商》；溫良而能斷者宜歌《齊》。」〔註79〕

　　歷來學者對鄭風和鄭聲之間的關係及概念未達定論。有學者認為鄭風應指《詩》的文辭特點而言，而鄭聲則是指《詩》入樂樂曲的音樂特點而言。以朱熹為代表的宋儒認為所謂的「鄭衛之音」，即《詩經》十五國風中鄭地的鄭風和屬於衛地的衛風、邶風、鄘風，並進一步指出其中描寫男女情愛的詩篇是「鄭聲淫」的具體體現。朱熹在《詩集傳》中引張載的話：「張子曰：衛國地濱大河，其地土薄，故其人氣輕浮；其地平下，故其人質柔弱；其地肥饒，不費耕耨，故其人心怠惰。其人情性如此，則其聲音亦淫靡。故聞其樂，使人懈慢，而有邪僻之心也。鄭詩放此。」朱熹本人對鄭風的評價言辭更為激烈：「鄭衛之樂，皆為淫聲。然以詩考之，衛詩三十有九，而淫奔之詩才四之一；鄭詩二十有一，而淫奔之詩已不翅七之五。衛猶為男悅女之詞，而鄭皆為女惑男之語。衛人猶多刺譏懲創之意，而鄭人幾於蕩然無覆蓋羞愧悔悟之萌，是則鄭聲之淫，有甚於衛矣。故夫子論為邦，獨以鄭聲戒而不及衛，

〔註77〕禮記・樂記〔M〕，// 陳戌國，禮記校注，長沙：嶽麓書社，2004：290。
〔註78〕禮記・樂記〔M〕，// 陳戌國，禮記校注，長沙：嶽麓書社，2004：291。
〔註79〕禮記・樂記〔M〕，// 陳戌國，禮記校注，長沙：嶽麓書社，2004：292。

蓋舉重而言，故自有次第也。」〔註80〕但自古以來，詩、樂、舞三位一體的，三家緊密結合，詩樂是不分家的。清汪烜《樂經律呂通解》說：「詩淫則聲淫，聲淫則詩淫，未有聲淫而詩不淫者。」因此，不能將音樂與詩的文辭分開。

《漢書·地理志》云：「衛地……有桑間濮上之阻，男女亦亟聚會，聲色生焉。故俗稱鄭、衛之音」〔註81〕。又《白虎通·禮樂》：「鄭國土地民人山居谷浴，男女錯雜，為鄭聲以相誘悅懌。故邪辟聲皆淫色之聲也。」可知鄭衛之音應為與男女間情愛密切相關的音樂。因此，在「男女授受不親」的時代中，「鄭衛之音」更多地被理解為「亂世之音」、「亡國之音」、「靡靡之音」等較多負面含義。但此處所說的「鄭衛之音」，並非指鄭衛之音的音樂特點，而是指文辭而言。如《樂記·樂本篇》：「鄭衛之音，亂世之音也，比於慢矣。桑間濮上之音，亡國之音也，其政散，其民流，誣上行私而不可止也。」〔註82〕又如其他文獻中關於鄭聲的認識，《法言·吾子》言「多哇則鄭」；《說苑·善說》言「燕則鬥象棋而舞鄭女，揚《激楚》之切風，練色以淫目，流聲以虞耳」；《新語·道基》稱鄭聲「技巧橫出，用意各殊，……以窮耳目之好」。

這一時期還將女樂和鄭衛之音聯繫起來。當時亦經常出現兩國間為達到某種政治目的贈、賂樂舞工人的現象。如前文所述，孔子以魯大司寇代攝相事時，國政大有起色。齊國害怕魯國因此而成為霸主，要破壞魯國統治者與孔子的關係，選出「國中女子好者八十人，皆衣文衣而舞《康樂》」，加上「文馬」三十駟欲贈魯君。到魯國後，陳女樂、文馬於城南高門之外。魯國執權者最終還是收下齊國女樂，將政事拋至九霄雲外。齊國以贈送女樂的手段果然奏效，迫使孔子離開魯國。《史記·樂書》載：「治道虧缺而鄭音興起，封君世辟，名顯鄰州，爭以相高。自仲尼不能與齊優遂容於魯，雖退正樂以誘世，作五章以刺時，猶莫之化。陵遲以至六國，流沔沈佚，遂往不返，卒於喪身滅宗，並國於秦。」〔註83〕當時還有一些達官貴族，通過賄賂女樂的方式來干擾司法公正。如《左傳·昭公二十八年》載：「梗陽人有大獄，魏戊不能斷，以獄上。其大宗賂以女樂。」〔註84〕

〔註80〕〔宋〕朱熹，詩集傳卷四〔M〕，北京：中華書局，1958。
〔註81〕〔漢〕班固，漢書·地理志〔M〕，北京：中華書局，1999：1326。
〔註82〕禮記·樂記〔M〕，//陳戍國，禮記校注，長沙：嶽麓書社，2004：272。
〔註83〕〔漢〕司馬遷，史記·樂書〔M〕，北京：中華書局，1959：1176。
〔註84〕左傳·昭公二十八年〔M〕，//楊伯峻，春秋左傳注，北京：中華書局，1981：1496。

鄭、衛兩國出色的女樂歌舞，是使其音樂在各諸侯國宮廷廣爲傳播的一條重要渠道。但民間的鄭、衛之音，和各諸侯國貴族縱情享樂所用的「鄭、衛之音」並不相同。源於民間的鄭、衛之音，在沒入宮廷之前，反映百姓質樸生活的一面，而未摻雜其他「淫邪」的因素在其中。但民間的鄭衛之音流入各諸侯國貴族的縱樂生活中，經逐漸改造，變化爲後來具有負面意義的「靡靡之樂」和「亡國之音」。其實，學者討論了多年的「鄭聲淫」，並不是指「鄭聲」的音樂或內容過於「淫邪」，而是指各諸侯國貴族淫於鄭聲及女樂。所謂的「靡靡之樂」、「亡國之音」實際是由統治者的腐化墮落造成的，而非民間的鄭、衛之音所致。在孔子的言論中可見，他實際上反感各諸侯國貴族階層對鄭衛之音過於貪戀所引發的宮廷中各種淫邪的行爲，而非對鄭衛兩國的音樂作以批評。

（二）鄭衛之音的音樂特點

鄭聲所用樂音實已超出雅樂的五聲音階範圍。《左傳·昭公元年》載：「先王之樂，所以節百事也，故有五節；遲速本末以相及，中聲以降。五降之後，不容彈矣。於是有煩手淫聲，慆堙心耳，乃忘平和，君子弗聽也。」杜預注：「降，罷退。五降而不息，則雜聲並奏，所謂鄭衛之聲。」〔註85〕季札在《左傳·襄公二十九年》中也認爲《鄭風》的音樂較爲細膩，變化繁多，可見非屬雅樂五聲之音使用範圍。

聞一多《論古代的音樂與詩》認爲：「鄭衛之樂常用絃索與竹管，凡以鼓爲節的配樂詩多是齊言，而配管絃的詩則以長短句爲多。」隨著春秋末期科技工藝的進步，促使絲竹樂器獲得廣闊的發展空間。今本《詩經》記載，《鄭風》所用樂器已不限於金石樂器，而加入了琴、瑟、箏、築等絲竹樂器。鄭聲的內涵也是在不斷發展和變化的，最初僅指鄭國的音樂，即狹義的鄭聲；後來泛指民間音樂（即俗樂），發展成爲廣義的鄭聲，並成爲民間音樂（俗樂）在先秦時期的代名詞。

《史記·太史公自序》：「自雅頌聲興，則已好鄭衛之音。鄭衛之音所從來久矣」。〔註86〕司馬遷所處的時代，所謂正統的雅頌之聲早已被鄭衛之音湮沒並取代。在雅樂興起後，人們就有對鄭衛之音所產生的需求。此處所說的

〔註85〕左傳·昭公元年〔M〕，//楊伯峻，春秋左傳注，北京：中華書局，1981：1221
～1222。
〔註86〕〔漢〕司馬遷，史記·太史公自序〔M〕，北京：中華書局，1959：3305。

「鄭衛之音所從來久矣」，是指漢代據鄭衛之音興起的時間已有較長的歷史了。

雅樂主要為金石之樂，演奏雅樂的鍾、磬等金石樂器較隨後興起的絲竹樂器相比，後者無論在音樂表現力及可攜帶性等方面均具有優越性。鍾、磬等樂器由於體積較大，且經常由一編組成，單個使用的情況較少，此類金石樂器音樂表現力較呆板，節奏滯慢，在旋律演奏方面主要以五聲音階為主。天子對於金石樂器的使用主要是為了體現出天子的氣勢與威嚴，威震四海的磅礡氣勢。通過金石樂器的演奏能夠激發起人們的召喚力與向心力，而不是從欣賞音樂本體角度來真正體現金石之樂的音樂魅力。金石之樂更多被統治者賦予禮制的莊嚴意義。鄭聲所使用的是新樂音階（即七聲音階），講究藝術技巧，多繁聲促節，多哀思之音，音調高亢激越，表演時男女錯雜。除原來的金石之樂外，由於絲竹樂器的加入，使得音樂的旋律更為優美、婉約。因絲竹樂器的形制輕巧，故其節奏多變，且所用之音也較五聲音階更為豐富。因此，鄭聲音樂才更富有極大的音樂感染力，頗受時人喜愛。

鄭聲很多方面多違背雅樂的「平和」、「中和」、「樂而不淫，哀而不傷」特點，故被認為「其聲哀而不莊，樂而不安，慢易以犯節，流湎以忘本。廣則容姦，狹則思欲，感條暢之氣，而滅平和之德」〔註87〕。鄭聲因在內容與形式方面與雅頌之樂有所不同，「淫」而不「和」，被雅樂推崇者視為「亡國之音」，恰恰說明了鄭聲具有很強的音樂感染力和生命力。

（三）應重新正確認識「鄭衛之音」

在過去的研究中，關於孔子「放鄭聲」的認識一直存在誤區。結合《論語·衛靈公》上下文可知，孔子所謂的「放鄭聲」並未指其真正排斥或拒絕鄭聲，據其文意可知，上文是在說「顏淵在問孔子如何為邦」，在這樣的語境下，孔子肯定會說在儀式時所用的音樂應用雅樂而不能用鄭聲，但孔子本身並未排斥鄭聲。孔子更在《論語·為政》中說：「一言以蔽之，思無邪」；《史記·孔子世家》：「三百五篇孔子皆絃歌之，以求合《韶》、《武》、《雅》、《頌》之音，禮樂自此可得而述」〔註88〕，可見孔子認為《詩經》中的《雅》、《頌》及《風》所反映出來的思想都是好的，並以絃歌的方式全部演唱《詩經》歌曲。但因孔子誓要「克己復禮」，故作為禮制重要組成部分的雅樂，是孔子追尋的理想化禮樂制度

〔註87〕禮記·樂記〔M〕，//陳戍國，禮記校注，長沙：嶽麓書社，2004：280。
〔註88〕〔漢〕司馬遷，史記·孔子世家〔M〕，北京：中華書局，1959：1936。

的一部分，並提倡「中聲以爲節」，「樂而不淫，哀而不傷」。

《禮記・樂記》：「聲音之道與政通也」，季札在魯觀周樂時，對《周南》《召南》的音樂評價爲：「美哉！始基之矣，猶未也，然勤而不怨矣！」評論《鄭風》的音樂時說：「美哉！其細已甚，民弗堪也，是其先亡乎！」對《唐風》音樂的評價爲「思深哉！其有陶唐氏之遺民乎！不然，何憂之遠也？非令德之後，誰能若是？」通過聽《陳風》的音樂，即發出「國無主，其能久乎？」這樣的感性認識。

孔子提出：「詩可以興，可以觀，可以群，可以怨。」〔註89〕「詩可以興」，朱熹注曰：「感發意志。」何晏《論語集解》引孔安國注曰：「引譬連類」。詩可以打開人的形象思維，引發諸多生命的思考和感悟。「可以觀」，朱熹注曰：「考見得失。」鄭玄注曰：「觀風俗之盛衰。」強調詩的認識作用，可通過詩來瞭解時政之得失，考察萬物。竹書《孔子詩論》對《邦風》「溥觀人俗」的主旨與季札觀樂時所闡發的觀點相近。「可以群」，朱熹注曰：「和而不流。」朱熹在《中庸或問》中釋云：「凡人和而無節，則必至於流。」何晏《論語集解》引孔安國曰：「群居相切磋。」人們可以通過詩來交流感情，協調人與人之間的人際關係。「可以怨」，朱熹注曰：「怨而不怒。」藝術可表達情感，將一切喜怒哀樂等情志展露出來，具有一種情感淨化的作用。古希臘哲學家亞里士多德在《詩學》中，認爲詩可以存在，當遇到問題時，可以激發人的各種情感。詩恰恰可以使一個人將生活中沒有辦法宣泄的情感宣泄掉，使我們的心靈得到淨化，使我們心中的情感恢復到原點。這與孔子在《論語・陽貨》中提出的「詩可以怨」的內涵異曲同工。

王夫之和黃宗羲二位明末清初的思想家對孔子提出的「興觀群怨說」曾作闡釋。王夫之在《薑齋詩話・詩繹》中說：「於所興而可觀，其興也深；於所觀而可興，其觀也審。以其群者而怨，怨愈不忘；以其怨者而群，群乃益摯。出於四情之外，以生起四情；遊於四情之中，情無所窒。」〔註90〕

黃宗羲在《汪扶晨詩序》中對孔子提出的「興觀群怨」說進一步作以釋讀：「昔吾夫子以興、觀、群、怨論詩。孔安國曰：『興，引譬連類。』凡景物相感，以彼言此，皆謂之興。後世詠懷、遊覽、詠物之類是也。鄭康成曰：『觀風俗之盛衰。』凡論世采風，皆謂之觀。後世弔古、詠史、行旅、祖德、

〔註89〕論語・陽貨〔M〕，楊伯峻，論語譯注，北京：中華書局，1998：185。
〔註90〕〔清〕王夫之，薑齋詩話・詩繹〔M〕，北京：人民文學出版社，1961。

郊廟之類是也。孔曰：『群居相切磋。』群是人之相聚。後世公宴、贈答、送別之類皆是也。孔曰：『怨刺上政。』怨亦不必專指上政。後世哀傷、輓歌、遣謫、諷喻皆是也。蓋古今事物之變雖紛若，而以此四者爲統宗。古之以詩名者，未有能離此四者。然其情各有至處。其意句就境中宣出者，可以興也；言在耳目、情寄八荒者，可以觀也；善於風人答贈者，可以群也；淒戾爲之騷之苗裔者，可以怨也。」〔註91〕

　　以孔子爲代表的儒家學派欲恢復周禮，但在「禮壞樂崩」的影響下，隨著不斷僭越禮制的新興勢力對鄭聲的偏愛，雅樂受到了巨大衝擊。孔子面對這種狀況，既惱羞成怒，又欲力挽狂瀾，試圖恢復周禮，但鄭聲已深入人心，孔子雖心有餘而力不足，眼見無法改變雅樂的命運，只能遷怒於對雅樂形成最大威脅的新樂「鄭衛之音」。

　　孔子時期，與雅樂對立的是鄭衛之音，此時的雅、鄭反映出種族和地域的差別，即周樂（周王畿地區的音樂即雅樂）與其他地區、部族音樂之間的矛盾。但同時這種矛盾又是事物發展的動力，當新的時代要求與舊有的秩序產生分歧時，則促成了雅樂的新發展。

　　歷代試圖維護正統雅樂的人，在未眞正參透春秋時期鄭衛之音的實質內涵之下，一再對鄭衛之音進行攻擊，並將一切不同於雅樂、源自民間的各種類別的俗樂，都包括在內。從某種意義上來說，他們實際上已將「鄭衛之音」的概念無限地擴展和外延。南朝梁劉勰《文心雕龍・樂府》總結了音樂史及文學史上長期爭論不休的雅鄭之辨問題。劉勰提出「徵聖」、「宗經」，但更重要的是他高舉自然之道，思維方法又受佛學影響，視野較爲開闊。他以「中和之響」來解釋雅樂本質，對儒家所持音樂與文藝「放鄭近雅」黜鄭崇雅的觀點加以全面回顧，同時也從音樂與藝術發展的現實出發，提出較爲宏觀的看法「正音乖俗，其難也如此」；「韶響難追，鄭聲易啓」，是他觀察西漢以來樂府詩發展現象的結論。「雖三調之正聲，實韶夏之鄭曲。」指出許多涉及雅鄭之辨的評價，最終回歸歷史時都是一時之論而已。

　　欲維護正統雅樂的人們極力強調雅、鄭（俗）的區別，在各種正式場合極力推崇「雅樂」（雅正之樂），貶斥「俗樂」（鄭衛之音），使雅、鄭（俗）關係成爲自古以來中國音樂史發展中糾纏不清的問題之一。學者們爭論了幾

〔註91〕〔清〕黃宗羲，汪扶晨詩序〔M〕，//中國歷代文學論著精選，郭紹虞，臺北：華正書局，1991。

千年的雅樂與鄭衛之音的問題，實際上與真正的春秋戰國時期鄭衛兩國的音樂是沒有任何關係的。

三、孔子對「雅樂」和「鄭聲」的歷史評價

在孔子的音樂美學體系中，「文」與「質」、「善」與「美」爲兩組最核心的概念。孔子在《論語‧雍也》中說：「質勝文則野，文勝質則史，文質彬彬，然後君子。」〔註92〕在孔子的心目中，樸實多於文采，就未免粗野；文采多於樸實，又未免虛浮。只有文采和樸實配合適當，才可稱爲君子。孔子所提出的「文」與「質」大抵相當於當代美學理論中的形式與內容。

孔子在《論語‧八佾》中通過具體的音樂作品將「善」與「美」二者的關係淋漓盡致地揭示出來。孔子謂《韶》「盡美矣，又盡善也」；謂《武》「盡美矣，未盡善也。」朱熹注曰：「美者，聲容之盛；善者，美之實也。……然舜之德，性之也，又以揖讓而有天下。武王之德，反之也，又以征誅而得天下。故其實有不同者。」在孔子看來，《大武》之所以不夠盡「善」的原因是「以征伐取天下」。

孔子站在治國爲邦角度看待雅樂和鄭聲的關係，從爲邦的角度排斥鄭聲是對西周時期禮樂制度的尊重與保護。在當時禮制混亂的情況下，他誓要維護西周禮樂制度。而鄭衛之音富有較強的藝術感染力，《新序‧雜事》：「聽鄭衛之聲，嘔吟感傷」，並能夠觸及人們內心的情感，《荀子‧樂論》：「姚冶之容、鄭衛之音使人心淫」；《史記‧樂書》：「鄭衛之曲動而心淫」；《呂氏春秋》：「靡曼皓齒，鄭衛之音，務以自樂，命之曰伐性之斧。」

馮潔軒指出：「商亡後，鄭、衛兩國分其地而有之，鄭、衛之音可能由於地域關係在音律、風格上繼承了殷商之樂的某些特徵」〔註93〕，蔡仲德進一步指出：「它們不可能就是殷商之樂，更不可能是商紂王的靡靡之樂亡國之音」〔註94〕。從文獻中對「鄭衛之音」的相關記載，可知「鄭衛之音」在音樂內容上進行革新，其音樂具有豐富的表現力和極大的藝術感染力，與西周時期禮樂制度及隨後的儒家思想中所倡導的「中庸之德」、「中和之美」以《雅》、《頌》爲代表的雅樂大相徑庭，故倍受孔子的貶斥，後更被稱爲「淫樂」，足見其與傳統禮樂制度相去甚遠。

〔註92〕論語‧雍也〔M〕，楊伯峻，論語譯注，北京：中華書局，1980：61。
〔註93〕馮潔軒，論鄭、衛之音〔J〕，音樂研究，1984（1）：67～84。
〔註94〕蔡仲德，中國音樂美學史〔M〕，北京：人民音樂出版社，1995：96。

　　《漢書‧禮樂志》對春秋戰國時期的雅樂及鄭衛之音的情況作以較爲全面的論述,「周道始缺,怨刺之詩起。王澤既竭,而詩不能作。王官失業,《雅》、《頌》相錯。……桑間、濮上、鄭、衛、宋、齊之聲並出。內則致疾損壽,外則亂政傷民。巧僞因而飾之,以營亂富貴之耳目。庶人以求利,列國以相間。故秦穆遺戎而由余去,齊人饋魯而孔子行。至於六國,魏文侯最爲好古,而謂子夏曰:寡人聽古樂則欲寐,及聞鄭、衛,余不知倦焉。子夏辭而辨之,終不見納,自此禮樂喪矣。」〔註95〕

　　荀子在《樂論》中認爲因禮樂制度荒廢,致使邪音的興起,「故禮樂廢而邪音起者,危削侮辱之本也。故先王貴禮樂而賤邪音」。在《雅》、《頌》興起之時,所流傳下來的衰亂之音還存在。《漢書‧禮樂志》:「然自《雅》、《頌》之興,而所承衰亂之音猶在,是謂淫過凶嫚之聲,爲設禁焉。」〔註96〕

　　孔子曾對禮和樂的關係分別作有闡釋,《論語‧陽貨》載:「禮云禮云,玉帛云乎哉?樂云樂云,鐘鼓云乎哉?」〔註97〕孔子言下之意,禮制並不僅指玉帛之類的禮物而言;而音樂也不僅指鐘鼓等樂器而言,禮和樂應具有更深層次的內涵。

　　孔子具有豐富的音樂實踐對其雅鄭觀念的形成產生了一定的影響,據《史記‧孔子世家》載孔子曾學琴於師襄子,亦能擊磬,鼓瑟,及舞《韶》樂等,由此可見,孔子所習之音樂及樂舞,都是「正樂」,屬雅樂體系。與孔子朝夕相對的都是雅正之樂,故他反感非雅正之樂的音樂(即鄭衛之音),認爲鄭衛之音擾亂了雅樂的制度。

　　但經查閱文獻,歷來對「鄭衛之音」進行討伐的學者從未對其音樂本身予以否定,更多地是從所體現出來的內容來判定其樂爲「亂世之音」、「亡國之音」等等。精通禮樂制度的吳國公子季札在魯國觀周樂時,不僅能夠逐一地判斷出音樂所屬,而且還能對各種不同地區的音樂特點作以評論。季札對《鄭風》的評價爲「美哉!其細已盛,民弗堪也。是其先亡乎!」對《衛風》的評價爲「美哉淵乎!憂而主困者也。康叔、武公之德如是,是其《衛風》乎!」在季札對《鄭風》、《衛風》音樂大加稱讚的評價中均未顯示出其樂具有何等不足之處。由此,我們可推斷:鄭衛之音的音樂本身並未有「過於淫」的問題,而是指其文辭所表現出來的思想內容方面,具有某種「淫邪」的意味。

〔註95〕　〔漢〕班固,漢書‧禮樂志〔M〕,北京:中華書局,1999:891。
〔註96〕　〔漢〕班固,漢書‧禮樂志〔M〕,北京:中華書局,1999:889。
〔註97〕　論語‧陽貨〔M〕,。楊伯峻,論語譯注,北京:中華書局,1998:185～186。

第四節 戰國雅樂

　　春秋時期各諸侯國不斷兼併與鬥爭，加強了諸侯國之間的交流與融合。諸侯國間相互爭霸的洗禮與蕩滌，導致春秋時期的幾百個小國逐漸並爲七個大國和十幾個小國，局勢逐漸清晰、明朗，形成戰國初期三個較強的大國——秦、魏、齊。歷史學家李學勤結合考古學和歷史學研究成果，將戰國區域文化分爲七個文化圈，即中原文化圈（黃河中游的周和三晉，不包括趙國北部）；北方文化圈（中原以北包括趙國北部、中山國、燕國以及更北的方國部族）；齊魯文化圈（今山東省範圍內的齊、魯和若干小諸侯國）；楚文化圈（長江中游以楚國爲中心）；吳越文化圈（東南地區）；巴蜀滇文化圈（西南地區）；秦文化圈（西北地區），〔註98〕將當時的禮樂文化概貌勾勒出來。

　　戰國時期，工商業較爲發達，城市呈現出繁榮景象，促進音樂活動廣泛而深入發展。隨著社會各階級間矛盾不斷激化，逐漸流行並活躍於各諸侯國宮廷中的俗樂（新樂）成爲當時的「時代新寵」，其影響極大程度上超過了日益僵化的雅樂。

　　各諸侯國國君大多縱情聲色，即所謂「所重者在乎色樂珠玉，而所輕者在乎人民」。由於戰國時期各國統治者多好俗樂，競相追求豪華場面的樂舞表演排場，樂舞活動空前奢靡。《呂氏春秋·聽言篇》中說：「世主多盛其歡樂，大其鐘鼓」即此。這在出土的戰國墓葬圖象中多有體現，如四川成都百花潭戰國墓出土的嵌錯紋銅壺圖象，刻畫了編鍾、編磬、笙、簫、建鼓等樂器合奏場面；又如河南汲縣琉璃閣戰國墓出土的刻紋銅奩圖象，刻畫了編鍾、建鼓、笙、竽等樂器爲長袖舞隊伴奏的場面。戰國時期的宮廷雅樂（含樂器和樂人）像春秋時期一樣，不僅供統治階級娛樂所用，有時也作爲一種各諸侯國間互相贈送的特殊禮物。雅樂失去其所應有的等級制度和禮樂規範，成爲政治外交的有力手段，推動了音樂經濟的迅猛發展。

　　戰國時期宮廷雅樂進一步敗落，由於各諸侯國僭越禮制現象不斷升級，各國宮廷中到處充斥著俗樂的影蹤。結合文獻記載及考古出土「金石樂器」的實物可知，隨著流行於宮廷中的俗樂倍受統治階級的喜愛，「金石之樂」逐漸趨於俗樂化，並在戰國時期發展至頂峰。從被譽爲「地下音樂宮殿」的湖北省隨縣擂鼓墩遺址的戰國早期墓葬曾侯乙墓出土的禮樂器中，即可窺見其所達到的輝煌境地。

〔註98〕李學勤，東周與秦代文明〔M〕，北京：文物出版社，1984：11～12。

民間樂舞的發展呈現出前所未有的繁榮景象，隨著樂舞影響不斷深入於各諸侯國宮廷，湧現出諸多技藝精湛的樂人和舞者，成爲統治階級和新興勢力最爲喜愛的藝術內容。

一、魏國雅樂

自魏文侯（公元前 445 年～前 396 年在位）始至公元前 4 世紀中葉，是魏國獨霸中原的時期。魏文侯不僅在治國方面有所建樹，還頗好音樂。據《戰國策・魏一》載，他與田子方在飲酒時說：「鐘聲不比乎？左高。」他能聽出編鐘音高的差別，發現左邊編鐘的音高偏高，足見其對音律的精通。

《樂記・魏文侯篇》載有魏文侯向子夏問樂之事，提及魏文侯對於古樂和新樂（鄭衛之音）的看法。魏文侯對子夏說：「吾端冕而聽古樂，則唯恐臥；聽鄭衛之音，則不知倦。敢問古樂之如彼，何也？新樂之如此，何也？」〔註99〕對於魏文侯來說，他所好之樂非古樂，而是鄭衛之音，並且表明聽古樂時就想躺下休息，而聽鄭衛之音則不知疲倦。我們從魏文侯的回答中不難發現，鄭衛之音相對於古樂而言，從音樂形式和藝術感染力都能令人產生一種濃厚的音樂審美感受，讓人愈聽愈想聽，欲罷不能，足見鄭衛之音的音樂魅力以及人們對於新樂的喜愛程度。魏文侯雖不喜歡古樂，但在欣賞古樂時仍身著玄衣和大冠這樣的帝王服飾，可見他還是講究禮制並遵循禮制的。

隨後，子夏對魏文侯的回答爲：「今夫古樂進旅退旅，和正以廣；弦匏笙簧，會守拊鼓；始奏以文，復亂以武，治亂以相，訊疾以雅。君子於是語，於是道古，修身及家，平均天下。此古樂之發也。今夫新樂進俯退俯，姦聲以濫，溺而不止；及優侏儒、猱雜子女，不知父子，樂終不可以語，不可以道古，此新樂之發也。」〔註100〕子夏站在維護儒家傳統思想的角度，爲魏文侯分析古樂和新樂二者的功用，強調古樂「和正以廣」的作用，排斥新樂所產生的負面影響。這一方面體現出子夏對西周禮樂制度的堅守，另方面可見新樂的傳播極爲廣泛，新樂不僅充斥於民間，也波及宮廷，擴充到宮廷的音樂活動中。在子夏的回答中，我們可知新樂的一些特點：表演參差不齊，多用邪惡的音調，並能使人沉溺於其中而無法自拔；另外還有倡優和侏儒表演的雜戲，舞者男女混雜，父子不分，鄭注認爲其舞者表演猶如猴戲，可見其嘩眾取寵的程度。但就是這樣一種新樂卻頗受當時人們喜愛。子夏認爲，新

〔註99〕禮記・樂記〔M〕，//陳戍國，禮記校注，長沙：嶽麓書社，2004：284。
〔註100〕禮記・樂記〔M〕，//陳戍國，禮記校注，長沙：嶽麓書社，2004：284。

樂沒有《韶》、《武》等古樂純正、平和、舒緩，並認爲新樂都是「淫於色而害於德」，違背了奴隸主階級的禮樂等級制度。

　　隨後，子夏又逐一對鄭、宋、衛、齊四國的音樂特點作有分析：「鄭音好濫淫志，宋音燕女溺志，衛音趨數煩志，齊音敖辟喬志，此四者，皆淫於色而害於德，是以祭祀弗用也。」子夏認爲上述四國音樂都沉溺於聲色之樂，對人們的道德修養有害，故祭祀時不用。孔子及其弟子從奴隸主階級立場出發，排斥民間新樂，推崇正統雅樂和雅頌之聲。

二、齊國雅樂

　　齊國的齊宣王（公元前 319 年至前 301 年在位）也十分喜好音樂，但其所好非古樂，而是俗樂。《孟子·梁惠王下》對此作以詳細記述：

> 　　莊暴見孟子，曰：「暴見於王〔註101〕，王語暴以好樂。暴未有以對也。」（莊暴）曰〔註102〕：「好樂何如？」孟子曰：「王之好樂甚，則齊國其庶幾乎！」他日，（孟子）見於王曰：「王嘗語莊子（莊暴）以好樂，有諸？」王變乎色，曰：「寡人非能好先王之樂也，直好世俗之樂耳。」（孟子）曰：「王之好樂甚，則齊其庶幾乎！今之樂由古之樂也。」〔註103〕

齊宣王對孟子（前372～前289）直言：他所喜好的並不是古樂，而是俗樂。雖同樣接受儒家思想，但與子夏不同的是，孟子並未對齊宣王說貶低俗樂之言，相反，他卻對齊宣王說，宣王喜好音樂，那齊國的文化發展便會很不錯。他認爲現今流行的音樂和古樂都是一樣的，並舉例來說明，是一個人單獨欣賞音樂快樂，還是和別人一起欣賞音樂快樂？哪一種更快樂呢？齊宣王認爲，和別人一起欣賞音樂更快樂一些。他進而又說，跟少數人欣賞音樂快樂，還是跟多數人欣賞音樂快樂，哪一種更快樂呢？齊宣王答道，跟多數人一起欣賞音樂更快樂。孟子的觀點是王應該「與民同樂」，王和百姓一同娛樂，則可使天下歸服於王。孟子認爲，王愛好哪種音樂都可以，但不可忘記對國家的良好治理，達到與百姓共同娛樂的境地。

〔註101〕楊伯峻，孟子譯注〔M〕，北京，中華書局，1960：27。據上下文推知：此處「王」指的是齊宣王，而非梁惠王。楊伯峻，孟子譯注〔M〕，北京，中華書局，1960：27。

〔註102〕此「曰」後仍爲莊暴語。詳見楊伯峻《孟子譯注》第29頁。

〔註103〕楊伯峻，孟子譯注〔M〕，北京：中華書局，1960：26。

據劉向《新序》載，齊宣王曾說：「寡人今日聽鄭衛之聲，嘔吟感傷，揚《激楚》之遺風」〔註104〕。齊宣王認為鄭衛之聲具有濃厚的音樂感染力，深得人心。

戰國時期各諸侯國統治者多好俗樂，競相講究排場。《戰國策·齊一》載，公元四世紀中葉，生活殷實的臨淄一帶百姓「無不吹竽鼓瑟，擊築彈琴」。齊國民間對樂器頗為喜好的風氣也逐漸影響到齊國宮廷。

齊宣王喜好竽樂，在齊國宮廷中供養數百名竽師。《韓非子·解老篇》說：「竽也者，五聲之長者也。故竽先則鐘鼓皆隨，竽唱則諸樂皆和。」〔註105〕戰國時期，竽已經成為主奏樂器，鐘鼓都要為竽伴奏。南郭先生吹竽之事即發生在此時。據《韓非子·內儲說》載，齊宣王喜歡聽竽，每次必聽三百人共同吹竽，「南郭處士請為王吹竽，宣王悅之。廩食以數百人」〔註106〕。可見齊宣王對俗樂的喜好。

齊宣王去世後，其子齊湣王（公元前300年～前284年在位）繼替王位。齊湣王並不像其父那樣喜歡很多竽師在一起吹竽，他喜歡單獨聽竽師吹竽，南郭先生聞此消息後唯恐事情敗露，灰溜溜地夾著竽逃跑了。

齊宣王和齊湣王皆好「竽樂」，可見當時「竽樂」在齊國的流行程度，成為齊國宮廷常備之樂，足見以「竽樂」為代表的絲竹之樂的藝術魅力，為當時人們欣賞音樂注入了一劑清新的活力。

故宮博物院藏戰國時期桑獵宴樂壺上的圖案，細緻地刻畫了吹竽、演奏編鐘和編磬、擊鼓、彈琴、鼓瑟及樂舞表演的情況。另上海博物館藏戰國時期宴樂橢杯上的圖案，描繪了一人擊編鐘，編鐘掛在飾有龍頭的架座上；一人擊鼓，鼓座作雙鳥背立形，一人彈琴，二人細腰長袖，翩翩起舞，由此可見戰國時期樂舞表演的情景。

戰國時期，人們喜好的是新聲而不是古樂，各諸侯國宮廷內演奏的多為鄭衛之音，而不是雅樂。

三、儒家思想中的「古樂與新樂觀」

《四書章句集注》中引范氏之言認為：「戰國之時民窮財盡，人君獨以南面之樂自奉其身。孟子切於救民，故因齊王之好樂，開導其善心，深勸其與

〔註104〕〔漢〕劉向，新序〔M〕，石光瑛校釋，北京：中華書局，2001：。
〔註105〕陳奇猷，韓非子新校注〔M〕，上海古籍出版社，2000：。
〔註106〕陳奇猷，韓非子新校注〔M〕，上海古籍出版社，2000。

民同樂，而謂今樂猶古樂。其實今樂古樂何可同也？但與民同樂之意則無古今之異耳。若必欲以禮樂治天下，當如孔子之言，必用《韶》、《武》，必放鄭聲。蓋孔子之言，為邦之正道；孟子之言，救時之急務，所以不同。」〔註107〕其實，孟子與孔子對「新樂與古樂」所持的觀點最終結果是一致的，只不過孟子從另一個視角出發看待這一問題。孟子先迎合統治者的觀點，提出統治者應該「與民同樂」，然後再詳細闡明這樣做的用意所在，只有將政和與人和二者高度統一，才能將一個國家治理好，長治久安。當時社會和經濟蕭條，孟子為救人民於水火之中，站在人民的一邊，設法向統治者闡明「與民同樂」的道理。

如上文所述，孟子對今樂的態度與孔子不同，但從另方面來講，孟子實為在說服齊宣王要「與民同樂」，為百姓的生活考慮。雖然孔孟二人的出發點不同，但最終目的卻殊途同歸。孟子是從百姓的角度考慮，為百姓服務，提倡君王要與百姓一起歡樂，讓百姓能共同感受音樂所帶來的快樂，「樂民之樂者，民亦樂其樂；憂民之憂者，民亦憂其憂。樂以天下，憂以天下，然而不王者，未之有也」〔註108〕；孔子是站在維護禮樂制度的角度，提倡「仁」，講究「君君、臣臣、父父、子子」，最終使百姓得以安居樂業。

孟子對「鄭聲」的態度和孔子一致，也視鄭聲為邪慝，主張「正樂」，恢復古樂（雅樂）的地位。《孟子·盡心下》：「孔子曰：『惡似而非者：惡莠，恐其亂苗也；惡佞，恐其亂義也；惡利口，恐其亂信也；惡鄭聲，恐其亂樂也；惡紫，恐其亂朱也；惡鄉愿，恐其亂德也。』君子反經而已矣。經正，則庶民興；庶民興，則無邪慝矣。」〔註109〕

繼孔孟之後，荀子繼續發揚了儒家的禮樂思想。《荀子·樂論》：「修憲令，審詩商，禁淫聲，以時順修，使夷俗邪音不敢亂雅樂，太師事也。」〔註110〕荀子繼承了孔子的「雅樂」觀念。

四、戰國女樂及其他

戰國時期，以聲色娛人的女樂境遇更為悲慘，她們不但在主人生前忍辱侍奉，更要在主人死後殉葬。《墨子·節喪》：「今王公大人為葬埋則……必中

〔註107〕〔宋〕朱熹，四書集注〔M〕，北京：中華書局，1957。
〔註108〕楊伯峻，孟子譯注〔M〕，北京：中華書局，1960：33。
〔註109〕楊伯峻，孟子譯注〔M〕，北京：中華書局，1960：341。
〔註110〕北京大學《荀子》注釋組，荀子新注，北京：中華書局，1979：335。

棺大棺，革闠三操，璧玉即具。戈、劍、鼎、鼓、壺、濫（鑒）、文繡、素練，大鞃萬領，輿、馬、女樂皆具。」在考古發現的春秋戰國大中型墓葬中，多見女性殉人和樂器。統治階級在死後也大搞排場，講求厚葬。《呂氏春秋・節葬篇》：「國彌大，家彌富，葬彌厚。含珠鱗施，玩好貨寶，綸組節束〔註111〕，鍾鼎壺濫，輿馬衣被戈劍，不可勝其數。諸養生之具，無不從者。」

《史記・貨殖列傳》對趙女鄭姬等為代表的女樂作有描述，此時的女樂已作為鄭、衛、趙、齊及中山國的一種「特產」，被視為魚、鹽、漆、絲等地方產品向其他諸侯國進行輸出。「趙女鄭姬，設形容，揳鳴琴，揄長袂，躡利屣，目挑心招，出不遠千里，不擇老少者，奔富厚也。」她們為謀求生計，不斷提高自己的歌舞技藝，千里迢迢「遊媚貴富，遍諸侯」，足見其在當時受歡迎的程度，促進了諸侯國間的音樂傳播。

《說苑・善說》載，雍門子周攜琴去見齊公子孟嘗君：「今若足下，千乘之君也。居則廣夏（廈）邃房。下羅帷，來清風。倡優侏儒處前，迭進而諂諛。燕則鬥象棋而舞鄭女。《激楚》之切風，練色以淫目，流聲以娛耳。水遊則連方舟，載羽旗，鼓吹乎不測之淵。……入則撞鐘擊鼓乎深宮之中。」楚莊王（公元前 613 年～前 591 年）和孟嘗君所用樂舞中雖有鐘鼓，但顯然已摻入俗樂因素，已經不是雅頌之樂了。

《史記・趙世家》載，趙烈侯喜好音樂，欲送鄭歌者槍、石二人「萬畝之田」。「烈侯好音，謂相國公仲連曰：『寡人有愛，可以貴之乎？』公仲曰：『富之可，貴之則否。』烈侯曰：『然。夫鄭歌者槍、石二人，吾賜之田，人萬畝。』但公仲不允。」〔註112〕但幸好有公仲堅決反對，終未分給二人田地。

邯鄲之倡甚至還被立為王后。《列女傳・趙悼倡后》云：「倡后者，邯鄲之倡……（趙）悼襄王以其美而娶之。……初悼襄王后生子嘉，為太子。倡既入為姬，生子遷……王遂廢嘉而立遷，黜后而立倡姬為后。」

音樂有時還可成為達到某種政治目的所借助的工具。《戰國策・秦三》載秦昭王時，各諸侯國主張「合從（縱）」之士會聚趙國，預謀攻秦。秦相范雎勸秦王不要憂慮，建議派唐雎用車載上「音樂」並攜帶五千金，去破壞合縱之士的聯合之謀。唐雎到趙國後，置酒高會，對邯鄲士人說：「誰來取者？」此舉一出，即獲成功，秦國僅用了不到三千金，便令「天下之士大相與鬥矣。」

〔註111〕此句據潭戒甫《校呂遺誼》增補。
〔註112〕〔漢〕司馬遷，史記・趙世家〔M〕，北京：中華書局，1982：1797。

據文獻記載，戰國時期女樂倡優已遍及諸侯後宮，佔據了宮廷表演的中心。墨子在《非樂》中深刻地揭露當時社會王公貴族們為了享受樂舞，在各諸侯國宮廷內供養著大量樂工女伎，不惜加重盤剝人民，「以為大鐘、鳴鼓、琴瑟、竽笙之聲」。但從另一側面也可反映出當時女樂興盛的局面。

公元前 582 年，楚國的伶人鍾儀當了晉國的俘虜，晉國統治者問他能演奏音樂嗎？鍾儀回答說他的父親就是樂官，並讓他彈琴，晉國統治者從鍾儀所彈的曲調，就聽出來是南方的音樂風格。顯然，當時各地音樂風格的區別較為明顯，很容易被欣賞者所區分。屈原《楚辭》中載，當時流行於楚國的音樂主要為鄭舞，《楚辭·招魂》：「二八齊容，起鄭舞些。」王逸《注》云：「言二八美女，其儀容齊一，被服同飾，奮袂俱起而鄭舞也。」可見鄭舞在楚國的流行程度。

文獻中有戰國時期各諸侯國宮廷中出現的秦聲、楚聲、越聲、吳歈、蔡謳、鄭舞等記載，多指各地區的民間音樂。這既是各文化圈的民間樂舞不斷交融發展，逐漸形成獨具地方特色的樂舞，同時也體現出各諸侯國之間較為頻繁的樂舞交流。

春秋戰國時期呈現出「鑄鍾」的風尚，由於各諸侯國的統治者們多好音樂，故不惜使用大量的人力、物力、財力來滿足其娛樂享樂的追求，鑄鍾隨即成為當時各諸侯國競相攀比的一個方面。《國語》載公元前 522 年，周景王要鑄造無射「王將鑄無射而為之大林。」單穆公進諫曰：「不可。作重幣以絕民資，又鑄大鐘以鮮其繼。」又《莊子·山水》：「北宮奢為衛靈公賦斂以為鍾，為壇乎郭門之外，三月而成上下之縣。」從音律方面也可看出春秋戰國時期禮制的轉變導致了對舊有音律的突破。《呂氏春秋》：「宋之衰也，作為千鍾；齊之衰也，作為大呂；楚之衰也，作為巫音。侈則侈矣，自有道者觀之，則失樂之情；失樂之情，其樂不樂。」上海博物館藏宴樂橢杯上的圖案，刻畫了一人演奏編鍾，編鍾被掛在飾有龍頭的架座上，另有一人擊鼓，鼓座為雙鳥背立形，還有一人彈琴及兩人長袖而舞的場景。由此可見戰國時期樂舞情況的真實面貌。

春秋戰國時期，隨著各諸侯國國內經濟的發展，某些諸侯的權利不斷增長，周王室的統治勢力逐漸衰弱，周王朝所規定的禮樂制度，已逐漸行不通。這是舊的等級制度逐漸瓦解崩潰，而新的等級制度悄然興起的時期。我們不能用前代禮制來衡量後代禮制。春秋戰國時期不同階層人的身份已較西周發生了很大變化。西周末期，周天子式微，僅留存了天子之位，各諸侯國逐步

獨立，諸侯中的霸主實已超越天子的地位。而諸侯國中的卿大夫地位已不在諸侯之下。隨著地位的變化而產生向更高一級的禮制相靠攏與追求，即後世所謂之「僭越」。而這種「僭越」並非對禮制全盤破壞，而是與時俱變。春秋時期的禮雖處於變化過程，但在人們心中尚存有較為標準、統一之禮，當時的人們對禮還是頗為重視的。見於《左傳》、《國語》等文獻中所載，人們對非禮之事能夠及時加以指出並貶斥。而到戰國時期，禮制似已無統一的標準，因主人的好惡而異，禮制逐漸地失去了其所代表等級制度的實質。春秋戰國時期生產力的進步，有利於音樂的迅速發展。當時有些諸侯國的統治者喜好俗樂，他們在娛樂享樂時所用的奢華排場，可見是對加重百姓的剝削而來的。正是由於對百姓剝削加重，造成階級矛盾不斷深化。但文人常把統治者在政治上的失敗甚至是亡國的結局，都歸咎到統治者所喜好的音樂上來，使得一些為統治者所喜好的俗樂被冠以「靡靡之樂」、「亡國之音」的罪名。

第五節　曾侯乙墓中室、東室出土樂器所示音樂文化性質

西周初期，周公制禮作樂，制定並建立了一套嚴格的禮制體系，規定了自天子至庶人的各種等級制度，體現出「名位不同，禮數亦異」。「禮樂相須為用。禮非樂不行，樂非禮不舉」，由於禮樂間的關係密切，使得禮器和樂器二者之間密不可分。早在周公制禮作樂之前，人們在舉行祭典儀式時，用禮器敬神的同時，還要用樂器、歌舞表演來娛神、事神。「禮也者，合於天時，設於地財，順於鬼神，合於人心，理萬物者也。」〔註113〕《周禮》中對天子、諸侯、卿大夫、士等所享之禮有嚴格的等級規定。但到了春秋戰國時期，社會動盪，西周時期禮制中所規定的等級制度遭受了前所未有的巨大衝擊。

一、列鼎制度的形成與早期發展

《周禮》對周天子用鼎制度有明確規定。《周禮·天官·膳夫》：「王日一舉，鼎十有二，物皆有俎。」鄭注：「『鼎十有二』，牢鼎九，陪鼎三。」〔註114〕

〔註113〕十三經注疏本禮記·禮器〔M〕，//禮記正義，北京：中華書局，1980：1430～1431。
〔註114〕周禮·天官·膳夫〔M〕，//孫詒讓，十三經注疏本周禮注疏，北京：中華書局，1980：241～242。

另《左傳‧桓公二年》中載「武王克商，遷九鼎於雒邑。」《周禮》中亦對諸侯用鼎制度作以規定。《周禮‧秋官‧掌客》：「鼎十有二者，飪一牢，正鼎九與陪鼎三。」〔註115〕又「王合諸侯而饗禮，則具十有二牢，庶具百物備，諸侯長十有再獻。」〔註116〕

　　自西周中期始，對列鼎制度作有明確規定，對鼎簋的使用加以限定：天子九鼎，諸侯七鼎，大夫五鼎，元士三鼎或一鼎。鼎作為彰顯與區分統治階級身份和地位標誌的重要禮器，還是國家政權的象徵。宗法制是西周統治階級加強和鞏固其統治地位的重要內容。為了使君臣父子能各就其位，在埋葬制度方面也作有嚴格規定，主要體現在棺槨、樂器、車馬器及鼎、簋等禮器使用的數量上。例如在棺槨方面，《儀禮‧士喪禮》：「天子之棺四重，諸侯再重，大夫一重，士不重。」《莊子‧雜篇》：「天子棺槨七重，諸侯五重，大夫三重，士再重」。〔註117〕表明因社會地位的不同，在使用棺槨的數量上也有所區別。對樂懸的使用亦有嚴格規定，《周禮‧春官‧小胥》：「王宮懸，諸侯軒懸，大夫判懸，士特懸。」在當時沒有樂懸是不能成禮的。

　　用鼎制度也稱「列鼎」制度，即指在同一墓葬中發現的一組形制相同，紋飾相同，大小依次遞減的鼎的組合，萌芽於西周早期。如甘肅靈臺白草坡 1 號墓用方鼎五、圓鼎三、簋三，就符合西周制定的禮制。西周中期，用鼎制度趨於成熟。穆王時，長安普渡鎮長由墓出土三鼎配以二簋，墓主似為元士，中原地區元士地位較高，墓中還出土了三件編鍾，形狀相同而大小遞減。至西周晚期至春秋早期，西周列鼎制度頗為盛行，以上村嶺虢國墓為代表，虢太子墓隨葬七鼎六簋，和《周禮》中所載的用鼎制度和墓主人身份相吻合。在西周初期和中期，用鼎的數量與墓主人的身份是一致的。但多數學者認為列鼎制度至西周晚期發生了重大變化，諸侯、士大夫等僭越現象日益湧現。隨著春秋戰國時期社會變革的不斷加劇，用鼎制度也遭到了嚴重破壞。

　　列鼎制度經西周時期的逐步發展，至春秋已較為成熟。春秋中期，已出現諸侯隨葬採用天子九鼎的形制，卿、上大夫隨葬採用春秋早期諸侯七鼎的

〔註115〕周禮‧秋官‧掌客〔M〕，//孫詒讓，十三經注疏本周禮注疏，北京：中華書局，1980：900。

〔註116〕周禮‧秋官‧掌客〔M〕，//孫詒讓，十三經注疏本周禮注疏，北京：中華書局，1980：900。

〔註117〕曹礎基，莊子淺注〔M〕，北京：中華書局，2000：490。

形制，下大夫隨葬用五鼎，元士隨葬用鼎數目未變，仍爲三鼎。學者們多認爲是隨著禮壞樂崩的不斷「升級」而導致對列鼎制度的「僭越」。

春秋時期在隨葬列鼎的數目上與西周略有差異，已趨向規範化，具體數目與戰國文獻中記載基本一致。列鼎制度與西周時期王公貴族息息相關，從已出土的春秋時期墓葬中可見，這一時期隨葬列鼎制度產生了新的發展。禮制受到挑戰，打破了原有的範式，失去了區別上下尊卑的作用，但它並沒有崩壞，而是在更爲興盛地發展。

《儀禮・公食大夫禮》中載接待行聘禮的卿和上大夫時，「上大夫八豆、八簋、九俎」，使用諸侯之禮；接待來聘的下大夫「甸人陳鼎七」，使用上大夫之禮。二者皆較西周時期所規定的用鼎制度高出一等。具體考古出土實例如輝縣琉璃閣的衛國公室墓地。其中 60 號墓爲諸侯之墓，隨葬九鼎和編鍾、編磬、編鎛等樂器；80 號墓和 55 號墓皆爲公子（與卿同級）之墓，隨葬七鼎，前者還出土有編鍾。由上可見，自春秋中期起，用鼎制度已發生明顯的變化，諸侯用九鼎，諸侯之卿、上大夫用七鼎，下大夫用五鼎，在當時似已成爲約定俗成的規範，不像後人所說的有「僭越」禮制之嫌。這一時期，主要體現出諸侯和卿大夫等貴族階層在享用列鼎數量方面提高了一個等級，表現出這兩個階層的貴族們對象徵更高身份地位的列鼎制度的追求，亦反映出周天子勢力孱弱，日益衰微。眾諸侯國君面對西周王室逐漸衰落的情景而與之分庭抗禮，諸侯及卿大夫階層的勢力不斷擴大，權利不斷膨脹。

從已出土的戰國早期墓葬可看出列鼎制度已有所鬆動，但基本保留了春秋中晚期的列鼎形制和特點。至戰國晚期，墓主人的身份與隨葬列鼎不相符的現象比比皆是，列鼎制度已逐漸失去了象徵等級、身份、地位的作用，並逐步趨向廢弛。

二、曾侯乙墓中室出土樂器所示音樂文化性質

1978 年在湖北隨縣擂鼓墩遺址發掘出土的曾侯乙墓，爲我們展現出戰國時期音樂文化的輝煌，爲研究戰國早期音樂文化提供了一份重要的瑰寶。曾侯乙墓是目前發掘出禮樂器最多，埋葬器物最爲豐富的戰國早期墓葬。曾侯乙墓出土了保存完好的編鍾、編磬及其他諸樂器，既與文獻記載相互印證，又可及時填補文獻之不足，亦可反映出當時經濟、文化等方面發展的實際情況。

圖 1　湖北隨縣曾侯乙墓編鍾

　　從目前所見的春秋戰國時期墓葬中，可發現春秋初期和中期的墓葬基本上按照西周時期的禮制，根據墓主人身份的高低而使用不同數量的青銅禮器隨葬，但也有用仿銅陶禮器代替者。自春秋末期以來至戰國早期的墓葬已多有發生僭越現象。

　　曾侯乙墓是戰國早期曾國國君乙的墓葬，因其受楚文化的影響較深，屬楚系墓葬。曾侯乙墓中未設墓道，楚系墓葬對墓葬的設置較之中原墓葬相比，不是很考究。其槨室由 12 道牆板分爲東、北、中、西四室。其中東室最大，中室次之。東室放置有墓主人棺柩、8 具陪葬棺和 1 具殉狗棺、樂器和兵器。陪葬棺中殉葬者皆爲年輕女性，年齡爲 13～25 歲；中室出土祭祀所用的九鼎八簋及諸多青銅禮器、重器，置於南部；並集中陳置編鍾、編磬，編鍾置於西邊與南邊；編磬置於北邊；東邊置有鼓，中部放置瑟、笙、簫等樂器；北室主要是兵器、車馬器；西室是幾具浮棺。墓主人曾侯乙的下葬年代爲戰國早期，大概在公元前 433 年～前 400 年之間。

　　作爲戰國早期最具代表性的僭禮墓葬，其中室置放有一套九鼎八簋之制的禮重器。通過曾侯乙墓出土的青銅器群，可看出戰國早期青銅冶煉與鑄造業發展的宏大之致。墓中還出土竹簡 240 餘支，記有 6600 餘文字，主要對隨葬器物的種類、數量等作以記載。墓中亦發現人殉現象，且殉葬數量超過 20 人，殉葬之人的身份應爲墓主人的貼身侍妾或奴僕。

　　通過曾侯乙墓出土的器物可看出，戰國早期曾國是經濟力量較爲強大的諸侯國，並未成爲楚國附庸。墓中出土的竹簡中記載了在墓主人曾侯乙逝世後，有楚王、太子、令尹及楚國的封君（魯陽君、陽城君、坪夜君、義阝君、

集阝君等）贈車，另楚惠王還專門鑄造鎛鍾作爲曾侯乙宗廟中的禮器。可見，楚王及楚國的封君給予曾侯乙如此高的禮遇，表明對其當時所處的地位頗爲重視。

圖 2　楚王鎛　　　　　　　　　圖 3　「曾侯乙作持」編鍾

　　我們可通過對戰國早期墓葬隨葬鼎鎛鍾磬情況進行比較，對當時的禮制情況作以剖析。以下爲十一例戰國早期墓葬隨葬鼎鎛鍾磬表〔註118〕。

例號	墓號	時代	升鼎	鎛	甬鍾	鈕鍾	磬	注
1	擂鼓墩 M1	戰國早期·曾	9	1	45	19	32	〔註119〕
2	擂鼓墩 M2	戰國早期·曾	9		36		12	〔註120〕
3	侯古堆 M1	戰國早期·吳（？）	9	8		9		〔註121〕
4	九女臺 M16	戰國早期·燕	9*	10*	16*	9*	15	〔註122〕

〔註118〕李純一，先秦音樂史（修訂版）〔M〕，北京：人民音樂出版社，2005：177。
〔註119〕湖北省博物館，曾侯乙墓〔M〕，北京：文物出版社，1989。
〔註120〕湖北省博物館等，湖北隨州擂鼓墩二號墓發掘簡報〔J〕，文物，1985（1）。
〔註121〕固始侯古堆一號墓發掘組，河南固始侯古堆一號墓發掘簡報〔J〕，文物，1981（1）。
〔註122〕河北省文化局文物工作隊，河北易縣燕下都第十六號發掘簡報〔J〕，考古學報，1965（2）。

5	金勝村 M251	戰國早期・晉	7	19			13	〔註 123〕
6	分水嶺 M14	戰國早期・韓	7		2	8	22	〔註 124〕
7	後川 M2040	戰國早期・魏	7	9	20		10	〔註 125〕
8	山彪鎮 M1	戰國早期・魏	7	14			10	〔註 126〕
9	潞河 M7	戰國早期・韓	5	4	16	8	10	〔註 127〕
10	分水嶺 M25	戰國早期・韓	5	4	5	9	10	〔註 128〕
11	臧家莊 M1	戰國早期・齊	5	7		9	13	〔註 129〕

說明：帶「*」者表示明器。

　　《周禮》對天子、諸侯等不同等級所用的禮器和樂懸有嚴格規定，規定天子可以用九鼎八簋，諸侯只能用七鼎六簋。而在曾侯乙墓中陳放了九鼎八簋的青銅禮器，表明墓主人曾侯乙生前已僭越周禮規範，但鍾磬樂隊的「軒懸」設置仍反映了曾侯乙作為諸侯國君的等級地位。「此墓的規模之大和隨葬品中有顯示身份等級的九鼎八簋之類的銅禮器以及編制龐大的鍾磬樂懸，與當時禮崩樂壞情況下列國諸侯僭用天子之禮的葬儀，情況也相符合。」〔註 130〕

　　據前輩學者對曾侯乙墓音樂方面的研究成果，認為其採用了俗樂及新音階，但這似乎並不足以說明其音樂文化性質的歸屬。曾侯乙墓所用音階很有可能是補充了古音階，並將處於醞釀階段的新音階排列其中。因此，我們要據當時墓葬禮儀制度的相關研究成果，具體分析與解讀曾侯乙墓出土樂器所示的音樂文化性質。

　　《周禮・春官・小胥》：「正樂縣之位：王宮縣，諸侯軒縣，卿大夫判縣，士特縣。」鄭注：「宮縣，四面縣。軒縣，去其一面。判縣，又去其一面。特縣，又去其一面。四面，象宮室四面有牆，故謂之宮縣。軒縣三面，其形

〔註 123〕山西省考古研究所等，太原金勝村 251 號春秋大墓及車馬坑發掘簡報〔J〕，文物，1989（9）。
〔註 124〕山西省文管會，山西長治分水嶺古墓的清理〔J〕，考古學報，1957（1）。
〔註 125〕黃河水庫考古工作隊，1957 年河南陝縣發掘簡報〔J〕，考古通訊，1958（11）。
〔註 126〕郭寶鈞，山彪鎮與琉璃閣〔M〕，北京：科學出版社，1959：6～13。
〔註 127〕山西省考古研究所等，山西省潞城縣潞河戰國墓〔J〕，文物，1986（6）。
〔註 128〕山西省文管會等，山西長治分水嶺戰國墓第二次發掘〔J〕，考古，1964（3）。
〔註 129〕山東諸城縣博物館，山東諸城臧家莊與葛布口村戰國墓〔J〕，文物，1987（12）。
〔註 130〕王子初，中國音樂文物大系・湖北卷〔M〕，//河南：大象出版社，1996。

曲，故《春秋傳》曰『請曲縣、繁纓以朝』，諸侯禮也。故曰：『惟器與名，不可以假人。』」曾侯乙墓中室陳放的編鍾靠南壁和西壁置鍾架，編磬則靠北面立架置放，似爲「軒縣」。《周禮・春官・小胥》鄭注「軒縣去南面，辟王也。」又《左傳・成公二年》「請曲縣」，杜注云：「諸侯軒縣，缺南方。」曾侯乙墓雖展示出似爲「軒縣，去其一面」的諸侯之制，但其所去者卻爲東面，與文獻中記載不符。

中室放置有編鍾和編磬等金石樂器。據文獻記載可見，樂器在某一特定時期具有一定音樂文化屬性。如在西周時期，將鍾磬施於宮廷，是演奏雅正之樂的主要樂器。中室放置的編鍾和鎛鍾從其用途來劃分，應爲廟堂中所用；而鈕鍾則具有一種較爲享受型用樂的特點。《禮記・樂記》：「然後聖人作爲鞉、鼓、椌、楬、壎、篪，此六者，德音之音也。然後鍾、磬、竽、瑟以和之，干、戚、旄、狄以舞之。此所以祭先王之廟也，所以獻酬酳酢也。」孔疏「用於宗廟中接納賓客也。」亦其樂「所以官序貴賤各得其宜也，所以示後世有尊卑長幼之序也」〔註131〕。編鍾、編磬等樂器置於中室，爲祭祀或接納賓客所用。曾侯乙墓的中室既作爲宮室，也作爲宗廟。《春秋左傳要義》載：「宮即廟也，象其尊貌則謂之爲廟；宮其牆物，則稱之爲宮。」在宗廟中置放禮樂重器是極其合乎情理之事。

我們不能因中室未見柷、敔等德音之器，便認爲中室樂器演奏的音樂爲俗樂，這是不夠科學的判斷，缺乏足夠的證據。據目前所見，我們僅能見到樂器而已，至於這些樂器當時究竟演奏何種音樂，是雅樂還是俗樂，還是二者兼施，我們已無從考究。但我們從曾侯乙墓對禮樂器的陳設與使用中，可看出其所具有強烈的追求禮樂制度的傾向，雅樂爲一定的時空、地點和場合中禮制用樂的框架。通過上文論述，筆者對曾侯乙墓用樂規模及其性質暫且作以推測：曾侯乙墓用樂疑爲具有雅樂之規格。希望在日後更多的考古發現材料中不斷地完善此推論。

三、曾侯乙墓東室出土樂器所示音樂文化性質

曾侯乙墓東室出土了女性陪葬棺8具及諸多樂器，彷彿爲我們展現出女樂高奏的景象，可見墓主人曾侯乙對音樂是較爲熱愛和重視的。在以往的研究中學者們據《儀禮・士冠禮》中載「陳服於房中西墉下」，胡培翬引《鄉

〔註131〕禮記・樂記〔M〕，//陳戍國，禮記校注，長沙：嶽麓書社，2004：286。

黨圖考》「大夫、士陳器服，及婦人行禮，常在東房」，又《少牢‧饋食禮》「主婦薦自東房」等文獻，認爲曾侯乙墓東室是「寢宮樂隊」形制。從上述文獻可看出，東室常爲房中之所，但東室中殉葬的女性很有可能是墓主人的貼身侍妾或奴僕，並不一定是女樂。墓主人曾侯乙在隨葬時將這些音樂相關器物放置在距離自己最近的地方，反映出音樂在他生活中的重要地位，或許他本人也可以演奏樂器。我們可以通過墓葬中埋葬的器物等窺探出後人對已故之人的尊重，對曾侯乙的地位的維護，彰顯出鮮明的等級制度。

　　《周禮》是自戰國直至漢代成書的著作，經後人不斷整理，舊的禮制被廢除，重新建立了符合社會變革的新的禮制。此時，新的禮制還存在，曾侯乙墓葬中出土的祭祀所用之器物的規範都表現出禮制等級。

　　曾侯乙墓出土文物多達七千餘件，墓中大量的青銅禮樂器在同時期墓葬中是前所未見的，在同時期同等級的諸侯墓葬中也較爲罕見。從墓中出土的禮樂器形制、規模及製作工藝、製造材料等方面均可看出，當時曾國的經濟、文化等方面較爲發達。通過曾侯乙編鐘銘文上對春秋戰國之際楚、晉、周、齊、申等國與曾國的律名、階名及音名之間的對照記載，說明曾國與其他國家間的交往較爲頻繁，並長期與大國交往，統治者在相互往來中很講究禮樂制度。曾侯乙去世時，楚惠王專門製作曾侯乙宗彝送到曾國的國都祭奠他，在他下葬時，上至楚王，下至楚國的封君、大臣等都分別賻贈車馬等物，連宋國掌政要的大臣司城也來賻贈，可見當時曾國的勢力還是較爲雄厚的，墓主人曾侯乙處於令人尊重的地位。

　　春秋戰國時期的「禮壞樂崩」使西周時期制定的禮樂等級制度受到一定影響。湖北隨縣擂鼓墩曾侯乙墓出土禮樂器中所見「九鼎八簋」的禮制及「軒懸」的樂懸制度，被多數學者認爲是一種「僭越禮制」的表現。「文化以不同的方式進行傳播，但所有訊息的形式都要求有一個共同的代碼，知道並使用這個代碼的傳播者、一個渠道、一個背景、一個信息形式、一個主題和由訊息傳遞創造的事件。」〔註132〕《周禮》只記載了「王宮懸、諸侯軒懸、卿大夫判懸、士特懸」，並未對具體的設置和使用金石樂器數量作以說明。而對於「王宮懸」的理解至目前爲止僅限爲「四廂」而已。項陽《對先秦「金石之樂」興衰的現代解讀》認爲，曾侯乙墓所用的樂器規模與等級不超過制

〔註132〕〔美〕斯蒂文‧小約翰，傳播理論〔M〕，陳德民、葉曉輝譯，北京：中國社會科學出版社，1999。

度，是在制度內的擴充。但編鍾、編磬等樂器在數量上已擴充，實際上也是對原有制度的超越。曾侯乙墓體現出所謂的「僭越」周禮，有一定禮壞樂崩的因素。但按照《周禮》的規定，春秋戰國時大多數的墓葬都已經超出《周禮》標準了。春秋戰國時期文化下移，或許曾侯乙墓中「九鼎八簋」的設置以及金石樂器內部的奢華規模，在戰國時期早已無「僭越周禮」之嫌。

　　從上文的論述中可以看出，貴族階層內部之間一直保持著差距，尚存相對穩固的禮制，所以後人稱春秋時期「禮壞樂崩」似為一種誤讀。曾侯乙墓所處的時代恰好是戰國早期，春秋戰國之交的時期，似應繼續沿用春秋時期用鼎制度，當時像曾侯乙一樣的諸侯國君用九鼎之制已司空見慣，不為稱奇。

　　我們在研究禮樂制度時，不能用前一時代禮制來衡量後一時代禮制。春秋戰國時期，不同階層的人的身份已較西周發生了很大的變化。西周末期，周天子式微，僅留存了天子之地位，各諸侯國逐步獨立，諸侯中的霸主實已超越天子的地位。而諸侯國中的卿大夫地位已不在諸侯之下，隨著地位變化而產生對更高一級禮制的靠攏與追求，即後世所謂之「僭越」。而這種「僭越」並非對禮制全盤破壞，而是與時而變。春秋時期的禮制雖處於變化過程，但在人們心中尚存有較為標準、統一之禮，當時人對禮還是頗為重視的。《左傳》、《國語》等文獻中所載，人們對非禮之事能夠及時加以指出，並貶斥。而至戰國時期，禮似已無統一的標準，禮逐漸地失去了其代表等級制度的實質。

　　任何時代的統治階級都極為講「禮」，禮是維護統治地位及等級制度的重要手段之一。「經濟狀況是基礎，但是對歷史鬥爭的進程發生影響並且在許多情況下主要是決定著這一鬥爭的形式的，還有上層建築的各種因素。」〔註 133〕古代貴族較為重視音樂的作用，在宮廷貴族諸活動及對外討伐中多要依據音樂的節奏和音律來施行。《荀子‧樂論》：「故樂者，出所以征誅也，入所以揖讓也。征誅揖讓，其義一也。出所以征誅，則莫不聽從；入所以揖讓，則莫不從服。」在極為講「禮」的時代，即使曾國國君多麼喜歡俗樂，但在死後為了彰顯其身份與地位，似乎不會選擇用俗樂陪葬，畢竟曾侯乙懂「禮」並對「禮」熱烈追求，否則他亦不會置九鼎八簋的青銅禮重器隨葬。

　　每個時代有每個時代不同的禮制，就像我們在曾侯乙墓中所見其使用九鼎八簋，不能完全地判斷出在當時「禮壞樂崩」的情況下，諸侯僭越天子之

〔註 133〕馬克思恩格斯選集〔M〕，北京：人民出版社，1972：477。

禮。從另一個角度亦可看出曾侯乙不論怎麼僭越，都不能超越當時（戰國早期）的禮制規範。從目前已出土的墓葬中設置鼎簋等禮器推測：至戰國初期，應已出現新的禮制，而曾侯乙墓作爲戰國早期墓葬的典型代表，墓中天子之制的禮器似乎已成爲當時貴族間達成共識的禮制。因時代變遷，禮樂制度在傳承過程中不斷嬗變，也許曾侯乙所使用的禮樂制度在當時已經是常見的現象了。

第三章　大一統時期的雅樂重構

　　秦始皇嬴政於公元前 221 年統一中國，結束了春秋戰國諸侯割據、群雄逐鹿的局面，建立了中國第一個專制的中央集權帝國。秦代爲了鞏固和發展政權，在政治、經濟、文化等方面都產生較大的變革，對社會發展起著一定的推動作用。秦王朝施行的許多政治措施都建立在殘酷剝削農民的基礎之上，這不僅受到六國權貴的尖銳反對，也激起廣大百姓的反抗和不滿，階級矛盾不斷加深。至秦二世，其殘暴統治引起農民強烈反抗，由此爆發陳涉、吳廣領導的農民起義，推翻了秦王朝統治。後繼之而來的楚漢相爭（公元前 207 年～前 202 年），以劉邦戰勝項羽告終，秦末戰亂造成的分裂形勢得到控制與收復，漢王朝的建立使國家得到全面統一。

　　秦漢大一統國家建立以來，形成了文化大一統發展的態勢，還包括思想學術上的高度統一，對其後中國傳統文化的發展影響深遠。

第一節　秦代雅樂

　　秦始皇對祭祀、巡守、郊廟等場合使用的雅樂頗爲重視。據《史記・秦始皇本紀》載，秦始皇曾命博士創作《仙眞人詩》，並在他巡行天下時令樂人歌弦之。秦始皇延續周天子「旅泰山」之舉，「上泰山，立石，封，祠祀」，在返回之時，路經彭城，「齋戒禱祠，欲出周鼎泗水。」〔註1〕

　　據《宋書・樂志》載，秦「闕采詩之官，哥（歌）詠多因前代」，秦代的宮廷音樂大體多承襲周制。如將周《房中樂》更名爲《壽人》，將周《大

〔註 1〕〔漢〕司馬遷，史記・秦始皇本紀〔M〕，北京：中華書局，1982：259。

《武》更名爲《五行》。《漢書‧禮樂志》:「《五行舞》者,本周舞也,秦始皇二十六年更名曰《五行》。」〔註2〕因秦王朝執政時間較短,並未產生新的雅樂歌詩。

　　秦始皇每滅一國,便在咸陽城建立宮室,據《史記‧秦始皇本紀》載,秦始皇將所得(六國)諸侯美人鐘鼓,補充進來。當時歌舞享樂的程度極爲奢靡,「秦始皇既兼天下,大侈靡。……關中離宮三百所,關外四百所,皆有鍾磬帷帳,婦女倡優。」〔註3〕並且「婦女連百,倡優累千」〔註4〕,甚至「婦女倡優鉅萬人」〔註5〕、「後宮列女萬餘人,氣沖於天」〔註6〕,足見婦女倡優人數之多。又《三秦記》中載有秦始皇在驪山陵所作的《甘泉歌》:「運石甘泉口,渭水不敢流。千人唱,萬人謳」,可見秦代樂工人數之多。秦代不論宮廷還是塞外,到處彌漫著鐘鼓之樂,展現出秦王朝音樂生活的繁榮景象。

一、秦代雅樂的新發展

　　秦始皇和秦二世均喜好民間俗樂,在統一六國過程中,陸續將各國盛行的「鄭衛之音」、「桑間濮上之音」等新興民間俗樂收集到咸陽宮。據《史記‧李斯列傳》引《諫逐客書》中說:「夫擊甕叩缶彈箏搏髀,而歌呼嗚嗚快耳者,眞秦之聲也;鄭、衛、桑間、昭、虞、武、象者,異國之樂也。今棄擊甕叩缶而就鄭衛,退彈箏而取昭虞,若是者何也?快意當前,適觀而已矣。」〔註7〕秦王嬴政爲追求欣賞上的快感和可觀性,將「異國之樂」(即俗樂《鄭》、《衛》、《桑間》和雅樂《昭》、《虞》、《武》、《象》)帶入秦宮廷,並將《鄭》、《衛》等俗樂置於雅樂之前,可見對俗樂的喜好。秦代自建國至滅亡僅十五年,縱使秦始皇及秦二世有多麼喜好俗樂,但因其統治時間較短,難以通過政治因素使俗樂得到更爲迅猛的發展。

二、秦代統治者對俗樂所持的態度

　　角抵源於戰國,名稱始於秦,可能和軍事武力相關,但在秦代卻將其演變爲一種可供欣賞娛樂的雜技。《漢書‧刑法志》:「春秋之後,並爲戰國,

〔註2〕〔漢〕班固,漢書禮樂志〔M〕,北京,中華書局,1999:893。
〔註3〕〔漢〕劉向,說苑‧反質篇〔M〕,長春:吉林大學出版社,1992:462。
〔註4〕〔漢〕劉向,說苑‧至公篇〔M〕,長春:吉林大學出版社,1992。
〔註5〕〔漢〕班固,漢書禮樂志〔M〕,北京,中華書局,1999:893。
〔註6〕《史記‧秦始皇本紀》張守節《正義》引《三輔舊事》。
〔註7〕〔漢〕司馬遷,史記‧李斯列傳〔M〕,北京:中華書局,1982:2543～2544。

稍增講武之禮，以爲戲樂，用相誇視。而秦更名角抵，先王之禮沒於淫樂中矣。」〔註 8〕南朝梁任昉在《述異記》「角抵」條云：「秦、漢間說，蚩尤氏耳鬢如劍戟，頭有角；與軒轅鬥，以角抵人，人不能向。今冀州有樂，名蚩尤戲，其民兩兩三三，頭戴牛角而相抵，漢造角抵戲，蓋其遺制也。」〔註 9〕秦始皇對角抵這一令「先王之禮沒於淫樂」的雜技極爲反感，欲重興「講武之禮」，免去角抵。「秦始皇既併天下，分爲三十六郡，郡置材官，聚天下兵器於咸陽，鑄爲鍾鐻，講武之禮，罷爲角抵。」〔註 10〕但秦二世對角抵的態度卻恰恰相反，當李斯得知趙高欲加害其父子時，驚恐萬分，遂到宮廷欲拜謁秦二世，卻知「二世在甘泉，方作觳抵俳優之觀」〔註 11〕，李斯最終未能見到他。

據《漢書》載，秦代有「秦倡象人」，孟康注爲「若今戲蝦魚獅子者也」，韋昭注爲「著假面者也」。《史記·樂書》載秦二世尤爲喜歡「鄭衛之音」，丞相李斯向秦二世進諫說：「丟開《詩》、《書》，極意追求聲色之樂，是祖伊所害怕的事情，不在乎細小的過錯，夜夜放縱於靡靡之樂，這正是殷紂亡國的原因之所在啊！」但趙高卻認爲「五帝三王所用的音樂名稱皆不相同，以示不相沿襲。上自朝廷，下至普通百姓，都能夠使用其樂，獲得歡樂」。

據《漢書·百官公卿表》載，秦代設有掌管樂舞的機構「太樂」和「樂府」，分別隸屬於「太常」和「少府」兩個職能部門掌管。「太樂」主要掌管宗廟禮儀中的祭祀樂舞，當屬雅樂；「樂府」掌管供皇帝及其親貴享受的俗樂舞演唱教習。〔註 12〕秦代爲了鞏固中央集權，也考量了西周時期的采風制度，建立「樂府」，文獻中關於秦之樂府的記載不多，僅載有部分童謠。

1976 年，陝西臨潼秦始皇陵建築遺址內，出土一枚秦代錯金銀鈕鍾。此鍾紋飾華麗精緻，連體腔內壁也有摹印卷龍紋，在先秦以來出土鍾中十分罕見。鈕鍾的一側鑴刻小篆銘文「樂府」二字，表明此鍾屬秦王室之物，原應置於樂府。秦始皇死後則移置陵園寢殿，以備奏樂助祭之用。〔註 13〕

〔註 8〕〔漢〕班固，漢書·刑法志〔M〕，北京：中華書局，1999：921。
〔註 9〕〔南朝梁〕任昉，述異記〔M〕，長春：吉林大學出版社，1992。
〔註 10〕〔元〕馬端臨，文獻通考〔M〕，北京：中華書局，1986：1307。
〔註 11〕〔漢〕司馬遷，史記·李斯列傳〔M〕，北京：中華書局，1982：2559。
〔註 12〕劉興珍、李永林主編，中華藝術通史·秦漢卷〔M〕，北京：北京師範大學出版社，2006：25。
〔註 13〕袁仲一，秦代金文、陶文雜考三則〔J〕，考古與文物，1982（4）。

第二節　漢代雅樂

漢初統治者深知農民起義的巨大威力，不得不在經濟上採取一定的措施，減輕一定程度的賦稅和剝削，使人民暫時獲得安寧。正是這段時期內作出的調整，使漢代經濟不斷得到恢復發展。西漢初期之後，經濟逐漸繁榮發展起來，國力日臻強盛，促進了城市發展，「自京師東西南北，歷山川，經郡國，諸殷富大都，無非街衢五通，商賈之所臻，萬物之所殖者」。〔註14〕至漢武帝時（公元前 140 年～前 87 年在位），達到西漢的鼎盛時期。

朝代更替，新國家興起之時，必須要制定本朝雅樂，以彰顯其威儀天下之尊。特別是開國之初，不能歌頌前朝功德，必須重新制定本朝雅樂。但依文獻對漢初雅樂制定情況的記載，可看出其更多是將前朝舊樂更換新名稱或重新填入歌詞而施於本朝雅樂，但也不乏一些新創作的雅樂。

一、西漢雅樂

（一）西漢初期的宮廷雅樂

漢代較為重視禮樂的教化作用，漢高祖劉邦曾問陸賈「治國之道」，陸賈認為要吸取秦朝僅十五年就滅亡的教訓，提出以儒學治國平天下的主張。高祖在聽了陸賈的一番分析之後，認為很有道理。因此，漢王朝從漢初開始即以注重禮樂教化為己任，致力於禮樂重建工作。

1. 漢初郊祀宗廟樂

由於秦火及戰亂等緣故，致使周以來的禮樂文化至漢代無法完備延續。漢雖繼承周之偉業，但卻無法繼續傳承周代樹為經典的禮樂文化傳統。漢代諸多大儒都曾撰文對此倍感扼腕。雖然漢代無完備的禮樂體系，且日益呈現出衰落狀態，但事實上漢代部分儀式中尚留存一些雅樂因素，如郊廟樂。漢代之後的歷代禮樂基本繼承了漢代重新建構的禮樂制度。

漢代在制定郊祀宗廟之樂時，因襲秦制，但雅樂又是以西周雅樂為基礎的。據前文所述，自《周禮·春官·大司樂》始，即已對郊祀儀式所用雅樂作有明確規定，《漢書·禮樂志》載有《郊祀歌十九章》，對漢初郊廟用樂歌辭作以記述。郊即郊祀，指在郊外設各種祭壇來祭祀天地山川的神祇，是古代除泰山封禪外最高級別的祭祀儀式。廟即宗廟，指祭祀祖先之所，在宗廟

〔註14〕〔漢〕桓寬，鹽鐵論·力耕篇〔M〕，諸子集成本，上海書店影印。

舉行祭祀祖先的儀式以慎終追遠，亦爲最重要的祭祀儀式。《東觀漢記》所載「漢樂四品」中的第二品即爲「周頌雅樂，典辟雍、饗射、六宗、社稷之樂」〔註15〕。

　　據《漢書・韋賢傳》載，漢高祖時，令諸侯王都立太上皇廟。「至惠帝尊高帝廟爲太祖廟，景帝尊孝文廟爲太宗廟，行所嘗幸郡國各立太祖、太宗廟。至宣帝本始二年，復尊孝武廟爲世宗廟，行所巡狩亦立焉。凡祖宗廟在郡國六十八，合百六十七所」；〔註16〕又「京師自高祖下至宣帝，與太上皇、悼皇考各自居陵旁立廟，並爲百七十六」；〔註17〕另「昭靈后、武哀王、昭哀后、孝文太后、孝昭太后、衛思后、戾太子、戾后各有寢園，與諸帝合，凡三十所」。〔註18〕京師及各郡國的諸位帝、后廟總計三百七十三所，而一年祭祀所用的祝宰樂人爲「萬二千一百四十七人。」可見其規模之大，所用樂人之多。

圖表 14　高祖廟所用樂舞情況

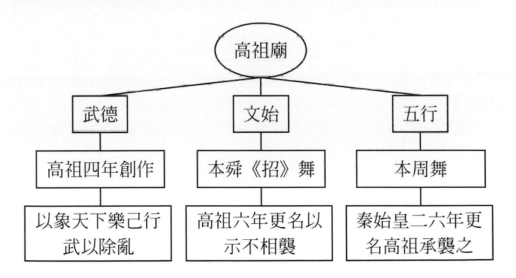

〔註15〕　〔東漢〕劉珍等撰，吳樹平校注，東觀漢記校注〔M〕，河南：中州古籍出版社，1987：159。
〔註16〕　〔漢〕班固，漢書・韋賢傳〔M〕，北京：中華書局，1999：2331。
〔註17〕　〔漢〕班固，漢書・韋賢傳〔M〕，北京：中華書局，1999：2331。
〔註18〕　〔漢〕班固，漢書・韋賢傳〔M〕，北京：中華書局，1999：2331。

圖表 15　孝文廟所用樂舞情況

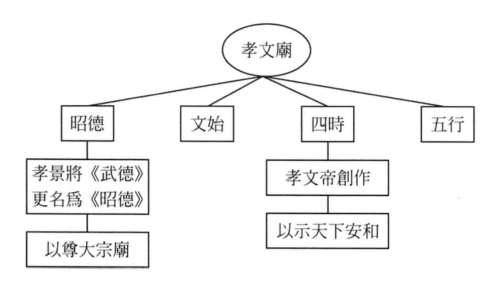

圖表 16　孝武廟所用樂舞情況

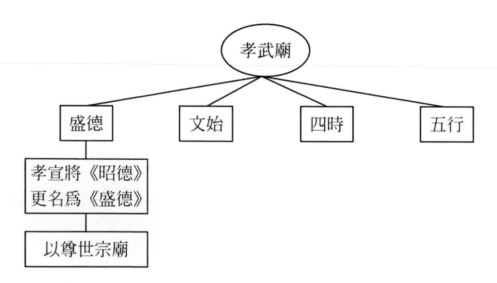

2. 樂家制氏傳授雅樂

　　漢初根據秦代官制，設立奉常太樂官署掌管宗廟禮儀，由「世世在大樂官」的制氏傳授漢前幾代雅樂內容。《漢書‧禮樂志》:「漢興，樂家有制氏，以雅樂聲律世世在大樂官，但能紀其鏗鎗鼓舞，而不能言其義。」〔註 19〕此

〔註 19〕　〔漢〕班固，漢書‧禮樂志〔M〕，北京：中華書局，1999：1043。

處「制氏」當指世業在大樂官的「制氏家族」，服虔注：「魯人也，善樂事也。」漢代興起之時，善於樂事的魯人制氏家族輾轉入漢，因其家族世代在大樂官制定雅樂聲律，故命其傳授雅樂。由於戰亂，制氏家族流離失所，更因年代久遠，即便是其曾與其雅樂聲律朝夕相伴，但入漢後僅能記錄下金石之聲和鼓舞之勢，而不能說出樂曲所要表達的樂義。

3. 儒生叔孫通制定漢初禮儀所用之樂

漢高祖又命儒生叔孫通制定漢初禮儀，「定宗廟儀法」和「正君臣之位」。叔孫通依靠與借助秦代樂人的力量共同製作宗廟樂，後又找來魯儒生三十餘人共同合作制定典禮所用的雅樂。《漢書·禮樂志》中對叔孫通制定的雅樂有具體記述，詳下表：

圖表 17　漢初制定的雅樂內容之一

使用場合	所奏之樂	和古樂對比及用意
大祝迎神於廟門	《嘉至》	猶古降神之樂
皇帝入廟門，以為行步之節	《永至》	猶古《采薺》、《肆夏》
乾豆上	《登歌》（堂上） 注：堂上獨自登歌，不用管絃以免攪亂人聲，讓在座的諸位都能夠聽到。	猶古《清廟》之歌
《登歌》再終	《休成》（堂下）	美神明既饗
皇帝就酒東廂	《永安》	美禮已成

4. 漢初雅樂之「房中樂」

周代有《房中樂》，到秦代更名為《壽人》。高祖時創作了《房中祠樂》，由高祖唐山夫人所作。因高祖係楚沛縣人（即今江蘇省沛縣），所以尤為喜歡家鄉音樂——楚聲，故房中樂為楚聲。劉邦很注重對傳統祭禮的保護，曾下詔說：「吾甚重祠而敬祭。今上帝之祭及山川諸神當祠者，各以其時禮祠之如故」。[註20] 漢高祖命唐山夫人為「祀神之樂」和「祀祖廟樂章」創作的《房中祠樂》，所用音樂元素顯然為「楚聲」，以楚聲入雅樂也。《漢書·禮樂志》中亦對《房中樂》的創作目的作以說明，「凡樂，樂其所生，禮不忘本。」[註21]

〔註20〕〔漢〕班固，漢書·禮樂志〔M〕，北京：中華書局，1999：1008。
〔註21〕〔漢〕班固，漢書·禮樂志〔M〕，北京：中華書局，1999：1043。

　　高祖唐山夫人所作《安世房中歌》共十七章，其中的《海內有姦》、《大孝備矣》、《七始華始》三章皆述及當時音樂情況。《海內有姦》內容為討伐匈奴的樂舞，其詩中云：「行樂交逆，《簫》、《勺》群戾。」晉灼曰：「《簫》，舜樂也。《勺》，周樂也，言以樂征伐也。」顏師古注云：「言制定新樂，教化流行，則逆亂之徒，盡交歡也」。〔註22〕王先謙與李光地都認為「《簫》、《勺》為一物，即《銷鑠》」。《大孝備矣》中寫到「高張四縣，樂充宮廷……金支秀華，庶旄翠旌。」〔註23〕又《七始華始》也寫到「七始華始，肅倡和聲……鬻鬻音送，細齊人情。」〔註24〕「四懸」為帝王所用樂器之制，四面陳設。以上二章，均生動描寫了漢初宮廷樂舞的場面。

　　孝惠帝二年（公元前193年）命樂府令夏侯寬備其簫管，將《房中祠樂》更名為《安世樂》。因此，《漢書·禮樂志》將唐山夫人所作的歌詞稱為《安世房中歌》，其樂應屬廣義雅樂範疇，但其所用音樂元素實為民間音樂「楚聲」。

　　歷來學者對房中樂研究較少，較早為「房中樂」作出較明確概念者為鄭樵，他在《通志》中說：「房中樂者，婦人禱祠於房中也，故宮中用之。」〔註25〕鄭樵的釋語涉及到房中樂的執行者——「婦人」、房中樂主人的主要活動形式——「禱祠」、房中樂活動的地點——「房中」。蕭滌非在《漢魏六朝樂府文學史》對「房中樂」概念加以分析說明：「何謂房中樂……《通典》云：『周有房中樂，歌后妃之德。秦始皇二十六年改曰《壽人》。』此房中一名所本也。然前人於此乃多誤解。鄭樵云：『房中樂者，婦人禱祠於房中也。《通志》卷四十九是以房為閨房，故禱祠而曰婦人禱祠。按今歌有『乃立祖廟，敬明尊親』。是明為天子祭廟之樂，非婦人禱祠之事鄭說之非可見。陳本禮云：『詩名房中，當是宮中之廟，非夾祭大享之太廟也。』《漢詩統箋》是又以房中為宮中。按《史記高祖本紀》：『十二年四月，高祖崩。己巳立太子，至太上皇廟。』《正義》引《三輔皇圖》云：『太上皇廟在長安城香室南馮翊府北。』則祖廟不在宮中甚明。如以廟在宮中，因名房中樂，則當時何不直名曰『宮中樂』或『宮中祠樂，而必濫用此房中之名徒滋淆惑乎？且孝惠時更名安世豈當孝惠初即位之二年，祖廟遂已由宮中遷

〔註22〕〔漢〕班固，漢書·禮樂志〔M〕，北京：中華書局，1999：1048。
〔註23〕〔漢〕班固，漢書·禮樂志〔M〕，北京：中華書局，1999：1046。
〔註24〕〔漢〕班固，漢書·禮樂志〔M〕，北京：中華書局，1999：1046。
〔註25〕〔宋〕鄭樵，通志·樂一〔M〕，杭州：浙江古籍出版社，2000年影萬有文庫本：第一冊。

於宮外因不用房中之名乎？則陳氏之說，亦屬望文生義矣。」〔註 26〕由上可知，蕭先生是據《通典》的注解對房中樂的功用（歌后妃之德）進行理解的，所以他認爲鄭樵錯在婦人禱祠於閨房。孫詒讓認爲：「蓋鄉人用之謂之鄉樂，后夫人用之謂之房中之樂，王之燕居用之謂之燕樂，名異而實同。」〔註 27〕

孫詒讓《周禮正義》卷四十六《春官・磬師》云：「房中樂，其奏之或於路寢房中，故《詩王風》云：『君子陽陽，左執簧，右招我由房。』毛傳云：『國君有房中之樂。』……孔疏引《鄭志》答張逸云，『路寢房中可用男子』是也。」〔註 28〕房中樂，旨在歌頌后妃之德，從音樂性質上應屬於廣義雅樂的範疇之內。

5. 漢初雅樂的新發展——楚聲施於宮廷

歷代統治者制定雅樂時，爲彰顯統治階級至高無上的等級，多將其家鄉音樂納入雅樂體系。漢高祖劉邦爲楚人，在楚國生長，非常喜歡故鄉楚地歌舞。他執掌國家政權之後，更積極提倡在宮廷中表演楚歌、楚舞，故西漢初期的宮廷音樂多用楚聲。

據《史記・高祖本紀》和《漢書・禮樂志》載，公元前 195 年 10 月，高祖劉邦討伐英布班師歸來途中，路過故鄉沛縣停留下來。他與家鄉父老在沛宮飲酒歡樂，召來沛縣青少年 120 名，教他們唱歌。酒至正酣，高祖興起擊築，即席創作了「風起之詩」，其歌詞爲：「大風起兮雲飛揚，威加海內兮歸故鄉，安得猛士兮守四方！」然後令 120 名青少年學習演唱這首歌曲。伴隨著眾青少年的演唱，高祖起身而舞，情緒激動，不禁淚流湧出。《西京雜記》又載：「戚夫人侍兒賈佩蘭……見戚夫人侍高帝常以趙王如意爲言。而高祖思之，幾半日不言，歎息悽愴而未知其術。輒使夫人擊築，高祖歌大風詩以和之。」〔註 29〕高祖去世後，孝惠帝想起高祖對沛縣的深厚感情，故「以沛宮爲高祖原廟」，並令高祖曾教與演唱《大風歌》的 120 名青少年都唱此楚歌，以後若有缺額，隨時補足。

〔註 26〕蕭滌非，漢魏六朝樂府文學史〔M〕，北京：人民文學出版社，1984：34。
〔註 27〕周禮・春官・磬師〔M〕，//〔清〕孫詒讓，十三經注疏本周禮正義，北京：中華書局，1987：1883。
〔註 28〕周禮・春官・磬師〔M〕，//〔清〕孫詒讓，十三經注疏本周禮正義，北京：中華書局，1987：1884。
〔註 29〕〔晉〕葛洪，西京雜記〔M〕，北京：中華書局，1985：18。

　　高祖採用家鄉音樂「楚聲」即興創作的《大風歌》，後被納入雅樂，成爲祭祀高祖的廟樂。可見孝惠帝對《大風歌》極爲重視，但至文帝、景帝時，僅由奉常下屬太樂處保存並偶而練習，並不常御於宮廷雅樂演奏，可見《大風歌》入雅樂後的興衰過程。又高祖欲謀立趙王如意爲太子，但未成功，乃召戚夫人，「戚夫人泣涕，上曰：『爲我楚舞，吾爲若楚歌』」，〔註30〕以楚聲唱道：「鴻鵠高飛，一舉千里。羽翮已就，橫絕四海。橫絕四海，當時奈何！雖有矰繳，尚安所思！」〔註31〕戚夫人跳起楚舞，「噓唏流涕」。統治者將楚聲、楚歌、楚舞納入雅樂，實屬漢代雅樂體系建構中新的突破，豐富與充實了漢代雅樂內容。

　　《西京雜記》載：「高帝戚夫人，善鼓瑟擊築。帝常擁夫人倚瑟而絃歌，畢，每涕下流漣。夫人善爲翹袖折腰之舞，歌《出塞》、《入塞》、《望歸》之曲，侍婢數百皆習之。後宮齊首高唱，聲徹雲霄」。〔註32〕又卷三「又說在宮內時，嘗以絃管歌舞相歡娛，競爲妖服，以避良時。十月十五日，共入靈女廟，以豚黍樂神，吹笛擊築，歌《上陵》之曲。既而相與連臂踏地爲節，歌《赤鳳凰來》。至七月七日，臨百子池，作于闐樂」。〔註33〕可見漢高祖時宮廷音樂的繁盛。

　　馬克思和恩格斯曾經說過：「在每個階級社會中，統治階級之思想便是統治者的思想，即是這個階級是社會之統治的物質的勢力者，同時是社會之統治的精神的勢力。」〔註34〕上層建築作爲建立在一定經濟基礎之上的社會意識形態以及相應的政治法律制度、組織和設施的總和，既包括政治方面的上層建築，也包括思想上的上層建築。思想上層建築是指適應經濟基礎的社會意識形態，包括政治思想、藝術、哲學、宗教等。音樂作爲思想上的上層建築，是統治者傳播統治思想的重要載體和媒介，統治者可以通過音樂將統治思想貫徹到人民群眾中間。

　　綜觀古代音樂史發展可知，歷代雅樂都是在「禮」的嚴格要求下，以維護統治階級意志爲主的一種音樂形式。在制定雅樂過程中，歷代統治階級多將其家鄉音樂納入雅樂內容中。如上文提及的漢高祖劉邦，在其獲取國家政權後，希望將家鄉音樂元素納入到雅樂體系，以示其家鄉音樂的雅正。由此

〔註30〕　〔漢〕班固，漢書・張良傳〔M〕，北京：中華書局，1999：1576。
〔註31〕　〔漢〕司馬遷，史記・留侯世家〔M〕，北京：中華書局，1982：2047。
〔註32〕　〔晉〕葛洪，西京雜記〔M〕，北京：中華書局，1985：2。
〔註33〕　〔晉〕葛洪，西京雜記〔M〕，北京：中華書局，1985：19。
〔註34〕　〔俄〕馬克思，恩格斯，德意志意識形態〔M〕，北京：人民出版社，1982。

即形成在宮廷雅樂體系中，統治者家鄉音樂元素（即民間音樂素材）納入到雅樂體系的現象，形成「以俗入雅」的局面。此後歷朝統治者雅樂創制中，也有繼續發展這一特點的。制定雅樂的目的主要是彰顯統治者所要達到的政治功效，雅樂並不是純粹地按照音樂本體劃分，而是據政治需要而定，體現出濃厚的政治傾向。統治者的意願及其藝術審美取向決定了雅樂制定的方向，在某種程度上，制定雅樂的政治意義有時超越了音樂形態本身所眞正具有的藝術價值。

6. 少數民族樂舞納入雅樂

漢高祖劉邦對民間音樂的喜愛並不僅限於上文所述及之內容，他還喜歡一些少數民族地區的民間音樂。據《晉書·樂志》載：「漢高祖自蜀漢將定三秦，閬中范因率賨人以從帝，爲前鋒。及定秦中，封因爲閬中侯，復賨人七姓。其俗喜舞，高祖樂其猛銳，數觀其舞，後使樂人習之。閬中有渝水，因其所居，故名曰《巴渝舞》。」〔註35〕高祖喜歡西南地區少數民族賨人激昂雄壯的歌舞，認爲此即武王伐紂之歌，令樂人學之。自秦以來稱巴人爲「賨」，故將巴人之舞稱爲《巴渝舞》。《巴渝舞》舞曲有《矛渝本歌曲》、《安弩渝本歌曲》、《安臺本歌曲》、《行辭本歌曲》四首。《漢書·禮樂志》載「巴俞鼓員三十六人」，顏師古注爲：「當高祖初爲漢王，得巴、俞人，並趫捷善鬥，與之定三秦，滅楚，因存其武樂也。巴俞之樂，因此始也。」〔註36〕

綜上所述，可以得出以下的結論：《大風歌》、《房中祠樂》屬文樂，《簫》、《勺》（《銷鑠》）、《巴渝舞》等則屬武樂。漢高祖劉邦在平定天下初期，王朝急待振興發展之時，仍較爲頻繁地舉行各種祭祀及禮儀活動，並新創作了一些雅樂作品，以備儀式之用。正因爲有分別掌管祭祀儀式及樂舞表演的「奉常」和「少府」機構存在，才使祭祀儀式等活動得以順利進行。

漢代社會上至皇帝下至普通百姓皆喜好俗樂，漢初即有楚聲、《巴渝舞》等民間俗樂進入宮廷。在歷代統治者意識形態中，雅樂均被視爲正統的、嚴肅的、高雅的、彰顯其至高無上身份的音樂，其影響遠高於俗樂。但在漢代這樣一個無論世俗生活還是娛樂文化都較爲發達的時代，雅樂更與俗樂有著無法隔斷的滲透、交流與影響。在漢代的雅樂體系中，有大量的民間俗樂因素湧入，爲漢代較爲僵化且並不常御的雅樂注入了新的活力。

〔註35〕〔唐〕房玄齡等，晉書·樂上〔M〕，北京：中華書局，1974：693。
〔註36〕〔漢〕班固，漢書·禮樂志〔M〕，北京：中華書局，1999：914。

（二）西漢中後期的宮廷雅樂

《漢書・禮樂志》載漢武帝劉徹親自祭祀甘泉圓丘時，「夜若有神光如流星止集於祠壇，天子自竹宮望拜，百官侍祠者數百人皆肅然動心焉」〔註37〕。此時，武帝親自扮演與神光相感應的「神巫」，形成令百官肅然動心的感人效果。

1. 西漢中期的郊祀樂

漢武帝極為注重郊祀用樂創作，據《樂府詩集》載，漢代郊祀歌有《練時日》、《帝臨》、《青陽》、《硃明》、《西顥》、《惟泰元》、《天地》、《日出入》、《天馬》、《天門》、《景星》、《齊房》、《后皇》、《華爗爗》、《五神》、《朝隴首》、《象載瑜》、《赤蛟》、《靈芝歌》、《天馬歌》、《天馬辭》等二十餘首。以下為《漢書・武帝紀》載武帝時期雅樂創作情況：

創作時間	樂曲名稱	創作原因
元狩元年（公元前 122 年）十月	《白麟之歌》	行幸雍，祠五畤，獲白麟
元鼎四年（公元前 113 年）六月	《寶鼎》	得寶鼎后土祠旁
元鼎四年（公元前 113 年）秋	《天馬》	馬生渥窪水中〔註38〕
元封二年（公元前 109 年）四月	《瓠子之歌》	還祠泰山，至瓠子，臨決河，命從臣將軍以下皆負薪塞河堤
元封二年（公元前 109 年）六月	《芝房之歌》	甘泉宮內中產芝，九莖連葉
元封五年（公元前 106 年）冬	《盛唐樅陽之歌》	行南巡狩，至於盛唐，望祀虞舜於九疑，舳艫千里，薄樅陽而出
太初四年（公元前 101 年）春	《西極天馬之歌》	貳師將軍李廣利斬大宛王首，獲汗血馬來
泰始三年（公元前 94 年）二月	《硃雁之歌》	令天下大酺五日，行幸東海，獲赤雁
泰始四年（公元前 93 年）四月	《交門之歌》	幸不其，祠神人於交門宮，若有鄉坐拜者

由上表可見，漢武帝時不乏為各種原因所進行的雅樂創作，漢代雅樂創作得到進一步的發展，雅樂作品得到豐富與擴充。

〔註37〕 〔漢〕班固，漢書・禮樂志〔M〕，北京：中華書局，1999：893。
〔註38〕 《漢書・禮樂志》中載：《天馬歌》為元狩三年（公元前 120 年）馬生渥窪水中作，和《武帝紀》中的記載略有差異。

2. 河間獻王劉德所集雅樂

武帝時，河間獻王劉德頗為好古，獻其所集雅樂。劉德具有雅正的才能，認為治理國家不可以沒有禮樂。大儒公孫弘和董仲舒都認為，河間獻王所集的雅樂「音中正雅」。武帝下令交予太樂官保存並時而練習，僅在歲時節令時作為備數，平時所用甚少，宮中經常使用以及郊廟祭祀時所用之樂皆非雅樂。可見，武帝並未真正重視劉德所獻雅樂，僅擺擺樣子而已。至成帝時，掌管接待賓客及贊禮職務的常山王禹，世代學習河間獻王所集雅樂，並能夠說出雅樂作品的意義。他的弟子宋曄等向朝廷上書此事，朝廷命下大夫平當考察。平當認為：「漢承秦滅道之後，賴先帝聖德，博受兼聽，修廢官，立大學，河間獻王聘求幽隱，修興雅樂以助化。」〔註 39〕但此時河間獻王所集雅樂仍被設立於太樂，僅春秋兩季鄉射時在學官表演，平時不予講習。因此，公卿大夫只能觀看此雅樂表演，聽到聲音的鏗鏘變化，但並不知其意義所在。而且，以這種方式根本無法起到教化百姓的作用，導致實行百餘年的道德教化仍未完成。平當指出：「今曄等守習孤學，大指歸於興助教化。衰微之學，興廢在人，宜領屬雅樂，以繼絕表微。」〔註 40〕他認為應該讓宋曄等人管理雅樂，有助於教化百姓。孔子說過：「人能弘道，非道弘人。」像河間獻王這樣的諸侯王都能愛好學習古之事物，並能夠存意於禮樂，贏得百姓稱讚，何況聖明的皇帝處於威顯四方之地，治理傳統文化，排斥鄭聲，親近雅樂，以宣示於四海之內，名揚後世，實在是功德無量啊！平當此番言論在公卿大夫看來，認為此事頗為渺茫且難以弄清楚，使得平當言論再次被擱置。

3. 西漢中期宮廷雅樂情況

西漢中期不乏擅長雅樂創作之人，如應邵《風俗通義》：「張仲春，武帝時人也，善雅歌，與李延年同時，每奏新歌，莫不稱善。」〔註 41〕又劉向《別錄》：「漢興以來善雅歌者魯人虞公，發聲清哀遠，動梁塵，受學者莫能及也。」張仲春和虞公等人對雅樂仍頗為知曉，對雅樂的創作頗有造詣。

漢武帝時的郊廟詩歌，未述及祖宗事迹，音樂設置又不與音律相協調，

〔註 39〕　〔漢〕班固，漢書・禮樂志〔M〕，北京：中華書局，1999：912。
〔註 40〕　〔漢〕班固，漢書・禮樂志〔M〕，北京：中華書局，1999：912。
〔註 41〕　〔漢〕應邵，王利器校注，風俗通義校注〔M〕，北京：中華書局，1981：596
　　　　　～597。

反而在宮內有「掖庭材人」（即善於歌唱和舞蹈的妃嬪及宮女），宮外有「上林樂府」（即上林苑，樂府內設其中），朝廷中到處充斥著像鄭聲一樣的俗樂。張衡《西京賦》載有皇帝到平樂館欣賞百戲及眾樂的情形，「眾變盡，心醒醉。盤樂極，悵懷萃」，可見百戲及眾樂表演變化多端，窮盡耳目之侈。儘管皇帝欣賞了如此之多的百戲眾樂表演，但最後還是要到掖庭材人那裡觀舞賞樂，「祕舞更奏，妙材聘伎，妖蠱豔夫夏姬，美聲暢於虞氏」，以達到「逞志究欲，窮身極娛」〔註42〕的境界。

司馬相如《子虛賦》云：「奏陶唐氏之舞，聽葛天氏之歌，千人唱，萬人和，山林爲之震動，川谷爲之蕩波。」〔註43〕雖然此中不乏誇張筆觸，但不難看出西漢宮廷音樂活動的壯觀場面。《漢書・外戚傳》：「宣帝立。乃改葬衛后，追諡曰思后，置園邑三百家，長丞周衛奉守焉。」顏師古注：「葬在杜門外大道東，以倡優雜伎千人樂其園，故號千人聚。」〔註44〕厚葬衛皇后時所用的樂舞規模非常壯觀，足見武帝時期宮廷音樂的宏大規模。

4. 西漢後期宮廷中俗樂的興起

西漢中期政治、經濟、文化等全面復蘇與崛起，爲西漢後期發展打下了夯實的基礎。西漢後期的漢昭帝和漢元帝在音樂方面頗有造詣，既能演奏樂器，又能獨自創作音樂作品。

晉王嘉《拾遺記》載有漢昭帝（公元前86年～前74年在位）時的雅樂情況，「始元元年……帝時命水嬉，遊宴永日……使宮人歌曰：『秋景素兮泛洪坡，揮纖手兮折芰荷，涼風淒淒揚棹歌，雲光開曙月低河，萬歲爲樂豈云多！』帝乃大悅，起商臺於池上。」據《西京雜記》載，昭帝下太液池，又創作了《黃鵠》。漢元帝劉奭（公元前48年～前33年在位）「鼓琴瑟，吹洞簫，自度曲，被歌聲，分刌節度，窮極幼眇」〔註45〕。由上可見，昭、元二帝對音樂的重視程度和極佳的音樂天賦。

正是由於國力的興盛，統治者和王孫貴族、富商大賈等對於音樂的需求不斷提升，「於是既庶且富，娛樂無疆。都人士女，殊異乎五方。遊士擬於公侯，列肆侈於姬姜」。《漢書・成帝紀》：「公卿列侯親屬近臣……奢侈逸豫，

〔註42〕 〔漢〕張衡，西京賦〔M〕，費振剛，胡雙寶，宗明華輯校，全漢賦，北京大學出版社，1993：412。
〔註43〕 〔漢〕司馬遷，史記・司馬相如列傳〔M〕，北京：中華書局，1982：3038。
〔註44〕 〔漢〕班固，漢書・外戚傳〔M〕，北京：中華書局，1999：2908。
〔註45〕 〔漢〕班固，漢書・元帝紀〔M〕，北京：中華書局，1999：209。

務廣第宅，治園池，多畜奴婢，被服綺縠，設鐘鼓，備女樂。」〔註46〕《鹽鐵論・散不足》：「富者鐘鼓五樂，歌兒數曹。中者鳴竽調瑟，鄭舞楚謳。」〔註47〕各階層人士不斷追求更高層次的音樂享受，音樂日益深入到人們生活中。

《漢書・霍光金日磾傳》載，漢昭帝駕崩後，昌邑王劉賀（公元前74年，在位僅27天）立帝，昭帝的靈柩尚在前殿，昌邑王就「發樂府樂器，引內昌邑樂人，擊鼓歌吹作俳倡。會下還，上前殿，擊鍾磬，召內泰壹宗廟樂人輦道牟首，鼓吹歌舞，悉奏眾樂」〔註48〕。此為霍光宣佈昌邑王的罪狀，足見他對音樂的沉湎。

漢代，倡樂尤為流行，其影響廣泛，深入到人民生活的各個方面。倡樂即漢代俗樂新聲的代表，是一種娛樂性極強的樂舞，與雅樂相對。《漢書・外戚傳上》：「孝武李夫人，本以倡進。」〔註49〕《漢書・佞倖傳》載有對其兄長李延年的介紹：「李延年，中山人，身及父母兄弟皆故倡也。」顏師古注云：「倡，樂人也。」〔註50〕可知，李延年、李夫人家族都是以音樂和歌舞為職業的樂人。

東漢經學家桓譚非常喜好倡樂。《後漢書・桓譚傳》：「性嗜倡樂。」又《桓子新論・政事第十一》：「楊子雲大才而不曉音。余頗離雅樂而更為新弄，子雲曰：『事淺易善，深者難識，卿不好雅頌而悅鄭聲，宜也！』」《桓子新論》載桓譚的父親在漢成帝時任「樂府令」，當時「凡所典領倡優伎樂蓋有千人」。

《漢書・循吏傳》載召信臣於少府時「奏省樂府黃門倡優諸戲」，因當時倡優諸戲風靡一時，引起朝中不滿，故下令去掉黃門倡優諸戲。

二、東漢雅樂

東漢光武帝劉秀非常重視郊祀之禮。《後漢書・祭祀志上》載：「建武元年（公元25年），光武即位於鄗，為壇營於鄗之陽。祭告天地，採用元始中郊祭故事。」〔註51〕《三輔黃圖》中對漢平帝元始年間的郊祭情況作有全面

〔註46〕　〔漢〕班固，漢書・成帝紀〔M〕，北京：中華書局，1999：226。
〔註47〕　〔漢〕桓寬，鹽鐵論〔M〕，諸子集成本，上海書店影印。
〔註48〕　〔漢〕班固，漢書・霍光金日磾傳〔M〕，北京：中華書局。1999：2215。
〔註49〕　〔漢〕班固，漢書・外戚傳〔M〕，北京：中華書局，1999：2909。
〔註50〕　〔漢〕班固，漢書・佞倖傳〔M〕，北京：中華書局，1999：2758。
〔註51〕　〔南朝宋〕范曄，後漢書・祭祀志〔M〕，北京：中華書局，1999：2143。

記載，「元始四年（公元 4 年），宰衡莽奏曰：『帝王之義，莫大承天；承天之序，莫重於郊祀。祭天於南，就陽位；祠地於北，主陰義。圓丘象天，方澤則地。圓方因體，南北從位。……於是定郊祀，祀長安南北郊，罷甘泉、河東祀。』」漢平帝時期的郊祀規模和程序與武帝時基本相同。

劉盆子在建武元年（公元 25 年）稱帝，建武三年（公元 27 年）初下臺，在位二年，年號「建世」。《後漢書·劉盆子傳》：「時掖庭中宮女猶有數百千人，自更始敗後，幽閉殿內，掘庭中蘆菔根，捕池魚而食之，死者因相埋於宮中。有故祠甘泉樂人，尚共擊鼓歌舞，衣服鮮明，見盆子叩頭言饑。盆子使中黃門稟之米，人數斗。後盆子去，皆餓死不出。」〔註 52〕從上文可知，掖庭中甘泉樂人數目之多，規模之龐大。

《後漢書·光武紀》：「建武十三年（公元 37 年）四月，益州傳送公孫述瞽師、郊廟樂器、葆車、輿輦、於是法物始備。」注云：「時草創未暇，今得之始備。」〔註 53〕東漢在建武十三年之際才始備包括郊廟樂器在內的法物。《後漢書·祭祀志》對郊祀時所用的樂舞作有說明，漢光武平隴、蜀，增廣郊祀，高皇帝配食，樂奏《青陽》、《硃明》、《西皓》、《玄冥》、《雲翹》、《育命》之舞。北郊及祀明堂，並奏樂如南郊。迎時氣五郊：春哥《青陽》，夏哥《硃明》，並舞《雲翹》之舞；秋哥《西皓》，冬哥《玄冥》，並舞《育命》之舞；季夏哥《硃明》，兼舞二舞。

《後漢書·顯宗孝明帝紀》：「（明帝）秋八月戊辰，改大樂為《大予樂》。」〔註 54〕東漢明帝時，將郊祀樂改稱為「大予樂」，將負責掌管郊祀樂的樂官稱為「大予樂官」。《漢官儀》對「大予樂官」的人數及俸祿作有記載「大予樂令一人，秩六百石。」東漢樂府名為「太予樂府」，與西漢樂府不盡相同。西漢樂府屬少府，主要掌管具雅樂性質的郊祀樂及鼓吹、百戲等俗樂。東漢的「太予樂府」屬太常，主要掌管郊廟祭祀及大享時所用的雅樂。《後漢書·百官志二》太常條引《漢官儀》：「員吏二十五人，其二人百石，二人斗食，七人佐，十人學事，四人守學事。樂人八佾舞三百八十人」〔註 55〕，可見其頗具規模。

據《古今注·音樂》載，《日重光》和《月重輪》是群臣為漢明帝（公元

〔註 52〕〔南朝宋〕范曄，後漢書·劉盆子傳〔M〕，北京：中華書局，1999：321。
〔註 53〕〔南朝宋〕范曄，後漢書·光帝紀〔M〕，北京：中華書局，1999：42。
〔註 54〕〔南朝宋〕范曄，後漢書·顯宗孝明帝紀〔M〕，北京：中華書局，1999：73。
〔註 55〕〔南朝宋〕范曄，後漢書·百官志〔M〕，北京：中華書局，1999：2436。

57 年～75 年在位）所作。「明帝爲太子，樂人作歌詩四章，以贊太子之德。一曰日重光，二曰月重輪，三曰星重曜，四曰海重潤。」〔註56〕漢末大亂後，後二章亡佚。

《後漢書·顯宗孝明帝紀》永平三年（公元 60 年）冬十月，祭祀光武帝的廟樂爲《文始》、《五行》、《武德》三舞。《後漢書·祭祀志下》：「《東觀書》曰：『永平三年八月丁卯，公卿奏議世祖廟登歌八佾舞名。』東平王蒼議，以爲『漢制舊典，宗廟各奏其樂，不皆相襲，以明功德。秦爲無道，殘賊百姓，高皇帝受命誅暴，元元各得其所，萬國咸熙，作《武德》之舞。孝文皇帝躬行節儉，除誹謗，去肉刑，澤施四海，孝景皇帝制《昭德》之舞。孝武皇帝功德茂盛，威震海外，開地置郡，傳之無窮，孝宣皇帝制《盛德》之舞。光武皇帝受命中興，撥亂反正，武暢方外，震服百蠻，戎狄奉貢，宇內治平，登封告成，修建三雍，肅穆典祀，功德巍巍，比隆前代。以兵平亂，武功盛大。歌所以詠德，舞所以象功，世祖廟樂名宜曰《大武》之舞。』」〔註57〕永平三年（公元 60 年），東平王蒼造光武廟登歌一章，稱述功德，而郊祀同用漢歌。

《後漢書·明帝紀》載，永平十年（公元 67 年）四月甲午，明帝到南邊巡狩，至南陽，祭祀章陵。夏至，又在舊宅中祭祀。祭祀之禮結束後，召校官弟子作雅樂，演奏《鹿鳴》，明帝自己吹塤、篪以相和，娛樂眾臣及嘉賓。

班固在《東都賦》中讚揚東漢明帝永平中復興雅樂的情況，雅樂在這一時期倍受重視。但從班固的行文中仍可看出帝王在享用雅樂時所用的音樂元素雅俗俱陳，較爲追求華麗而濃厚的娛樂效果，如「萬樂備，百禮暨，皇歡浹，群臣醉」；「聖上睹萬方之歡娛」。班固《東都賦》後所列《明堂》、《辟雍》、《靈臺》、《寶鼎》、《白雉》五詩，爲仿雅之作，非雅樂也。

馬防提出歲首之時應以樂迎氣，開創了東漢使用迎氣樂之先河。《東觀漢記》：「馬防上言，『聖人作樂，所以宣氣致和，順陰陽也。臣愚以爲可因歲首發太簇之律，奏雅頌之音，以迎和氣。』」〔註58〕《後漢書·肅宗孝章帝紀》載，建初五年（公元 80 年）冬季，開始使用《月令迎氣樂》。又《後漢書·

〔註56〕〔晉〕崔豹，古今注〔M〕，上海：商務印書館，1956：14。
〔註57〕〔南朝宋〕范曄，後漢書·祭祀志〔M〕，北京：中華書局，1999：2172。
〔註58〕〔東漢〕劉珍等撰，吳樹平校注，東觀漢記校注〔M〕，河南：中州古籍出版社，1987：438。

馬援列傳》：「是多始施行十二月迎氣樂，防所上也。」〔註59〕

《後漢書・儒林列傳》載，漢章帝在元和二年（公元85年）春巡視曲阜，到闕里祭祀孔子及其七十二弟子，「作六代之樂」。

《後漢書・孝獻帝紀》載，建安八年（公元203年）冬季十月的己巳日，「公卿初迎冬於北郊，總章始復備八佾舞」。〔註60〕至此，東漢重新使用八佾舞。又《後漢書・光武十王列傳》之「東平憲王蒼傳」：「是時中興三十餘年，四方無虞，蒼以天下化平，宜修禮樂，乃與公卿共議定南北郊冠冕車服制度，及光武廟登歌八佾舞數，語在《禮樂》、《輿服志》。」〔註61〕可見，東平憲王劉蒼對禮樂制度的重視並重修禮樂。

在俗樂趨於上風的東漢時期，統治者對雅樂的制定較爲重視，東漢統治者欲重新恢復西周禮樂制度，其中不乏一些新創作的雅樂作品。但從雅樂發展的總體上來看，卻多爲「歲時以備數」的擺設。

第三節　漢代樂府與雅樂的關係

一、樂府概說

樂府主要掌管宮廷、巡行、祭祀時所用的音樂，兼采民間音樂被於管絃。據《漢書・百官公卿表》載，奉常爲秦代設置的官職，掌管宗廟禮儀。漢景帝六年，更名爲太常。太常的下屬官職包括太樂、太祝、太宰、太史、太卜、太醫六令丞。」顏師古注：「太常，王者旌旗也，畫日月焉，王有大事則建以行，禮官主奉持之，故曰奉常。後改曰太常，尊大之義也。」〔註62〕

《後漢書・百官志》載太常掌宗廟禮儀，兼掌選試博士。歷代因襲之，爲專掌祭祀禮樂之官。「掌禮儀祭祀。每祭祀，先奏其禮儀；及行事，常贊天子。每選試博士，奏其能否。大射、養老、大喪，皆奏其禮儀。每月前晦，察行陵廟。」〔註63〕

〔註59〕　〔南朝宋〕范曄，後漢書・馬援列傳〔M〕，北京：中華書局，1999：573。
〔註60〕　〔南朝宋〕范曄，後漢書・孝獻帝紀〔M〕，北京：中華書局，1999：253。
〔註61〕　〔南朝宋〕范曄，後漢書・光武十王列傳〔M〕，北京：中華書局，1999：968。
〔註62〕　〔漢〕班固，漢書・百官公卿表〔M〕，北京：中華書局，1999：613。
〔註63〕　〔南朝宋〕范曄，百官志〔M〕，北京：中華書局，1999：2435。

樂府屬少府。據《漢書·百官公卿表》載，少府爲秦代設置的官職，掌管山海池澤之稅。應邵曰：「名曰禁錢，以給私養，自別爲藏。少者，小也，故稱少府。」顏師古注：「大司農供軍國之用，少府以養天子也。」〔註64〕樂府爲少府下設十六個官令丞之一。《通典·職官典》「太常卿、太樂署」一條中載「秦漢奉常屬官，有太樂令及丞。又少府屬官，並有樂府令、丞」。據《漢書·禮樂志》載，武帝太初元年將永巷更名爲掖廷。綏和二年，哀帝省樂府。王莽將少府改爲共工。(附錄1 漢代奉常(太常)、少府任職輪換表)

圖4 樂府鍾

樂府爲秦代創建，如前所述，1976年在陝西省臨潼秦始皇陵附近的遺址出土了刻有「樂府」字樣的鍾。這枚樂府鍾的出土，將千餘年來學者們對漢武帝始立樂府似乎已成定論的觀點推翻，此鍾爲迄今爲止我國考古史上發現的唯一一件能夠證明秦代已設立「樂府」的實據。

漢代因襲秦制，武帝時期的樂府不僅由一丞擴編爲三丞，而且以往不能用於宗廟祭祀的俗樂在武帝時期宮廷的日常宴饗及郊祀之禮中多有使用，甚至連最隆重、莊嚴的宗廟祭祀活動幾乎都要用到俗樂。

《漢書·禮樂志》：「至武帝定郊祀之禮……乃立樂府，采詩夜誦。」〔註65〕過去常被人們認爲「樂府爲漢武帝設」，顏師古更在注《漢書·禮樂志》時，將「乃立樂府」注爲「始置之也。樂府知名，蓋起於此。」〔註66〕班固《兩都賦序》：「大漢初定，日不暇給。至武、宣之世，乃崇禮官，考文章。內設金馬石渠之署，外興樂府協律之事。」南朝梁劉勰《文心雕龍》、宋郭茂倩《樂府詩集》、宋鄭樵《通志·樂府總序》都認爲樂府創立於武帝時，顏說進一步

〔註64〕 〔漢〕班固，漢書·百官公卿表〔M〕，北京：中華書局，1999：616。
〔註65〕 〔漢〕班固，漢書·禮樂志〔M〕，北京：中華書局，1999：893。
〔註66〕 〔漢〕班固，漢書·百官公卿表〔M〕，北京：中華書局，1999：894。

將時間定位爲元鼎五年（公元前 112 年），使後人多誤爲「樂府確係漢武帝始設」。但宋王應麟《漢書‧藝文志考證》、清何焯《義門讀書記》據《漢書‧禮樂志》「孝惠二年（公元前 193 年），使樂府令夏侯寬備其簫管……」認爲樂府應早於武帝，疑《漢書》之訛誤。實則《史記‧樂書》及賈誼《新書》中更早記有武帝前樂府的相關情況。《史記‧樂書》：「高祖過沛詩《三侯之章》〔註 67〕，令小兒歌之。高祖崩，令沛得以四時歌舞宗廟。孝惠、孝文、孝景無所增更，於樂府習常肄舊而已。」〔註 68〕賈誼《新書》：「上（孝文帝）使樂府幸假之。……使降者時或得此而樂之耳。」賈誼《新書》中所提及的「樂府」一詞，是以事實爲依據的。漢文帝曾將雜技藝人衛綰以戲車人仕爲郎，累遷至中郎將，成爲藝人中的佼佼者。文帝還讓衛綰在樂府中掌管雜技藝人。賈誼是在向文帝獻策如何制伏匈奴时，提出音樂的作用是不容忽視的，不妨用「樂府」的表演顯示西漢王朝的威嚴與恩德，但它卻眞實地記錄下了西漢初期樂府的存在及其活動情況。

二、西漢初期樂府

賈誼《新書‧匈奴篇》：「令婦人傅白墨黑，繡衣而侍其堂者二、三十人，或薄或掩，爲其胡戲以相飯。上使樂府幸假之。俾樂吹簫、鼓鼗、倒挈面者更進，舞者、蹈者時作；少間擊鼓，舞其偶人。暮時，乃爲我樂，攜手胥強，上客之後，婦人先後扶持之者固十餘人。使降者時或得此而樂之耳。」〔註 69〕此時的樂府已排演俗樂、百戲等節目。

自高祖起至文帝、景帝時期，樂府從未停止過活動，並在祭祀、軍事、外交等方面發揮著積極作用，成就了武帝「定郊祀、立樂府」的輝煌局面。

三、漢武帝時期樂府

西漢國家經濟急待恢復，財力較爲匱乏。魯國的儒生對叔孫通所說的一番話，表明在經濟尚未復蘇的情況下，是難以復興禮樂制度的：「今天下初定，死者未葬，傷者未起。又欲起禮樂，禮樂所由起，積德百年而後可興也」〔註 70〕。高祖雖在發展禮樂制度方面做出一定功績，但較漢武帝劉

〔註 67〕《三侯之章》即漢高祖劉邦所創作的《大風歌》。
〔註 68〕〔漢〕司馬遷，史記‧樂書〔M〕，北京：中華書局，1982：1177。
〔註 69〕〔漢〕賈誼，於智榮注，新書〔M〕，黑龍江人民出版社，2003：115。
〔註 70〕〔漢〕司馬遷，史記‧劉敬叔孫通傳〔M〕，北京：中華書局，1982：2722。

徹那樣大力開展禮樂制度建設，尚存一定差距。漢初經濟狀況較爲緊張，經文帝、景帝減輕賦稅及休養生息的政策，經濟狀況逐漸明朗。至漢武帝時期，經濟得到空前繁榮，人民過著富足的生活，到處呈現出欣欣向榮的蓬勃景象。《史記・平準書》載：「至今上（漢武帝）即位（公元前 140 年即位）數歲，漢興七十餘年之間，非遇水旱之災，民則人給家足，都鄙廩庾皆滿，而府庫餘貨財。京師之錢累鉅萬，貫朽而不可校。太倉之粟陳陳相因，充溢露積於外，至腐敗不可食。」〔註 71〕漢武帝之所以能在禮樂制度建設方面取得較大功績，蓋因於此。正是當時政治、經濟、文化等多方面因素得到權衡發展，爲符合與順應時代發展的必然趨勢，制定了相應的禮樂制度。

（一）武帝時期樂府的活動內容

《漢書・禮樂志》中載：「（武帝時）乃立樂府，采詩夜誦，有趙、代、秦、楚之謳。以李延年爲協律都尉，多舉司馬相如等數十人造爲詩賦，略論律呂，以合八音之調，作十九章之歌。以正月上辛用事甘泉圓丘，使童男女七十人俱歌，昏祠至明。」〔註 72〕據《史記・樂書》載，童男童女歌唱的曲目爲：春歌《青陽》、夏歌《朱明》、秋歌《西暤》、冬歌《玄冥》。

《漢書・藝文志》詩賦略載：「自孝武立樂府而採歌謠，於是有代趙之謳，秦楚之風，皆感於哀樂，緣事而發，亦可以觀風俗，知薄厚云。」〔註 73〕武帝時，樂府白天採集詩歌，夜晚誦唱，廣泛集取各地方民間歌謠，足見對民間音樂的重視程度。於是，趙、代、秦、楚等地的大量民間歌謠進入宮廷，得以廣泛學習與傳唱，同時也豐富了樂府的音樂形式，形成以樂府中的「趙、代、秦、楚」等地民間音樂進入郊祀雅樂的格局。李延年任協律都尉後，密切注重趙、代、秦、楚之謳一類的民間歌謠，與以司馬相如爲首的數十名文人詩詞歌賦相結合，創作了郊祀歌辭十九章，形成民間音樂與文人詞相融合的新形式。班固在《兩都賦》中具體提及司馬相如、吾丘壽王、東方朔、枚皋、王褒、劉向等數十位文人及公卿大臣倪寬、孔臧、董仲舒、劉德、簫望等對樂府詩歌進行創作之事，由此形成「掖庭材人」與「上林樂府」，「皆以鄭聲施於朝廷」的局面。

〔註71〕〔漢〕司馬遷，史記・平準書〔M〕，北京：中華書局，1982：1420。
〔註72〕〔漢〕班固，漢書・禮樂志〔M〕，北京：中華書局，1999：893。
〔註73〕〔漢〕班固，漢書・藝文志〔M〕，北京：中華書局，1999：1384。

　　《漢書・藝文志》中對武帝時期所收集、整理的各地聲詩作有收錄，包括吳楚汝南歌詩十五篇、燕代謳雁門雲中隴西歌詩九篇、邯鄲河間歌詩四篇、齊鄭歌詩四篇、淮南歌詩四篇、左馮翊秦歌詩三篇、京兆尹秦歌詩五篇、河東蒲反歌詩一篇、雒陽歌詩四篇、河南周歌詩七篇、河南周歌聲曲折七篇、周謠歌詩七十五篇、周謠歌詩聲曲折七十五篇、周歌詩二篇、南郡歌詩五篇。〔註 74〕《漢書・藝文志》所集二十八家歌詩中，上述各地民間歌詩共計十五家，涵蓋了十九個郡及地區，占其保留至藝文志中歌詩總數一半尚多，足見當時統治階級對各地民間音樂的重視。采詩的目的並不僅為收集民間音樂，也可通過採集聲詩觀察各地政教的得失。見於《樂府詩集》記載的諸樂府歌詩，雖經文人提煉加工，但仍能看到其較為真實地反映民間淳樸生活，接近於原汁原味自然的一面。

　　晉、隋時期太樂樂府所用為「清商音律」。唐代，大樂署仍兼管雅樂與俗樂。黃翔鵬認為：「中古以前，太樂或樂府作為音樂機構與它們所管理的音樂之間，並無嚴格的雅、俗界限。太樂或樂府作為宮廷機構，所掌音樂的種屬往往與君主的好惡有關。」

（二）關於「武帝立樂府」的釋義

　　蕭滌非在《漢魏六朝樂府文學史》中將漢代樂府音樂分為四種：「雅聲、楚聲、秦聲、新聲。雅聲為雅樂系統，新聲為胡樂系統之經過改進者，楚聲、秦聲則是中土原有的民間音樂。」〔註 75〕漢代郊廟歌辭具雅樂性質，鼓吹曲辭是經胡樂改進而形成的新聲，相和歌辭所用的音樂大多是楚聲、秦聲等中土原有的音樂元素。

　　但隨著秦陵樂府鍾上「樂府」二字的出現，之前的種種誤解逐漸冰釋，由此我們得悉：樂府乃秦代始設。但不可否認漢武帝對於樂府的重建及擴充發展起到了強有力的推動作用。

　　武帝定郊祀、擴建樂府之後，令文人創作詩賦。班固《兩都賦序》中云：「大漢初定，日不暇給。至武、宣之世，乃崇禮官，考文章。內設金馬石渠之署，外興樂府協律之事，以興廢繼絕。潤色鴻業。是以眾庶悅豫，福應尤盛。《白麟》、《赤雁》、《芝房》、《寶鼎》之歌，薦於郊廟。……故言語侍從之臣，若司馬相如、虞丘壽王、東方朔、枚皋、王褒、劉向之屬，朝夕論思，

〔註74〕〔漢〕班固，漢書・藝文志〔M〕，北京：中華書局，1999：1382～1383。
〔註75〕蕭滌非，漢魏六朝樂府文學史〔M〕，北京：人民文學出版社，1984：27～31。

日月獻納。而公卿大臣御史大夫倪寬、太常孔臧、太中大夫董仲舒、宗正劉德、太子太傅蕭望之等，時時間作。或以抒下情而通諷諭，或以宣上德而盡忠孝。雍容揄揚，著於後嗣，抑亦《雅》、《頌》之亞也。故孝成之世，論而錄之，蓋奏御者千有餘篇。」〔註76〕

漢初樂府令僅設有令、丞各一人。武帝於太初元年對「少府」進行擴增。據《漢書·百官公卿表》載，武帝時樂府的編制已爲「樂府三丞」，並增加了諸多樂工（如「益召歌兒」〔註77〕）。武帝之前的樂府樂工爲一百二十人之制，皆爲演唱《大風歌》之徒。經武帝至哀帝時，樂工已增至八百二十九人。

武帝時期的樂府還增加了「采詩」職能，一方面可以廣泛採集全國各地的民間音樂，另一方面可以收集整理民間歌謠。武帝時期樂府機構進一步擴大，職能有所增益，樂府音樂的使用範圍也更爲廣泛。這應是對「漢武帝乃立樂府」較爲合理的釋義。

（三）漢武帝對樂府發展的貢獻

董仲舒在《舉賢良對策》一文中曾深刻指出：「聖王已沒，而子孫長久安寧數百歲，此皆禮樂教化之功也。」〔註78〕武帝及時聽取了董仲舒的建議，「今師異道，人異論，百家殊方，指意不同，是以上無以持一統，法制數變，下不知所守。臣愚以爲諸不在六藝之科，孔子之術者，皆絕其道，勿使並進。邪僻之說滅息，然後統紀可一；而法度可明，民知所從矣」〔註79〕，加強了當時禮樂制度的制定工作。

漢武帝爲漢代音樂發展做出了很大貢獻，他不僅將樂府的規模擴建，還創作了《瓠子歌》、《秋風辭》、《天馬歌》、《西極天馬歌》、《李夫人歌》、《思奉車子侯歌》、《落葉哀蟬曲》等七首作品的曲辭。

漢武帝的寵妃李夫人因病早卒，武帝甚爲懷念，親自作詩並令樂府諸家皆絃歌此曲。李夫人本爲倡優，乃協律都尉李延年之妹，因其「妙麗善舞」而得寵幸。「漢武帝思懷往者李夫人，不可復得。時始穿昆靈之池，泛翔禽之舟。帝自造歌曲，使女伶歌之。時日已西傾，涼風激水，女伶歌聲甚遒，因賦《落葉哀蟬》之曲曰：『袂兮無聲，玉墀兮塵生。虛房冷而寂寞，落葉依於

〔註76〕　〔漢〕班固，兩都賦〔M〕，〔唐〕李善注，文選，北京：中華書局，1977。
〔註77〕　《史記封禪書》和《漢書郊祀志》中載有武帝「益召歌兒」。
〔註78〕　〔漢〕班固，漢書·董仲舒傳〔M〕，北京：中華書局，1999：1900。
〔註79〕　〔漢〕班固，漢書·董仲舒傳〔M〕，北京：中華書局，1999：1918。

重肩。望彼美之女兮安得，感餘心之未寧！』帝聞唱動心，悶悶不自支持，命龍膏之燈以照舟內，悲不自止。」〔註 80〕李夫人去世後，武帝追思李夫人而作《落葉哀蟬曲》。

武帝時的樂府已形成「雅樂、俗樂兼而有之」的局面。既有屬雅樂性質的郊廟祭祀樂舞，也有屬俗樂性質的各種形式，如相和歌、雜舞、散樂、百戲。俳優、角抵、雜伎等已成爲上至宮廷下至民眾的主要娛樂活動，也有北狄樂等少數民族音樂，表演形式較爲多元化，既有絲竹樂爲主的相和歌，又有鼓吹樂等多種類型。樂府在漢代的文化交流中發揮了重要的作用，備受歡迎的歌舞百戲成爲款待眾來漢使臣的主要節目。如武帝元封三年（公元前 108 年），安息等國使者「來觀漢廣大」，並獻上大鳥卵及「犁軒眩人」。《史記‧大宛列傳》載：「天子（武帝）大悅……於是大角抵，出奇戲諸怪物，多聚觀者，行賞賜，酒池肉林，令外國客遍觀各倉庫府之積，見漢之廣大，傾駭之，及加其眩者之功。而角抵奇戲歲增變，甚盛益興自此始。」〔註 81〕

據《漢書‧西域傳贊》載，武帝令長安城方圓三百里以內的民眾，皆可前來觀看歌舞百戲表演。當時表演的節目爲「巴俞、都盧、海中、碭極、漫衍、魚龍、角抵之戲」等。

元封六年，武帝還讓京師的民眾到上林苑平樂館觀看角抵表演。

《史記‧封禪書》：「其春，既滅南越，上有嬖臣李延年以好音見。上善之，下公卿議，曰：『民間祠尙有鼓舞樂，今郊祀而無樂，豈稱乎抬』公卿曰：『古者祠天地皆有樂，而神祇可得而禮。』或曰：『太帝使素女鼓五十弦瑟，悲，帝禁不止，故破其瑟爲二十五弦。』於是塞南越，禱祠太一、后土，始用樂舞，益召歌兒，作二十五弦及空侯琴瑟自此起。」〔註 82〕武帝時期的樂府對民間音樂和其他民族音樂有大膽的吸收，既體現出漢武帝作爲統治者對漢代禮樂文化建設的重視程度，也反映出漢代文化展現出主動容納與吸收其他非宮廷文化的事實。

王運熙《樂府詩論叢》認爲太樂掌雅樂而樂府掌俗樂。但通過漢武帝時期樂府的建置情況可看出，樂府中的雅樂與俗樂並未有十分嚴格的界

〔註 80〕　〔晉〕王嘉，拾遺記〔M〕，北京：中華書局，1981：144。
〔註 81〕　〔漢〕司馬遷，史記‧大宛列傳〔M〕，北京：中華書局，1982：3173。
〔註 82〕　〔漢〕司馬遷，史記‧封禪書〔M〕，北京：中華書局，1982：1396。

限。漢武帝時期樂府掌管的內容，既包括祭祀時所用雅樂，同時也有「趙、代、秦、楚之謳」的各地民間音樂及其他民族音樂，不同風格的音樂得以共存，相得益彰的並行發展，對傳承前代雅樂和當時雅樂發展都具有重要意義。

四、漢哀帝罷黜樂府

西漢時期的樂府自武帝後，經昭帝、宣帝、元帝、成帝先後執政近百年的時間中，基本遵循武帝時所制定的樂府之制。至西漢末期漢哀帝時，曾下詔罷免樂府。見於《漢書》記載，被罷免者多為演唱、演奏民間音樂的樂工，使這批樂工重新流入民間。至此，漢武帝對擴大樂府所做出的功績，便處於荒涼之境，武帝時樂府的壯觀景象已不復存在。

漢哀帝時期，俗樂流行的情況非常嚴重，在社會上造成了較負面的影響。當時，在宮廷中表演黃門鼓吹著名的倡優丙彊和景武之疏，非常富有並顯赫一時。皇帝的內外親族如王鳳、淳于長、張放等皇親國戚之家荒淫無度，甚至和皇帝爭搶女樂。即使是一般的豪富吏民之家，也擁有數量相當的倡優。如《漢書‧貢禹傳》載元帝初貢禹呈上的奏章中所云：「豪富吏民蓄歌者至數十人」，足見豪富吏民家中蓄養的樂人之多。《漢書‧張湯傳》：「知男子李遊君欲獻女，使樂府音監景武強求，不得，使奴康等之其家，賊傷三人。又以縣官事怨樂府遊徼莽，而使大奴駿等四十餘人群黨盛兵弩，白晝入樂府攻射官寺，縛束長吏子弟，斫破器物，宮中皆犇走伏匿。莽自髡鉗，衣赭衣，及守令史調等皆徒跣叩頭謝放，放乃止。」〔註 83〕此處言及豪富吏民為爭搶女樂，至樂府大打出手的情形。同時，此條文獻中亦可見樂府官職的名稱，如遊徼、長吏、子弟等。據《漢書‧張延壽傳》、《漢書‧東方朔傳》及《封泥考略》、《再續封泥考略》中載，漢代樂府人員應包括「音監」、「遊徼」、「守令史」、「長吏子弟」、「官寺」、「樂府鍾官」、「倡監」、「發樂府樂器」的樂器管理者。

哀帝為定陶王時，憎惡上述一類人，加上他本人並不喜好音樂，待即位之後便下詔說：「惟世俗奢泰文巧，而鄭衛之聲興。夫奢泰則不下孫而國貧，文巧則趨末背本者眾，鄭衛之聲興則淫辟之化流，而欲黎庶敦樸家給，猶濁其源而求其清流，豈不難哉！孔子不云乎？『放鄭聲，鄭聲淫』。」〔註 84〕哀

〔註 83〕　〔漢〕班固，漢書‧張湯傳〔M〕，北京：中華書局，1999：2013。
〔註 84〕　〔漢〕班固，漢書‧禮樂志〔M〕，北京：中華書局，1999：913。

帝感俗樂興於世，所帶來的奢侈、荒淫、浮華等不良因素，擾亂了百姓的清流生活。哀帝在一番感慨之餘，於綏和二年（公元前 7 年）六月裁撤樂府。但他同時指出，郊廟祭祀樂及古兵法武樂，按理來說是不屬於「鄭衛之音」的，分條列舉說明，另隸屬於其他的機構。現據丞相孔光和大司空何武上書所承奏，樂府所轄諸樂工名稱、原人數、現人數、撤消人數、所司職能及所屬樂種等情況作以說明。

類別	樂府所轄諸樂工名稱	原人數	現人數	撤消人數	所司職能	重新分配機構	所屬樂種
祭祀	郊祭樂人員	62	62	/	祭祀南北郊		雅樂
鼓員類別12種	大樂鼓員	6	6	/	朝賀置酒陳殿下，應古兵法。		雅樂
	《嘉至》鼓員	10	10	/	祭祀南北郊		雅樂
	邯鄲鼓員	2	2	/	同上		地方音樂
	騎吹鼓員	3	3	/	同上		鼓吹音樂
	江南鼓員	2	2	/	同上		地方音樂
	淮南鼓員	4	4	/	同上		同上
	巴渝〔註85〕鼓員	36	36	/	同上		同上
	歌鼓員	24	24	/	同上		相和歌者
	楚嚴鼓員	1	1	/	同上		地方音樂
	梁皇鼓員	4	4	/	同上		同上
	臨淮鼓員	35	35	/	同上		同上
	茲邡鼓員	3	3	/	同上		同上
祭祀	外郊祭員	13	13	/			雅樂
	諸族樂人兼《雲韶》	67	67	/	祭祀南郊		雅樂
	諸族樂人兼給事雅樂	4	4	/	同上		雅樂
	夜誦員	5	5	/			

〔註85〕《漢書‧禮樂志》校勘記「俞即今之（俞）{渝}州。景祐、殿本都作『渝』。王先謙說作『渝』是。」

樂器演奏及調修人員	剛、別柎員	2	2	/	擊鼓		
	給《盛德》主調籥員	2	2	/	調籥		雅樂
	聽工	1	1	/	以律知日冬夏至		
	鍾工員	1	1	/	鳴鐘		雅樂
	磬工員	1	1	/	擊磬		同上
	簫工員	1	1	/	吹簫		同上
	僕射	2	2	/	主領諸樂人		
	竽工員	3	2	1	吹竽		俗樂
	琴工員	5	2	3	彈琴		雅樂
	柱工員	2	1	1	負責箏、瑟之柱		同上
	繩弦工員	6	2	4	負責琴、瑟之弦		同上
	鄭四會員	62	1	61		給事雅樂	俗樂
	張瑟員	8	1	7	負責張瑟		雅樂
鼓員類別8種	《安世樂》鼓員	20	1	19	朝賀置酒，陳前殿房中，不應經法。		房中樂
	沛吹鼓員	12	/	12	同上		地方音樂
	族歌鼓員	27	/	27	同上		民族音樂
	陳吹鼓員	13	/	13	同上		地方音樂
	商樂鼓員	14	/	14	同上		同上
	東海鼓員	16	/	16	同上		同上
	長樂鼓員	13	/	13	同上		同上
	縵樂鼓員	13	/	13	同上		俗樂雜樂
樂器演奏員	治竽員	5	/	5	朝賀置酒為樂		俗樂
	楚鼓員	6	/	6	同上		地方音樂

倡優及隨從	常從倡	30	/	30	同上			俗樂
	常從象〔註86〕	4	/	4	同上			同上
	詔隨常從倡	16	/	16	同上			同上
	秦倡員	29	/	29	同上			地方音樂
	秦倡象	3	/	3	同上			同上
	詔隨秦倡	1	/	1	同上			同上
	雅大人員	9	/	9	同上			
俗樂鄭聲	楚四會員	17	/	17				俗樂鄭聲
	巴四會員	12	/	12				同上
	銚四會員	12	/	12				同上
	齊四會員	19	/	19				同上
	蔡謳員	3	/	3				同上
	齊謳員	6	/	6				同上
	竽瑟鍾磬員	5	/	5				同上
學員	師學	142	72	70			給大官挏馬酒	
總計	諸樂工	829	388	441	不能罷免者領屬太樂			

　　《漢書・禮樂志》呈現出一份較詳盡的樂府樂工分職分工編製表，我們可看出哀帝時樂府樂工具體的分配情況。在上表中，將樂府的八百二十九名樂工分成祭祀樂員、鼓員、樂器演奏及調修員、倡優及隨從、俗樂鄭聲員等諸多門類，並對具體所司之職能作有描述。可見，哀帝時樂府分工明確，樂工安排與分配較爲合理。被哀帝罷黜的大多是地方音樂、民族音樂以及俗樂鄭聲等樂工，被罷黜者共計四百四十一人。從被罷黜名單中演奏民間音樂的樂工之多，可見樂府所包含各地民間音樂內容之廣泛，所涵蓋的地域東至東海，南至長江以南，西至巴蜀及甘肅一帶少數民族地區，北至較爲偏遠的少數民族地區。

　　哀帝罷黜樂府後，並未制定相應的雅樂制度來改變這種蔚然成風的局面。因此，豪富大族自然繼續沉迷奢侈淫樂，至王莽在位時，這種狀況破壞至極點。

〔註86〕孟康曰：「象人，若今戲蝦魚師子也。」

西漢末期，經常發生罷省樂府之事。如《漢書‧宣帝紀》：「四年春（公元前62年）正月，詔曰：『蓋聞農者興德之本也，今歲不登，已遣使者振貸困乏。其令太官損膳省宰，樂府減樂人，使歸就農業。』」〔註87〕在農業不興之時，樂府要減少樂人以充農業之需。《漢書‧元帝紀》：「初元元年（公元前48年）六月，以民疾疫，令大官損膳，減樂府員，省苑馬，以振困乏。」〔註88〕另《漢書‧眭兩夏侯京翼李傳》亦有相關記載，因民間疫病疫情令樂府減員。《漢書‧王貢兩龔鮑傳》：「去角抵，減樂府，省尚方，明視天下以儉。」〔註89〕《漢書‧循吏傳》：「竟寧中（公元前33年），徵爲少府，列於九卿，奏請上林諸離遠宮館稀幸御者，勿復繕治共張，又奏省樂府黃門倡優諸戲，及宮館兵弩什器減過泰半。」〔註90〕以上所舉多爲國家遇疾疫時，或爲振興農業發展等情況而罷省樂府。

五、東漢樂府

樂府被漢哀帝罷免後，至東漢初年逐漸恢復。東漢時，實行「舉謠言」制度。據《後漢書‧循吏列傳》敘傳載，光武帝「舉謠言」目的旨在「廣求民瘼，觀納風謠」，通過採集的歌謠瞭解各地人民的疾苦及對官吏行爲進行批評與疏泄。《後漢書》注引《漢官儀》：「『三公聽採長吏臧否，人所疾苦，條奏之』，是爲舉謠言者也。」〔註91〕顏師古注：「謠俗，謂閭里歌謠，政教善惡也。」《後漢書》注：「謠言，謂聽百姓風謠善惡而黜陟之也。」〔註92〕「舉謠言」在西漢末期和王莽時期即已開始。《漢書‧韓延壽傳》：「延壽欲更改之，教以禮讓，恐百姓不從，乃歷召郡中長老爲鄉里所信向者數十人，設酒具食，親與相對，接以禮意，人人問以謠俗，民所疾苦，爲陳和睦親愛、銷除怨咎之路。」〔註93〕《漢書‧李郃傳》記錄了具體的施行辦法：「分遣使者，皆微服單行，各至州縣，觀采風謠。」《宋書‧樂志》對「漢世街陌謠謳」傳唱的《雞鳴》、《相逢行》、《平陵東》、《東門行》、《婦病行》等謠曲多有記載。鄭

〔註87〕〔漢〕班固，漢書‧宣帝紀〔M〕，北京：中華書局，1999：172。
〔註88〕〔漢〕班固，漢書‧元帝紀〔M〕，北京：中華書局，1999：197。
〔註89〕〔漢〕班固，漢書‧王貢兩龔鮑傳〔M〕，北京：中華書局，1999：2298。
〔註90〕〔漢〕班固，漢書‧循吏傳〔M〕，北京：中華書局，1999：2700。
〔註91〕〔南朝宋〕范曄，後漢書‧蔡邕列傳〔M〕，北京：中華書局，1999：1349。
〔註92〕〔南朝宋〕范曄，後漢書‧杜樂劉李劉謝列傳〔M〕，北京：中華書局，1999：1249。
〔註93〕〔漢〕班固，漢書‧韓延壽傳〔M〕，北京：中華書局，1999：2398～2399。

樵在《通志‧樂略‧樂府總序》中說：「嗚呼！詩在聲而不在義，猶今都邑有新聲，巷陌競歌之。豈謂其辭義之美哉，直謂其聲新耳。」

但至建武和永平年間「吏事刻深，亟以謠言單辭，轉易守長。故朱浮數上諫書，箴切峻政，鍾離意等亦規諷殷，以長者為言，而不能得也」〔註94〕。自漢章帝、漢靈帝以後，其有善績者，往往不絕。

東漢時期統治者較重視百姓吟唱「謠言」反映的實際情況，以作為黜陟官吏、賞罰忠奸及臧否善惡的客觀參考。如《董逃歌》為後漢遊童所作，蓋因後漢董卓作亂，率以逃亡，後人學習這首歌曲並作歌章，由樂府演奏，以起到儆戒之用。因此，百姓可以通過吟唱「歌謠」的方式表達他們的愛憎情懷，很大程度上推動了東漢時期民間歌曲的繁榮發展。

第四節　漢代鼓吹樂與雅樂的關係

鼓吹樂源於我國古代民族北狄，為漢初邊軍所用，以壯聲威，後逐漸用於宮廷，用鼓、鉦、簫、笳等樂器合奏。秦漢以前，中原已有「鼓樂」、「吹樂」及軍中「愷樂」等音樂形式。黃翔鵬認為鼓吹樂特指漢魏以來，宮廷、軍府、官府中與儀仗、軍旅、宴饗有關，並見於樂府或太常等機構編制的音樂形式。鼓吹樂與民間歌曲的關係十分密切，甚至在漢代軍樂中也並不避免愛情和反戰題材的民歌原詞，如漢鐃歌《上邪》歌唱愛情的永恒，橫吹曲《紫騮馬》歌唱「十五從軍征，八十始得歸」之類。只從《樂府詩集》中現存鼓吹曲辭的形式與內容上，即可看出鼓吹樂與兩漢魏晉以來民間音樂的密切聯繫。〔註95〕

東漢蔡邕的《禮樂志》將漢代音樂分為「四品」：「一曰大（太）予樂，典郊廟、上陵殿諸食舉之樂；二曰周頌雅樂，典辟雍、饗射、六宗、社稷之樂；三曰黃門鼓吹，天子所以宴樂群臣，《詩》所謂『坎坎鼓我，蹲蹲舞我』者也；四曰短簫鐃歌，軍樂也」〔註96〕。其中一、二品是雅樂，由太予樂令執掌；三、四品是俗樂，由承華令管轄。晉崔豹《古今注‧音樂》：「短簫鐃歌，軍樂也。黃帝使岐伯所作也。所以建武揚德，風勸戰士也。《周禮》所謂

〔註94〕〔南朝梁〕范曄，後漢書‧循吏列傳〔M〕，北京：中華書局，1999：1661。
〔註95〕黃翔鵬編，中國大百科全書‧音樂舞蹈‧鼓吹樂〔M〕，上海：中國大百科全書出版社，1990。
〔註96〕〔南朝梁〕范曄，後漢書‧禮儀志〔M〕，北京：中華書局，1999：2124。

王大捷，則令凱樂，軍大獻，則令凱歌者也。漢樂有《黃門鼓吹》，天子所以宴樂群臣。短簫鐃歌，鼓吹一章耳，亦以賜有功諸侯。」《唐六典》中載「鼓吹署令一人從七品下」，注云：「後漢少府屬官有承華令，典黃門鼓吹百三十五人，百戲師二十七人。晉遂置鼓吹令、丞，屬太常。」

《漢書・敘傳上》：「始皇之末，班壹避地於樓煩，致馬牛羊數千群。值漢初定，與民無禁。當孝惠、高后時，以財雄邊，出入弋獵，旌旗鼓吹。」〔註97〕武帝時鼓吹已爲邊將所用，以壯大軍威。據《北堂書鈔》卷一百三十引晉《中興書》載武帝平定百越後，始置交趾、九眞、日南、合蒲、南海、鬱林、蒼梧七郡，因處於邊陲，「山越不賓，宜加威重，七郡皆假以鼓吹。」《後漢書・東夷列傳》載武帝滅「高句麗」後，「以高句麗爲縣，使屬玄菟，賜鼓吹伎人。」鼓吹樂多用於與外族的音樂文化交流中。

按用途劃分，可將東漢時期的鼓吹樂分爲以下幾類：一爲黃門鼓吹，用作天子飲膳宴會的「食舉樂」及天子出行儀仗的「鹵簿樂」；二爲騎吹，王公貴族車駕出行時隨行的儀仗音樂，因使用鼓、鼙、簫、笳、角等樂器在馬上演奏而得名；三爲短簫鐃歌，屬軍樂，主要用於祭祀社稷、廟堂及「愷樂」、校獵等頗具規模的重大活動；四爲橫吹，隨軍演奏，統治者常在宮廷以橫吹賞賜邊將。

一、黃門鼓吹

黃門鼓吹爲天子宴饗群臣時所用的鼓吹樂。《後漢書・禮儀志中》劉昭注引蔡邕《禮樂志》曰：「漢樂四品：……三曰黃門鼓吹，天子所以宴樂群臣，《詩》所謂『坎坎鼓我，蹲蹲舞我』者也。」

黃門鼓吹分爲黃門前部鼓吹、黃門後部鼓吹等。《晉書・輿服志》，漢世大駕鹵簿有象車鼓吹、黃門前部鼓吹、黃門後部鼓吹及公卿諸官鼓吹等，前三者每部皆十三人，餘每部七人。又《西京雜記》卷四：「漢朝輿駕祠甘泉、汾陰，備千乘萬騎，太僕執轡，大將軍陪乘，名爲大駕。……黃門前部鼓吹，左右各一部，十三人，駕四。」

《後漢書・東夷別傳》載：「順帝永和元年（公元 136 年），其王來朝京師，帝作黃門鼓吹、角抵戲以遣之。」可知，東漢順帝時將鼓吹作爲招待東夷王夫餘娛樂的內容之一。

〔註97〕〔漢〕班固，漢書・敘傳〔M〕，北京：中華書局，1999：3079。

　　《後漢書・孝安帝紀》載，漢安帝永初元年（公元 107 年）下詔：「少府
減黃門鼓吹，以補羽林士。」《漢官儀》注引：「黃門鼓吹百四十五人。羽林
左監主羽林八百人，右監主羽林九百人。」又《唐六典》「鼓吹署令」條注：
「後漢少府屬官有承華令，典黃門鼓吹百三十五人，百戲師二十七人。」通
過以上兩條文獻，可見黃門鼓吹的樂工人數在 135 人至 145 人之間，具有較
大的規模，以揚軍威。

　　作爲天子享群臣所用的鼓吹樂，多用於宮廷乘輿儀仗及宴饗等場合。黃
門鼓吹雖由黃門署掌管，但其表演則多在殿庭中。因其表演場合和用途，應
屬漢代廣義雅樂的範疇。東漢另有「黃門鼓吹署」掌管宴樂所用的俗樂，與
西漢樂府的部分職能基本相同，但不含郊祀樂，故不名爲「樂府」。

二、橫吹

　　郭茂倩在《樂府詩集》「橫吹曲辭」中對「橫吹」有詳細介紹：「橫吹曲，
其始亦謂之鼓吹，馬上奏之，蓋軍中之樂也。北狄諸國，皆馬上作樂，故自
漢已來，北狄樂總歸鼓吹署。其後分爲二部，有簫笳者爲鼓吹，用之朝會、
道路，亦以給賜。漢武帝時有南越七郡，皆給鼓吹是也。有鼓角者爲橫吹，
用之軍樂，馬上所奏者是也。」鼓吹以排簫和笳爲主要樂器，在儀仗和道路
行進時使用；橫吹以鼓和角爲主要樂器，作爲軍樂，在馬上所奏。

　　《晉書・樂志下》云：「鼓角橫吹曲。……胡角者，本以應胡笳之聲，後
漸用之橫吹，有雙角，即胡樂也。張博望入西域，傳其法於西京，惟得《摩
訶兜勒》一曲。李延年因胡曲更造《新聲二十八解》，乘輿以爲武樂。後漢以
給邊將，和帝時萬人將軍得用之。」李延年根據胡曲《摩訶兜勒》創作的「新
聲二十八解」，後被稱爲橫吹曲（一組），傳至魏晉時期僅存十曲。但見於《晉
書・樂志》中的這十首曲辭皆未傳，僅知其曲名分別爲《黃鵠》、《隴頭》、《出
關》、《入關》、《出塞》、《入塞》、《折楊柳》、《黃覃子》、《赤之楊》、《望行人》。
由以上十曲曲名可初步得知，橫吹多爲邊塞軍幕所用之樂，隨軍所用，朝廷
用以賞賜邊將，「乘輿以爲武樂，後漢以給邊將，和帝時萬人將軍得用之」，
爲軍隊中常備之樂。

三、騎吹

　　騎吹爲漢代軍中所用的一種騎在馬上演奏的鼓吹樂。《漢書・禮樂志》：
「騎吹鼓員三人。」四川成都站東鄉青槓坡三號墓出土漢代騎吹畫像磚，

刻畫了車馬出行時馬上之騎吹樂隊。兩排六人，並轡而前，首排居左的人，手持「旄頭」，應爲騎吹小樂隊中的指揮者，其他人則手持各種樂器在演奏。該畫像磚刻畫的形象極爲生動傳神，畫像磚中之馬，看似隨著音樂的節拍緩慢地行進。成都揚子山亦出土兩塊內容與之基本相同的漢代騎吹畫像磚。

四、短簫鐃歌

郭茂倩《樂府詩集・鼓吹曲辭一》云：「鼓吹曲，一曰短簫鐃歌。劉瓛定軍禮云：『鼓吹未知其始也，漢班壹雄朔野而有之矣。鳴笳以和簫聲，非八音也。』」又引蔡邕《禮樂志》：「漢樂四品，其四曰短簫鐃歌，軍樂也，黃帝岐伯所作，以建威揚德，風敵勸士。」

《宋書・樂志》：

> 鼓吹，蓋短簫鐃哥（歌），蔡邕曰：「軍樂也，黃帝岐伯所作，以揚德建威，勸士諷敵也。」《周官》曰：「師有功則愷樂。」《左傳》曰，晉文公勝楚，「振旅，凱而入。」《司馬法》曰：「得意則愷樂凱哥（歌）」。雍門周說孟嘗君，「鼓吹於不測之淵」。說者云，鼓自一物，吹自竽、籟之屬，非簫、鼓合奏，別爲一樂之名也。然則短簫鐃哥，此時未名鼓吹矣。應劭《漢鹵簿圖》，唯有騎執笳，笳即箛，不云鼓吹。而漢世有黃門鼓吹，漢享宴食舉樂十三曲，與魏世鼓吹長簫同。〔註98〕

崔豹《古今注》：「短簫鐃歌，軍樂也。黃帝使岐伯所作也，所以建武揚盛德，風勸戰士也。」〔註99〕短簫鐃歌爲鼓吹的一章，以獻有功諸侯。《樂府詩集》對東漢時期鼓吹樂的類別作有記述：「有簫笳者爲鼓吹，用之朝會、道路亦以給賜；有鼓角者爲橫吹，馬上所奏是也，而作爲軍樂的鼓吹，東漢時又稱短簫鐃歌。」

漢鼓吹鐃歌十八曲，字多訛誤。一曰《朱鷺》，二曰《思悲翁》，三曰《艾如張》，四曰《上之回》，五曰《擁離》，六曰《戰城南》，七曰《巫山高》，八曰《上陵》，九曰《將進酒》，十曰《君馬黃》，十一曰《芳樹》，十二曰《有所思》，十三曰《雉子斑》，十四曰《聖人出》，十五曰《上邪》，十六曰《臨高臺》，十七曰《遠如期》，十八曰《石留》。

〔註98〕〔南朝梁〕沈約，宋書・樂志〔M〕，北京：中華書局，1974：540。
〔註99〕〔晉〕崔豹，古今注〔M〕，上海：商務印書館，1956：13。

陸機《鼓吹賦》中對鼓吹樂的音樂特點作有說明：「及其悲唱流音，快惶依違。合吹嚼弄，乍數乍稀。音蹰躅於脣吻，若將舒而復回。鼓砰砰以輕投，簫嘈嘈而微吟。詠《悲翁》之流思，怨高臺之難臨。顧穹谷以含哀，仰歸雲而落音。節應氣以舒卷，響隨風而浮沉。馬頓迹而增鳴，士嚬蹙而沾襟。若乃巡郊澤，戲野坰，奏《君馬》，詠《南城》。慘巫山之迤險，歡《芳樹》之可榮。」〔註100〕

「說者云，鼓自一物，吹自竽、籟之屬，非簫、鼓合奏，別為一樂之名也。然則短簫鐃哥，此時未名鼓吹矣」，這段話說明最初鼓樂、吹樂各有所指，並非指簫、鼓合奏的「鼓吹樂」而言。有人認為此處所說的「鼓吹」非指鼓吹曲，而是指壯大軍威的「擊鼓歌吹」的簡稱。〔註101〕

至魏晉南北朝時期，鼓吹樂多依漢制，多用漢舊曲。南朝梁沈約《梁鼓吹曲十二首》詩序：「鼓吹，宋齊並用漢曲，又克庭用十六曲，梁祖乃去四曲，合日時也。更製新歌以述功德。」

西漢時期，鼓吹樂由樂府官署管轄，由樂府中的鼓吹樂人演奏。東漢時期，設立了黃門鼓吹署以掌鼓吹。鼓吹樂是漢代宮廷朝會、祭祀、典禮、行駕、宴飲等儀式中重要的音樂形式。晉代孫毓《東宮鼓吹儀》載：「禮樂之教義有所指，給鼓吹以備典章，出入陣作，用以移風易俗。」以備典章之用的鼓吹樂，成為統治者昭顯功德，威懾人民、維護統治地位的手段之一。由上可見，鼓吹樂在西漢時雖由樂府掌管，但卻多用於漢代祭祀、典禮、行駕、宴飲、軍隊行軍和凱旋等場合，是統治者的儀仗音樂，應屬於廣義雅樂範疇。鼓吹樂有時在宮廷宴饗時演奏，有時在出行時演奏，還用於大臣喪葬、出兵、上任等一些場合，其規格較為隆重。同一首鼓吹樂曲在掌管俗樂為主的樂府中演奏就是俗樂，在祭祀、行駕等場合演奏又變成雅樂。可見，雅樂與俗樂二者的關係，在一定環境和場合下可以相互轉化，並不是完全對立的。

第五節　馬王堆三號漢墓出土樂器所示音樂文化性質

黃翔鵬《樂問》第二十九：「漢樂雅俗，其界安在」中提出：軑侯利氏家族和奉常、太常是有一定關係的，這條歷史線索能幫助我們根據馬王堆軑侯

〔註100〕〔晉〕　陸機，陸機集〔M〕，北京：中華書局，1982。
〔註101〕楊生枝，樂府詩史〔M〕，南寧：青海人民出版社，1985：44。

墓的出土樂器，判斷利氏家族所用音樂的雅俗界限嗎？〔註102〕據馬王堆軑侯利氏墓出土樂器，黃先生提及的利氏家族用樂的雅俗界限值得關注。這個問題還涉及到其他諸多相關墓葬出土樂器的音樂文化性質歸屬。

　　1972年至1974年初，考古工作者在湖南省長沙市東郊瀏陽河旁的馬王堆遺址發掘了三座西漢初期的墓葬，即馬王堆（一號、二號、三號）漢墓。馬王堆三座漢墓出土文物共計三千餘件，如漆器、絲織品、兵器、印章、帛書等，其中亦有大量樂器、樂舞俑、樂牘及與音樂相關的簡文等音樂文物。馬王堆漢墓隨葬品中的音樂文物，反映出墓主人具有較高的藝術造詣，用樂規模足見其對禮樂制度的享用、嚮往與追求。馬王堆漢墓出土文物之豐富、雕琢之精美，不僅爲研究漢初社會文化提供了良好依據，也爲研究馬王堆漢墓的音樂文化屬性奠定了基礎。

一、「軑侯利氏」家族的世系情況

　　馬王堆漢墓爲第一代軑侯、長沙丞相利蒼及其妻兒的墓葬。關於「軑侯利氏」家族僅在《史記》和《漢書》中可見相關記載。

　　《史記·惠景間侯者年表》載：「軑，長沙相，侯七百戶。（惠帝）二年四月庚子，侯利倉元年。高后三年，侯豨元年。孝文十六年，侯彭祖元年。元封元年，侯秩爲東海太守，行不過請，擅發兵卒爲衛，當斬，會赦，國除。」〔註103〕

　　《漢書·高惠高后文功臣表》載：「軑侯黎朱蒼，以長沙相侯，七百戶，二年四月庚子封，八年薨。高后三年，孝侯豨嗣，二十一年薨。彭祖嗣，二十四年薨。侯扶嗣，元封元年，坐爲東海太守，行過擅發卒爲衛，當斬，會赦，免。玄孫，江夏。六世，元康四年，蒼玄孫之子竟陵簪裹漢詔復家。」〔註104〕

　　《史記》和《漢書》對軑侯利氏家族的記載大致相同，僅在第一代和第四代軑侯的稱謂上有所區別。《漢書》中將第一代軑侯「利倉」稱爲「黎朱蒼」，第四代軑侯「秩」稱爲「扶」。上述二文獻所示軑侯世系表如下：

〔註102〕黃翔鵬，樂問〔M〕，北京：中央音樂學院學報社，2000：44。
〔註103〕〔漢〕司馬遷，史記·惠景間侯者年表〔M〕，北京：中華書局，1982：978。
〔註104〕〔漢〕班固，漢書·高惠高后文功臣表〔M〕，北京：中華書局，1962：618。

圖表 18　軑侯家族世系表

次　序	姓　名	在位時間	公元紀年	備　註
第一代	利倉	孝惠二年四月至高后二年	（前 193～前 186）	利倉亦作「黎朱蒼」，前 186 年卒
第二代	利豨	高后三年至孝文十五年	（前 185～前 165）	利倉之子，前 165 年卒
第三代	利彭祖	孝文十六年至孝景後元三年	（前 164～前 141）	利倉之孫，前 141 年卒
第四代	利秩	孝武建元元年至元封元年	（前 140～前 110）	利倉之曾孫，利秩亦作「扶」，秩任東海太守時，因出行未經請示而擅自派遣兵卒爲其守衛，理當處斬，但遇赦免，除去死罪

　　因第四代軑侯利秩犯下死罪，雖遇大赦，但軑侯家族官職理應就此終止，其後輩不能擔任軑侯官職。《漢書》中亦有對於軑侯後代的一點記載：利倉玄孫名爲江夏，文獻中未記載其具體作爲；江夏之子即利倉來孫，孝宣元康四年時（前 62 年）「竟陵簪褭漢詔復家」，可知軑侯家族在「六世復家」。

二、馬王堆二號漢墓主人──第一代軑侯利蒼

（一）第一代軑侯利蒼在長沙國任職及職位變遷情況

　　王國維先生在《古史新證·總論》提出史學研究要將「紙上之材料和地下之新材料」相結合的二重證據法。採用這種互證的二重證據法，可以將古史中的諸多疏漏及訛誤及時糾正。如前所述，《史記》和《漢書》中將第一代軑侯利氏分別寫作「利倉」和「黎朱蒼」，但從二號墓出土的「軑侯之印」龜紐銅印、「長沙丞相」銅印和「利蒼」玉印〔註105〕三個印章可知，軑侯利氏準確之名應爲「利蒼」，而非「利倉」和「黎朱蒼」，故下文皆用「利蒼」之名。賈誼《新書·等齊》：「天子之相，號爲丞相，黃金之印；諸侯之相，號爲丞相，黃金之印，而尊無異等，秩加二千石之上。天子列卿秩二千石，

〔註105〕三墓所出印章、封泥的情況，見湖南省博物館、中國科學院考古研究所，馬王堆一號漢墓〔M〕，北京：文物出版社，1974，另長沙馬王堆二、三號墓發掘簡報，文物〔J〕，1974：7。

諸侯列卿秩二千石，則臣已同矣。」〔註106〕在馬王堆二號漢墓中雖未見諸侯之相所用的「黃金之印」，可見此銅印爲明器，但也足可表明軑侯當時的任職情況。

　　馬王堆三個漢墓的規模相差較大，一號墓規模最大，其次爲三號墓，軑侯利蒼墓（二號墓）規模最小。二號墓中出土的三顆印章表明，馬王堆係第一代軑侯及其妻兒的墓葬。下表爲馬王堆二號、三號、一號（按照卒年順序排列）墓主人家庭關係及下葬年代。

圖表 19　馬王堆二號、三號、一號漢墓主人、關係、下葬年代表

墓　　號	二號墓	三號墓	一號墓
墓主人	軑侯利蒼	軑侯狶	辛追
家庭關係	第一代軑侯，長沙丞相	第一代軑侯之子，即第二代軑侯	第一代軑侯之妻
下葬年代	呂后二年（前 186 年）	文帝十二年（前 168 年）	文帝十二年後

　　一號墓與二號墓東西並列在一起，按漢代葬俗，此爲不同穴的夫妻合葬墓，墓中多有「軑侯家」物主銘文和「軑侯家丞」的封泥。二號墓出土了一支殘簡，上有「率卒與長沙王」等字，記載了利蒼與長沙王的關係。從「長沙國王世系表」可明晰看出，利蒼在長沙國的任職情況及其與長沙王的關係。

圖表 20　第一代軑侯利蒼與長沙王關係及在長沙國任職情況表

長沙國王名	封王時間	公元紀年	備　　註
長沙文王吳芮	高祖五年	前 202 年	此紀年爲文王元年，芮於當年卒，其子臣繼位
長沙成王吳臣	高祖六年	前 201 年	此紀年爲吳臣元年
	惠帝元年	前 194 年	吳臣於吳臣八年卒，其子回繼位
長沙哀王吳回	惠帝二年	前 193 年	此紀年爲吳回元年，軑侯利蒼於此年由長沙丞相受封爲軑侯
	高后元年	前 187 年	吳回於吳回七年卒，其子右繼位
長沙恭王吳右	高后二年	前 186 年	此紀年爲吳右元年，軑侯利蒼爲侯八年，於此年卒
長沙靖王吳著	文帝二年	前 178 年	此紀年爲吳著元年，著在位達二十二年

〔註106〕〔漢〕賈誼，新書〔M〕，上海古籍出版社，1989：16。

《水經注》記述長沙國城的地理位置爲：「漢惠帝元年，封長沙相利倉爲侯。國城在山之陽，南對五洲也。江中有五洲相接，故以五洲爲名。」〔註107〕《讀史記十表》中對利蒼受封軑侯的情況介紹爲：「長沙王相利倉，則以吳芮忠而無功，得侯者也。」

據馬王堆漢墓出土的「長沙丞相」印及以上二文獻中記載可知：利蒼大概在高祖十年（前 197 年）赴任長沙國丞相。西漢初期，中央政治集團的丞相權利很大。和當時其他諸侯國相比，古長沙國僅是西漢王朝的一個邊緣小諸侯國。利蒼雖爲長沙國的丞相，後任軑侯，但馬王堆一號、三號、二號漢墓出土器物所示的墓葬規模、形制及享用之器堪稱規模宏大，可知軑侯利氏家族在當時享有很高的社會地位。馬王堆漢墓出土的諸漆器款識均爲「軑侯家」，緘封竹笥及陶罐等物的大多數封泥亦爲「軑侯家丞」。《漢書·百官公卿表》記載：「徹侯金印紫綬，避武帝諱，曰通侯，或曰列侯。改所食國令長名相，又有家丞，門大夫、庶子。」〔註108〕《後漢書·百官志》中載，「列侯，所食縣爲侯國……其家臣，置家丞，庶子各一人。」〔註109〕注云：家丞爲「主侍侯，主理家事」的「家臣」。

《漢書·高惠高后文功臣表》載，平皋煬侯劉它「漢六年以碭郡長初從，功比軑侯。」〔註110〕《史記·高祖功臣侯者年表》：「平皋項它，漢六年以碭郡長初從，賜姓爲劉氏；功比戴侯彭祖，五百八十戶。」〔註111〕對照可知《史記》記載的訛誤之處：平皋煬侯劉它原名項它，西漢六年由漢高祖劉邦賜姓，更名劉它。劉它和第一代軑侯利蒼同時代，非《史記》記載的「功比戴侯彭祖」。因《漢書·高惠高后文功臣表》已記載劉它「七年十月癸亥封，十年薨」，可知劉它任平皋煬侯時間爲高祖七年（前200年）至孝惠五年（前190年），任職十年，與第一代軑侯利蒼同處一個時代。《漢書·諸侯王表》云：「漢興之初，海內新定，同姓寡少。懲戒亡秦孤立之敗，於是剖裂疆土，立二等之爵，功臣侯者百有餘邑，尊王子弟，大啓九國。」〔註112〕這裡所謂「立二等之爵」，就是設立兩個等級的諸侯，即所謂「大者王，小者侯也」。《後漢書·

〔註107〕 〔北魏〕酈道元，水經注〔M〕，北京：中華書局，1991。
〔註108〕 〔漢〕班固，漢書·百官公卿表〔M〕，北京：中華書局，1962：740。
〔註109〕 〔南朝宋〕范曄，後漢書·百官志〔M〕，北京：中華書局，1965：3629。
〔註110〕 〔漢〕班固，漢書·高惠高后文功臣表〔M〕，北京：中華書局，1962：578。
〔註111〕 〔漢〕司馬遷，史記·惠景間侯者年表〔M〕，北京：中華書局，1982：929。
〔註112〕 〔漢〕班固，漢書·諸侯王表〔M〕，北京：中華書局，1962：393。

百官志》注說：「列侯者，依古列國諸侯之義也。」西漢初期對列國諸侯的排位較重視，通過對列國諸侯的排位可見其在當時所做出的貢獻及起到的作用。《漢書・高惠高后文功臣表》爲呂后二年時丞相陳平奉命對當時137名列侯進行位次排序，利蒼排在第120位，與他功勞相當的劉它，排在121位。雖然利蒼排位稍高於與高祖共同打天下的劉它，但遺憾的是，文獻中未見他任長沙國丞相前的相關事迹，在出土的二號墓中也未見相關記載。通過《史記》《漢書》二文獻及馬王堆出土木牘的互證，可明晰見得《史記》記載的訛誤之處。《史記》中認爲平皐煬侯劉它「功比戴侯彭祖」之「彭祖」二字，實爲混淆史實、畫蛇添足之筆。

三、馬王堆一號漢墓主人——第一代軑侯之妻辛追

一號墓出土有「妾辛追」印章，隨葬器物中亦多見「軑侯家丞」和「軑侯家」印章，可判定馬王堆一號漢墓主人爲第一代軑侯之妻辛追。關於「辛追」的史實均未見史書記載。

一號墓出土樂舞俑共13件，其中歌舞俑8件、樂俑5件。計有鼓瑟俑3件（瑟模型3件），吹竽俑2件（竽模型2件），歌唱俑4件及舞俑4件。出土時，鼓瑟俑、吹竽俑及歌舞俑全部置於槨室北邊箱內。

圖5　長沙馬王堆一號漢墓樂舞俑

一號墓還出土了3件有關音樂的簡文。這3件簡文與其他竹簡同被置於

槨室東邊箱北端。簡文內容爲：「瑟一樋（越）閩錦衣一赤掾（緣）」、竽一樋（越）閩錦衣素掾（緣）」、「竽律印熏衣一。」馬王堆一號漢墓出土了瑟、竽各一件及竽律一套，與樂簡記載相符。而竽律略有出入，竽律用「信期繡」娟竽律套，與簡文「印熏」不同。〔註113〕

圖6　長沙馬王堆一號漢墓簡文

　　馬王堆一號漢墓爲帶有墓道的大型長方形豎穴土坑木槨墓，墓中出土了龐大的棺槨，一具完好如初的女屍，還有隨葬的紡織品、漆木器、木俑、竹笥、陶器、帛畫及音樂文物等共計一千餘件器物。此墓隨葬的音樂文物中，除有25弦瑟外，還有竽、竽律、鼓瑟吹竽樂俑等。出土時，瑟和竽在一起，置於西邊箱第三層南側。竽裝在竽衣裏，斜放在瑟面上邊尾端處，外面罩以瑟衣。竽律在東邊箱第二層北側，12支竽律管分別插在竽律衣的12個筒形袋中。

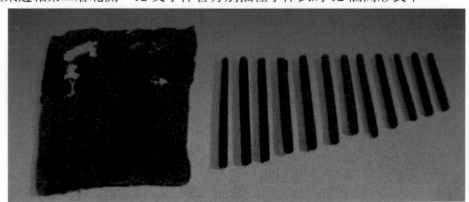

圖7　長沙馬王堆一號漢墓竽律

　　馬王堆一號漢墓出土器物之壯觀，足見軑侯家族顯赫的地位與權勢。

〔註113〕高至喜，熊傳薪，中國音樂文物大系・湖南卷〔M〕，河南：大象出版社，2006：299。

四、馬王堆三號漢墓主人──第二代軑侯利豨

三號墓出土木牘表明，該墓下葬於文帝初元十二年（前 168 年），與《漢書》所載利蒼卒年（前 185 年），相距 17 年。三號墓的規模較之利蒼墓更爲浩大，可見在利蒼死後近 20 年時間中，軑侯家族仍享受較高的社會地位。

三號墓出土的一件紀年木牘中，有墓主人下葬時間的記載，上書「十二年二月乙巳朔戊辰，家丞奮移主藏郎中，移藏物一編，書到先質，具奏主藏君。」但據《漢書》記載，西漢初期超過十二年的紀年僅爲高祖十二年和文帝初元十六年。三號墓出土了諸多漆器銘文爲「軑侯家」，但高祖時利蒼仍爲長沙丞相，還未被封爲軑侯。可知三號墓主人爲文帝初元時期的軑侯，即第二代軑侯──利豨。木牘記載墓主人下葬時間爲漢文帝十二年（前 168 年）二月二十四日，與《史記》和《漢書》中對於第二代軑侯豨去世時間的記載文帝十五年（前 165 年），相距三年。有學者認爲漢初仍保留先秦守孝三年的制度，即下一代軑侯要爲前一代軑侯守孝三年，之後方可承襲其官職。據三號墓出土的《喪服圖》所記「三年喪，屬服廿五月而畢」，可知在漢初仍沿襲先秦喪服制度的重要組成部分──「行喪三年」禮儀，軑侯家族履行過三年的喪禮。第三代軑侯彭祖只能待第二代軑侯死後服滿三年喪禮才能承襲爵位，這樣才能夠解釋爲何出土木牘中的下葬年代和《史記》和《漢書》記載中存有三年誤差。馬王堆漢墓出土的銅印、玉印及木牘，及時糾正了文獻記載訛誤及不足之處。再一次證實了史學研究必須要取紙上文獻與地下實物相結合的「二重證據法」。

由三號墓墓主人死時年齡爲 30 歲左右推算，在第一代軑侯去世之際，其僅爲十多歲的少年。試問一個十餘歲的少年，如何承繼第二代軑侯一職？據《漢書·高惠高后文功臣表》：「醴陵侯越，以卒從，漢二年起櫟陽，以卒吏擊項羽，爲河內都尉，用長沙相侯，六百戶。」由此可知，第二代軑侯利豨實僅承襲了軑侯之封爵，並未眞正做到軑侯應盡之職。此時期內眞正盡到軑侯職責的，應爲隨高祖劉邦一同打天下的原河內都尉醴陵侯越。傅舉有先生曾作以這樣的推測：「呂后二年（前 186），第一代軑侯、長沙國丞相利蒼去世時，利豨還是一個嘴上沒毛的十五六歲少年。如果由他承襲父職，擔任長沙國丞相之職，統帥百官，處理國家政事，顯然不太適合。因此，漢中央朝廷決定調經驗豐富、老成持重的河內都尉越，前來接任了丞相之位，作爲利蒼長子的利豨只是暫時承襲了父親那軑侯的封爵，沒有出任重要官職。」但通過三號漢墓出土的眾多關於軍事戰略圖及簡文中可得悉三號墓主人──第二

代軑侯利豨後來應實任軑侯一職，並爲武官，享有較高的等級。

　　三號墓出土遣策中對墓主人第二代軑侯利豨在棺制、家丞和家吏數量、銘旌、車騎、宦者、謁者等方面均有詳細記載，足見第二代軑侯利豨在當時所享有的社會地位及其他方面的具體狀況，符合《史記》、《漢書》、《後漢書》、《漢官儀》等文獻中的「列國諸侯」所享之等級。如棺制方面，《禮記・檀弓》說：「天子之棺四重。」鄭玄注：「諸公三重，諸侯再重，大夫一重，士不重。」「諸侯再重」即諸侯使用三層套棺，出土情況表明，三號墓亦爲三棺，符合諸侯之制，且棺槨保存相對完整，三棺置於槨室中央。又如車騎方面，三號墓出土的遣策竹簡中載有「家丞一人」、「家吏十人」、「宦者九人」、「謁者四人」，共計 24 人之多。又據遣策記載，三號漢墓主人利豨生前的車騎隊伍包括「安車一乘駕六馬」、「大車一乘駕六馬」、「溫車二乘乘駕六馬」、「輬車二乘乘駕六馬」、「大車一乘駕四馬」、「軺車二乘乘駕三匹」、「騎九十六匹，匹一人」、「胡騎二匹，匹一人」、「甾車一乘，馬一，豎十人」、「牛、牛車各十，豎十人」、「付馬二匹」等。身爲侯的利豨所用駕馬數居然堪比皇帝，其原因在於西漢建國初爲安定諸侯，國家允許他們在某些方面享有天子般等級，所謂「官室百官，同制京師」。

　　三號墓隨葬品中還發現了墓主人「利豨」的封泥，但其中的「軑侯家丞」封泥和一號墓中出土的「軑侯家丞」封泥款識不同，表明三號墓主人另享有自己的家丞，即第一軑侯利蒼去世之後軑侯家便分爲兩個家丞，一爲一號墓主人軑侯利蒼夫人辛追的家丞，另爲三號墓主人第二代軑侯利豨的家丞。三號墓遣策竹簡記載，第二代軑侯利豨享有頗具規模且分工明確的各類侍從：「右方男子明童凡六百七十六人。其十五人吏，九人宦者，二人偶人，四人擊鼓、鐃、鐸，百九十六人從，三百人卒，百五十人婢。」軑侯利氏家族在各方面均享有規模龐大、奢華的諸侯之制。

圖 8　長沙馬王堆三號漢墓樂牘

五、三號墓中出土簡文與音樂文物所示墓主人所享音樂之文化性質

　　據前所述，三號墓的墓主人爲利豨，其墓葬在一號墓的腳下，二者爲母子關係。三號墓出土與音樂相關的簡文共 18 件，提及的樂人達數十人。簡文內容如下：「琴一青綺繡素裏蔡（彩）繢掾（緣）」、「琴笥二」、「瑟一繡繡素裏繢掾（緣）」、「竽一錦繡素裏繢掾（緣）」、「鍾鈸（？）各一楮」、「屯（錞）於鐃鐸各一」、「鐃鐸各一擊者二人」、「擊屯（錞）於鐃鐸各一人」、「鍾錚（？）各一有櫃擊者二人」、「青綺琴橐一素裏蔡（彩）繢掾（緣）」、「河間舞者四人」、「鄭舞者四人」、「楚歌者四人」、「河間瑟一鼓者一人」、「鄭竽瑟各以炊（吹）鼓者二人」、「楚竽瑟各以炊（吹）鼓者〔二人〕」、「建鼓一羽旌劫卑二鼓者二人操枹」、「築一擊者一人」。〔註114〕

圖表 21　三號墓出土簡文中樂器相關示意表

撥絃樂器			打擊樂器			吹奏樂器		
樂器名稱	樂器數目	樂人數目	樂器名稱	樂器數目	樂人數目	樂器名稱	樂器數目	樂人數目
琴	1		鍾	1楮		竽	1	
瑟	1		鈸	1楮		鄭竽	1	1
河間瑟	1	1	錞於	1	1	楚竽	1	1
鄭瑟	1	1	鐃	1	1			
楚瑟	1	1	鐸	1	1			
			鍾	1櫃	1			
			錚	1櫃	1			
			建鼓	1	2			
			築	1	1			

圖表 22　三號墓出土簡文中歌舞相關示意表

歌　者		舞　者	
所屬地區	人　數	所屬地區	人　數
楚歌者	4	河間舞者	4
		鄭舞者	4

〔註114〕陳松長，馬王堆三號漢墓簡〔M〕，上海書畫出版社，2000。

　　馬王堆三號墓出土與音樂相關的簡文顯示，墓主人利豨所享用多達數十人的中型樂隊，其音樂性質應屬雅樂、俗樂兼備。18 件簡文中既包括琴、瑟、鍾、鈸、錞於、鐃、鐸等雅樂樂器，也包括河間瑟、鄭瑟、楚瑟、鄭竽、楚竽等地方音樂所用的俗樂樂器，以楚歌者、河間舞者及鄭舞者等表演的地方樂舞與樂器演奏相配。

　　三號墓共出土歌俑 4 件、舞俑 8 件、樂俑 17 件，共計 28 件，未有簡文中記載之多。三號墓隨葬音樂文物有竽、七絃琴各一件及竹笛兩件，另有大量作爲明器的樂器，如木瑟（已殘）、木築、木編鍾、木編磬等 21 件。木編鍾 10 件一編，附鍾架，出土時置於槨室北邊箱內。木編磬亦 10 件一編並附磬架。

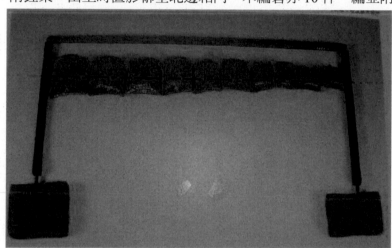

圖 9　長沙馬王堆三號漢墓木編鍾

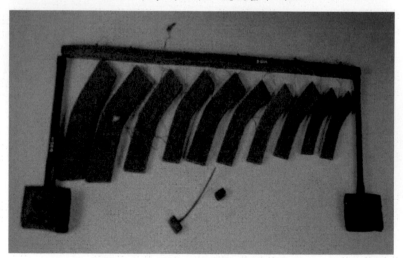

圖 10　長沙馬王堆三號漢墓木編磬

　　三號墓出土樂器、歌舞俑不難看出，墓主人在生前較喜好河間、鄭、楚等地民間音樂。然而，墓主人卻希望自己去世後以雅樂樂器入葬，以彰顯其身份及社會地位。雖然三號墓木編鍾和木編磬都是明器，但從某種程度來說，隨葬品還是能夠體現出墓主人生前任諸侯時所享之較高等級。使用明器的原因，可能是當時金石等冶煉技術因戰亂失傳，亦或軑侯家道中落。三號墓主人對禮樂器等隨葬品的陳設與使用，體現出強烈追求禮樂制度的傾向。古代禮樂制度中的雅樂作爲一定時空、地點和場合中禮制用樂的框架，用樂規模在很多墓葬均可窺見一斑。馬王堆三號漢墓出土禮樂器等隨葬品表明，墓主人希望享受並追求的音樂文化性質疑爲雅樂規格。

　　馬王堆二號漢墓（第一代軑侯利蒼之墓）較一號墓和三號墓的規模小很多，由於被盜嚴重，所葬樂器已無從知曉。從馬王堆一號、三號漢墓出土樂器（含明器）情況看，第一代軑侯時家族尚未衰落，墓主人應享受更爲奢華的生活，擁有相當規格的歌舞樂人，馬王堆漢墓是漢初封建社會貴族生活的縮影。

六、軑侯家族與奉常、太常關係

　　據《漢書‧百官公卿表》，孝景中元五年（前 145 年），軑侯吳利掌管奉常。然而，軑侯家族世系表中的幾任軑侯均未見吳姓者，其子孫亦無名吳利者。黃翔鵬在《樂問》第二十九問提出「軑侯家族和奉常、太常有一定的關係」的觀點，但未做詳細考證。筆者通過進一步考證，認同黃先生的觀點。據《漢書‧百官公卿表》所列太常任職人員表，太常通常由列國諸侯充任。太常，中二千石，位列九卿之首，官居清要，職務繁重。《百官公卿表》中提及「軑侯吳利爲奉常」〔註 115〕的任職時間，恰好和第三代軑侯利彭祖在位時間吻合，極有可能是在利彭祖爲軑侯時兼任奉常。利彭祖任奉常時，恰逢孝景帝中元六年（前 144 年）將「奉常」更爲「太常」，且《漢書‧百官公卿表》說，中元六年（前 144 年），「奉常利更爲太常」。高后三年（前 141 年）之際，任職太常者更爲柏至侯許昌。據《史記》和《漢書》記載，柏至侯許昌任太常的高后三年（前 141 年）就是利彭祖去世這一年。鑒於上述文獻記載，筆者推斷：利彭祖疑在孝景中元五年（前 145 年）至高后三年（前 141 年）任職奉常、太常，後因去世，太常更換爲其他列侯。《漢書‧百官公卿表》所列

〔註 115〕〔漢〕班固，漢書‧高惠高后文功臣表〔M〕，北京：中華書局，1962：764。

「軑侯吳利」曾任奉常和太常，實爲訛誤，其時應爲「軑侯彭祖」任職奉常和太常。太常主管祭祀社稷、宗廟、朝會、喪葬禮儀，管理皇陵、寢廟所在縣邑，每月巡視諸陵，另兼管文化教育，博士和博士弟子的考覈、薦舉、補吏亦由其主持。通過馬王堆出土器物可知二號墓主人（第一代軑侯利蒼）、三號墓主人（第二代軑侯利狶）生前所享各項禮儀的情況。作爲奉常與太常的第三代軑侯利彭祖也應受其家族影響，熟知諸侯所享禮儀，更因任職奉常、太常而使軑侯家族與奉常、太常產生淵源不斷的關係。

　　文獻中亦對東漢時期軑侯的任職情況作以記述，由淮陵侯王霸之子王符任軑侯。《湖廣通志》卷二十七：「軑侯王符，淮陵侯王霸子，徙封軑侯。」此處是關於淮陵侯王霸之子王符被封爲軑侯的記載，未有具體在位年限，故未詳其具體情況。《後漢書》中亦有對王符後世任軑侯的記載。《後漢書‧銚期王霸祭遵列傳》：「子符嗣，徙封軑侯。符卒，子度嗣。度尚顯宗女濬儀長公主，爲黃門郎。度卒，子歆嗣。」此係東漢時期任職軑侯的情況，非本文研究內容，僅供參考。

第四章 異文化交流與融合時期的雅樂——以魏晉南北朝和隋唐雅樂為例

　　前文已將西周至漢代雅樂分為三個階段，即早期形成的雅樂、「禮壞樂崩」影響下的雅樂及大一統時期重構的雅樂情況作具體論述。不難看出，雅樂自形成以來，其內涵和外延一直處於不斷發展和變化中。本章以魏晉南北朝和隋唐雅樂具體事項為例，試對經漢代重構之後的雅樂興衰情況進行剖析，將其概念不斷變化、擴大的流變過程作具體闡釋。

第一節　魏晉南北朝雅樂

　　漢末董卓之亂，使搖搖欲墜已久的漢王朝終於瓦解。軍閥割據，戰爭迭起，王室貴族爭相殺戮，北方游牧民族不斷湧入。魏晉南北朝是中國歷史上最動蕩的時期，是政權更迭最頻繁的時期，也是北方與南方、少數民族與漢族之間文化不斷交流與融合的時期。魏晉南北朝由三個階段組成，一為三國時期魏、蜀、吳；二為命祚短促的西晉；三為西晉滅亡後，北方先形成五胡十六國割據形勢，後有北魏、東魏、西魏、北齊、北周等國家的更替；南方形成東晉、宋、齊、梁、陳等王朝的嬗替。

　　這一時期，隨著北部和西部地區少數民族不斷遷入內地，東晉的南遷及北方戰亂紛繁等情況，導致北方百姓大量南遷。魏晉南北朝三百六十餘年間，共有三十餘個大大小小的王朝興衰更替，新的文化因素互相影響，互相滲透。戰亂與格局打破了秦漢大一統帝國時期的一元化政治模式，西漢中期以經學為主，以獨尊儒術為重要內核的文化模式逐步瓦解。少數民族文化進入內地

後與漢民族文化交流與融合，使我國原以漢民族爲主的文化不斷豐富起來，爲這一時期音樂文化發展注入新鮮血液。由於朝代迅疾更替，魏晉南北朝時期的雅樂創制表現出曇花一現、斗轉星移的特點。

一、曹魏雅樂

曹魏創建於公元 220 年，曹丕篡漢並建都洛陽，其統治範圍包括黃河流域、淮河流域、長江中游的江北及甘肅、陝西、遼寧的大部分地區，於公元 265 年滅亡，共經歷五個帝王。

（一）曹魏雅樂情況

魏文帝在黃初二年（公元 221 年）將漢代雅樂全面更名，以示不相襲，但雅樂內容則無變異。具體雅樂創作情況見附錄 2 圖表 1。

曹魏始建宗廟，王粲與和洽、衛覬、杜襲等同拜侍中。當時舊制禮儀廢弛，朝中正要興造新的典章制度，故使王粲與衛覬等典其事。王粲強記默識，善算術行文；著詩、賦、論、議垂六十篇，並創作了《俞兒舞歌》四篇，見附錄 2 圖表 2。

曹魏時期的雅樂創作也有新發展。《三國志・魏書・武帝紀》：「太祖自統御海內，……登高必賦，及造新詩，被之管絃，皆成樂章。」太祖曹操逢樂必賦新詩，所作新詩都合於管絃，創作出許多新的雅樂曲。

高皇帝、太皇帝、太祖、高祖、文昭廟，兼用前代之樂及《武始》、《太鈞》之舞。太祖武皇帝樂用《武始之樂》，高祖文皇帝樂用《咸熙之舞》，制定本朝之樂爲《章斌之舞》。「至於群臣述德論功，建定烈祖之稱，而未制樂舞，非所以昭德紀功。夫哥以詠德，舞以象事。於文，文武爲斌，兼秉文武，聖德所以章明也。臣等謹制樂舞名《章斌之舞》。」〔註 1〕「自漢高祖、文帝各逮其時，而爲《武德》、《四時》之舞，上考前代制作之宜，以當今成業之美，播揚弘烈，莫盛於《章斌》焉。」〔註 2〕可見《章斌之舞》表達出歌頌統治者功績之意。並規定祭祀圓丘以下，用《武始舞》和《咸熙舞》。

漢代房中樂《安世房中歌》歌辭：「高張四縣，神來燕享，嘉薦令儀，永受厥福」，實已無歌頌后妃之德之意。魏文帝將漢代的《安世房中歌》更名爲《正始之樂》，而繆襲又將《安世》改爲《享神》，王粲所造《安世詩》，已亡佚。

〔註 1〕〔南朝梁〕沈約，宋書・樂志〔M〕，北京：中華書局，1974：535。
〔註 2〕〔南朝梁〕沈約，宋書・樂志〔M〕，北京：中華書局，1974：535。

《南齊書・樂志》載，「魏歌舞不見，疑爲用漢辭也。」〔註3〕曹魏重新制定天子之制，設宮縣之樂和八佾之舞。繆襲又奏曰：「『文昭皇后廟，置四縣之樂，當銘顯其均奏次第，依太祖廟之名，號曰昭廟之具樂。』尚書奏曰：『禮，婦人繼夫之爵，同牢配食者，樂不異文。昭皇后今雖別廟，至於宮縣樂器音均，宜如襲議。』又散騎常侍王肅議曰：『今祀圓丘方澤，宜以天子制，設宮縣之樂，八佾之舞。』」〔註4〕經繆襲、尚書及王肅三人上奏，曹魏廟樂使用宮縣之樂及八佾之制。

（二）雅樂郎杜夔制定雅樂──杜夔對於恢復雅樂的貢獻

《三國志・魏書・方技傳》對杜夔身份與經歷有詳細介紹。杜夔，字公良，河南人，因通曉音律而擔任雅樂郎。後因世亂逃奔荊州，當時荊州牧劉表命杜夔和孟曜爲漢朝皇帝創制雅樂。雅樂創作完備後，劉表即讓雅樂在自己面前表演，杜夔諫言說：「這是將軍號稱爲漢朝皇帝創作的雅樂，將軍若要在自己面前表演，恐怕不太好吧。」於是，劉表聽從杜夔諫言停止雅樂演奏。可見杜夔對於典章制度的遵守，並能夠及時提出諫言阻止劉表犯錯。

東漢末年天下大亂，樂工紛紛四處逃亡，樂器制度也因此湮滅。因劉表之子劉琮投降魏太祖曹操，使曹操平定荊州後獲得雅樂郎杜夔。曹操命杜夔爲軍謀祭酒，參與太樂相關事宜，讓他制定樂器的音調，並根據當時的尺度制定樂律，創制雅樂。

杜夔熟悉鍾律，才思過人，絲竹樂器無所不能，但歌舞非他所長。當時有散郎鄧靜、尹齊擅長歌詠雅樂，歌師尹胡能夠演唱宗廟郊祀之曲，舞師馮肅、服養知曉前代諸樂舞。杜夔總領精心研究，遠則參詳經書，近則參考事實，考究古樂，始設三面懸掛軒懸之制的鍾磬樂，自杜夔起才將前代的古樂恢復。

據《宋書・樂志》記載，魏武帝時，雅樂始有樂舞、登歌、雅樂曲三類。前兩類以漢樂舞及登歌改名而來，第三類爲杜夔所傳。第一類「樂舞」十部，具體樂舞名稱見附錄2圖表1；第二類「登歌」二部：《安世》和《巴渝》，均有軍謀祭酒王粲改制其辭〔註5〕；第三類「雅樂曲」爲杜夔所傳舊雅樂四曲：一曰《鹿鳴》；二曰《騶虞》；三曰《伐檀》；四曰《文王》，皆爲古樂歌辭。「正旦大會，太尉奉璧，群后行禮，東廂雅樂郎作者是也。今謂之行禮曲，姑洗

〔註3〕〔南朝梁〕蕭子顯，南齊書・樂志〔M〕，北京：中華書局，1974：167。
〔註4〕〔南朝梁〕沈約，宋書・樂志〔M〕，北京：中華書局，1974：537。
〔註5〕〔南朝梁〕沈約，宋書・樂志〔M〕，北京：中華書局，1974：538～539。

廟所奏。按《鹿鳴》本以宴樂為體，無當於朝享，往時之失也。」〔註6〕以上四首雅樂曲為宮廷常御之樂。

太和年間（公元 227 年～233 年），左延年更改杜夔所傳《騶虞》、《伐檀》、《文王》三曲，重新進行創作。雖杜夔所傳的三首雅樂曲曲名猶在，但經左氏改創，其舊有音樂已不復存在。杜夔所傳的四首雅樂曲僅剩《鹿鳴》一曲尚未改變。到黃初中，柴玉、左延年等人又以新聲受寵，改變了雅樂聲韻。

杜夔所傳的四首雅樂曲作為正月初一朝會時東廂常作之樂，後將其中的三篇改為行禮之詩。一曰《於赫篇》，歌頌武帝，其樂與古《鹿鳴》相同；二曰《巍巍篇》，歌頌文帝，使用左氏進行改創過的《騶虞》；三曰《洋洋篇》，歌頌明帝，使用左氏進行改創過的《文王》。隨後，《鹿鳴》被再一次使用，而將《伐檀》去除。

黃初年間（公元 220～226 年），杜夔任太樂令、協律都尉。當時有一個叫柴玉的鑄鍾工匠，製作了很多新的器具。杜夔令柴玉鑄銅鐘，但他鑄的銅鐘多不符合銅鐘音高清濁之法，多次毀過重做。柴玉甚為討厭杜夔，並說杜夔隨意更改銅鐘音高的清濁，對他表示抗議。杜、柴二人分別將此事告於太祖曹操，曹操將所鑄的銅鐘取出來，反覆試聽，便知杜夔對於銅鐘音高的精細和柴玉的肆意妄為，遂處罰柴玉等人為養馬的兵士。但魏文帝曹丕喜愛柴玉，又曾讓杜夔和左駓等為賓客吹笙彈琴，令夔面露難色，文帝甚感不悅。後因其他的事情將夔抓起來，夔自認為從事與研習的是雅樂，有為官之本，但他總是表現出不滿，遂罷官直至去世。後來，他的學生河南邵登、張泰、桑馥都任職太樂丞，下邳的陳頏任職司律中郎將。自左延年等人開始，雖亦精通音樂，但他們所擅長的是俗樂，在好古存正方面遠不及杜夔。

二、兩晉雅樂

（一）西晉雅樂情況

三國時期繼曹魏之後，由司馬氏於公元 280 年統一中國，史稱西晉（公元 265 年～316 年）。《晉書・樂志》載，泰始二年（公元 266 年），晉武帝司馬炎下詔郊祀明堂等儀式所用禮樂暫因襲曹魏之制，遵循西周秉承殷禮之義，僅對樂章的歌辭進行修改，並令傅玄等人創作歌辭。

晉武帝司馬炎創立西晉之初，雅樂有樂舞、雅樂曲、郊廟歌等幾類。泰

〔註6〕〔唐〕房玄齡等，晉書・樂志〔M〕，北京：中華書局，1974：684。

始九年（公元 273 年），改魏《昭武舞》、《羽籥舞》爲《宣武舞》、《宣文舞》；郭夏、宋識創作《正德》、《大豫》二舞，其樂章歌辭均爲張華所作。咸寧元年（公元 275 年），詔定祖宗之號，《正德》、《大豫》施於郊廟。雅樂曲仍爲曹魏時期之四曲：《於赫》（聲節與古《鹿鳴》同）；《巍巍》（左延年所改《騶虞》聲）；《洋洋》（左延年所改《文王》聲）；《鹿鳴》（復用《鹿鳴》）。雅樂曲在沿用魏曲基礎上，刪除《伐檀》一曲，復用《鹿鳴》。由傅玄、荀勖、張華和成公綏等人新創作郊廟歌曲。關於雅樂樂器方面，西晉初荀勖父子曾修正鍾磬等雅樂樂器的音律，但未及完成便遭遇喪亂，雅樂傳統慘遭破壞。

據《晉書‧禮志》載元正嘉會禮儀可知，西晉由太樂署掌管雅樂登歌和食舉之樂，鼓吹署掌管鼓吹之樂。晉初，食舉樂也用《鹿鳴》之曲。泰始五年（公元 269 年），太僕傅玄、中書監荀勖、黃門侍郎張華分別創作了正旦行禮和王公上壽酒及食舉樂的歌辭。泰始九年（公元 273 年），光祿大夫荀勖依據杜夔所制的律呂，對太樂、總章、鼓吹所用音樂進行校對。但同律呂不合，又制定新的律呂，以和音調相協調。律呂制成後，太常令太樂、總章、鼓吹、清商施行新的律呂。

晉泰始中（公元 265 年～274 年），劉秀、鄧昊、王豔、魏邵等爲太樂郎，列和爲協律中郎將，其下樂人有郝生（鼓箏），宋同（吹笛）、魯基、種整、朱夏等。後陳頎爲司律中郎將掌領樂事。

荀勖於咸寧五年（公元 279 年）又根據新律呂而製作十二支笛，用來調音，修正雅樂音律，在殿庭演奏。荀勖自認爲以達到各音相諧和，但評論者還是認爲勖並未眞正掌握音樂之法度。晉元康中（公元 291 年～299 年），荀勖之子荀藩爲黃門侍郎，嗣其事，修金石郊廟之樂。

據《晉書‧樂志》載：「魏晉訖江左，猶有《夏育扛鼎》、《巨象行乳》、《神龜抃舞》、《背負靈嶽》、《桂樹白雪》、《畫地成川》之樂。」〔註7〕但令人遺憾的是因西晉末期（公元 311 年）戰亂，「樂人悉沒戎虜」，曹魏傳至西晉的古雅樂已隨樂人的分散不復存在。

（二）東晉雅樂情況

東晉（公元 317 年～420 年）爲西晉皇室後裔在南方建立的小朝廷，其統治範圍僅限於秦嶺淮河以南地區。

江左初立宗廟，尚書問太常祭祀所用樂名。太常賀循答曰：「魏氏增損漢

〔註 7〕〔唐〕房玄齡等，晉書‧樂志〔M〕，北京：中華書局，1974：718。

樂，以為一代之禮，未審大晉樂名所以為異。遭離喪亂，舊典不存。……舊京荒廢，今既散亡，音韻曲折，又無識者，則於今難以意言。」〔註8〕東晉面臨著「無雅樂樂器和伶人」的局面，舊的典章制度已不復存在，又無熟識雅樂者，更無知曉雅樂之意者。其後雖復得一些雅樂作品、登歌和食舉之樂，但雅樂的整體情況仍「猶有未備」。

元帝初（公元 317 年），由於無雅樂器和伶人，司馬睿詔省太樂並鼓吹令。後雖得登歌、食舉之樂，並未完備。晉明帝太寧末年（公元 326 年），又詔阮孚等人，增益朝中雅樂。咸和年間（公元 326～334 年），雅樂登歌和鼓吹食舉之樂，經前代積累，較為完備。成帝司馬衍乃重新設置太樂官署，鳩集散落四方的伶人、樂器以擴大太樂的規模。由於東晉王朝實力較為屢弱，世家大族把持朝政，地方諸侯割據，前朝樂人伶工多流落到地方，為官僚貴族享用，宮廷依然未備有金石之樂。此時，庾亮掌管荊州，和謝尚共同修復雅樂，但雅樂尚未完備之際，庾亮就已去世。庾翼和桓溫主要掌管軍事，乃至樂器放在庫房中直到朽壞。康帝建元（公元 343 年～356 年）後，禮樂逐漸完備。《晉書·列傳》載：「建元之後，……正議云唱，喪禮墮而復弘；遺音既補，雅樂缺而還備」。〔註9〕晉穆帝永和十一年（公元 355 年），拜謝尚為尚書僕射，鎮守壽陽。謝尚為國家集取樂人，並製石磬，以使太樂完備，雅樂才得以初步具備。後王猛平鄴，獲慕容氏之樂併入樂府，樂府規模也逐漸壯大。謝尚曾兩次出任地方採集樂人，製造樂器，為國家雅樂制度的建設做出了很大貢獻，「江表有鍾石之樂，自尚始也」。孝武帝太元中（公元 376 年～396 年），破苻堅，獲其樂工楊蜀等，他們都熟知舊樂，於是具備了四廂雅樂的規模。令曹毗、王珣等人為宗廟所用歌詩進行創作，但郊祀時不設音樂。曹毗創作有《江左宗廟歌》11 篇，王珣創作 2 篇。

三、五胡十六國雅樂

五胡十六國時期，匈奴、羯、氐羌、鮮卑等逐鹿中原，王朝更替頻繁，實已不再具備漢民族傳統意義上的雅樂。以下僅對其中幾國的雅樂情況進行考量。

（一）前燕——慕容儁

公元 352 年，前燕王「慕容儁平冉閔，兵戈之際，而鄴下樂人亦頗有來

〔註8〕〔南朝梁〕沈約，宋書·樂志〔M〕，北京：中華書局，1974：540。

〔註9〕〔唐〕房玄齡等，晉書·列傳〔M〕，北京：中華書局，1974：2090。

者」。北方中原樂人南下，使雅樂有所恢復。當王猛平鄴時，慕容儁據鄴下樂人所收集的音樂進入了關右（即西北地區）。

（二）前趙──劉淵、劉聰、劉粲、劉曜、石勒

晉惠帝時期，腐敗不堪的政治局面導致長達十六年之久「八王作亂」，此後的永嘉之亂則是西晉繼「八王之亂」之後的又一次大規模戰亂。經歷了「八王之亂」後的西晉王朝勢力削減，迅速衰弱，北方少數民族迅速崛起。永興元年（公元 304 年），匈奴左賢王劉淵以助成都王穎爲名，在離石（今山西省離石）起兵，稱大單于。後又遷至左國城（離石北部），以匈奴爲漢氏之甥，建國號爲漢並稱王，逐步控制並佔有并州大部分土地。光熙元年（公元 306 年），晉惠帝去世，太弟熾即位，稱爲晉懷帝，翌年改年號爲永嘉元年（公元 307 年）。劉淵派遣石勒等大舉向南進發，屢戰屢勝，獲得大量晉軍，不斷擴充其軍事實力，勢力逐漸強大起來。永嘉二年十月，劉淵稱爲漢帝，至永嘉四年劉淵去世，其子劉聰即位。劉聰派劉粲、劉曜、王彌、石勒等進攻西晉。永嘉五年（公元 308 年）四月，石勒追王衍等人，至苦縣寧平城（今河南鹿邑西南），大破晉兵，死者多達十萬餘人。六月，劉曜進入洛陽，殺官吏、士民共計三萬餘人，並焚燒洛陽城，將懷帝俘獲，遷至平陽。另各地還有多起流民起義事件不斷爆發，釀成了這場導致西晉王朝浩劫的「永嘉之亂」。在這次戰亂中，劉淵、石勒等北方少數民族勢力攻陷洛陽，橫掃中原，徹底摧毀了西晉王朝的集權統治。洛陽城陷落後，大批中原士族南遷，中原文化逐步向江南轉移。

（三）後趙──石勒

光初二年（公元 319 年）十一月，石勒稱王建立後趙。《晉書·樂志》載：「永嘉之亂，海內分崩，伶官樂器皆沒於劉、石。」伶官和樂器都流沒於劉淵和石勒之處。又《魏書·律曆志》：「永嘉以後，中原喪亂，考正鍾律，所未聞焉。其存於夷裔，聲器而已。」

《晉書·石勒傳》載：「勒焚平陽宮室，使裴憲、石會修復元海、聰二墓，收劉粲已下百餘屍葬之，徙渾儀、樂器於襄國。」〔註 10〕石勒在焚燒平陽宮室後，將渾儀、樂器等遷徙到襄國（今河北邢臺），並「始制軒懸之樂，八佾之舞，爲金根大輅，黃屋左纛，天子車旗，禮樂備矣。」〔註 11〕

〔註 10〕　〔唐〕房玄齡等，晉書·載記〔M〕，北京：中華書局，1974：2728。
〔註 11〕　〔唐〕房玄齡等，晉書·載記〔M〕，北京：中華書局，1974：2736。

（四）前秦──苻堅

公元 370 年，苻堅之將王猛滅前燕，「伶官樂器入於關右」。

（五）西燕──慕容沖、慕容永

慕容沖於公元 385 年打敗苻堅，佔據長安。公元 386 年席卷東回。苻堅兵敗，慕容永從東進入後，禮樂器多歸山西長子。

（六）後燕──慕容垂

慕容垂於公元 394 年滅西燕，平慕容永，禮樂器進入中山。

（七）南燕──慕容超

《晉書》載左僕射段暉議說：「太上囚楚，高祖不回。今陛下嗣守社稷，不宜以私親之故而降統天之尊。又太樂諸伎，皆是前世伶人，不可與彼，使移風易俗，宜掠吳口與之」。〔註12〕但慕容超權衡再三，還是遣僕射張華、給事中宗正元入長安，送姚興太樂伎一百二十人。後來慕容超後悔給樂一事，就「遣其將斛谷提、公孫歸等率騎寇宿豫，陷之，執陽平太守劉千載、濟陰太守徐阮，大掠而去。簡男女二千五百，付太樂教之」〔註13〕。足見慕容超時期太樂機構的龐大及其對雅樂的重視。

（八）夏──赫連昌

自始光二年（426 年）起，北魏大舉攻夏，攻克長安，並於次年（427 年）佔領胡夏都城統萬，夏主赫連昌出戰大敗，逃往上邽（今甘肅天水）。北魏太武帝神麚元年（428 年），北魏與夏戰於安定，北魏向上邽發起進攻，夏主赫連昌在安定被俘。

《魏書・樂志》載，世祖打敗赫連昌，獲其古雅樂，後又平定涼州，得其樂人和樂器服飾，並經選擇而保存下來。後通過與西域進行交流，將悅般國歌舞設於樂署。

在戰亂紛繁的時代中，樂人的命運十分悲慘。《隋書・音樂志》載：「永嘉之寇，盡淪胡羯。於是樂人南奔。」又《宋書・樂志》：「晉室之亂也，樂人悉沒戎虜。」

下表為五胡十六國時期伶官樂器變遷情況：

〔註12〕〔唐〕房玄齡等，晉書・載記〔M〕，北京：中華書局，1974：3178。
〔註13〕〔唐〕房玄齡等，晉書・載記〔M〕，北京：中華書局，1974：3180。

圖表 23　五胡十六國時期伶官樂器變易情況示意圖

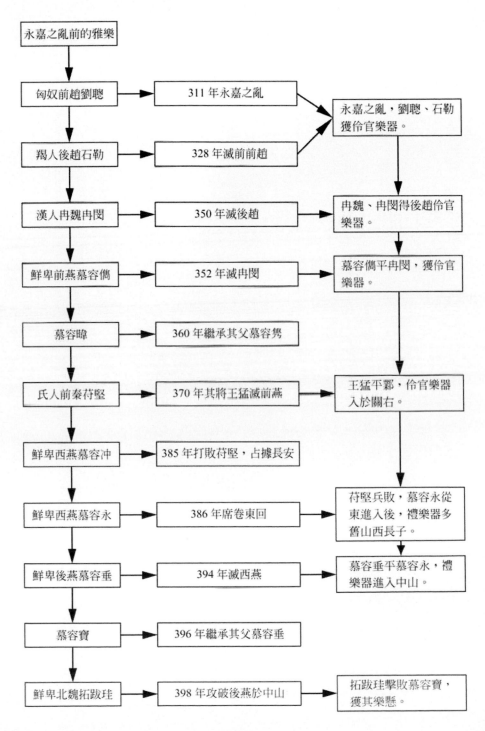

四、北朝雅樂

北朝時期，眾少數民族入主中原。隨著少數民族文化交流的日益加深，北方少數民族統治者對中原文化產生濃厚興趣，逐步接納中原文化，對宮廷中遺存的雅樂也適時予以繼承，並開始制定雅樂的用樂制度。

北朝朝會、郊廟等禮儀用雅樂制度如下：皇帝出入，奏《皇夏》；皇太子出入，奏《肆夏》；王公出入，奏《驚夏》；五等諸侯正日獻玉帛，奏《納夏》；宴會族人，奏《族夏》；舞六代樂，食舉，奏《深夏》；登歌十八曲。

（一）北魏雅樂情況

自北魏起（公元 386 年～534 年）即進入南北朝時期。北魏為北朝第一個王朝，為鮮卑族拓跋部落，最初居住於今黑龍江、嫩江流域大興安嶺附近，以游牧生活為主。歷經三個世紀以來的數次戰爭，在酋長的帶領下，拓跋氏逐漸強大起來，迎來一個新王朝的誕生。

北魏雅樂所用諸詩，多為前代之舊。建國初期，僅命王粲改作登哥及《安世》、《巴渝》詩。其中，《安世詩》是專門用來思詠神靈，具有悅神靈鑒享之意。

天興元年（公元 398 年）冬，道武帝拓跋珪下詔令尚書吏部郎鄧淵制定律呂，與音樂相協和。追封先尊皇曾祖、皇祖、皇考等帝王的帝號時，以八份舞《皇始》之舞。「《皇始舞》，太祖所作也，以明開大始之業。」〔註14〕正月初一，皇帝宴饗群臣，宣佈政教，備齊四面樂懸的正樂（即雅樂），同時演奏燕、趙、秦、吳等地民間音樂，四時宴饗朝會時亦如此。

太和初年（公元 477 年），高祖孝文帝垂心於雅樂，要求正其音聲。但據當時掌管音樂的職官上書云「典章有所缺失」，因此令朝中官員商議此事，並探訪官吏和平民百姓懂得古樂者共同增修樂器，甄別雅樂名實，以合八音。但頗為遺憾的是，竟無精通音律之人，遂不能建立樂部，諸雅樂典章仍有所缺失。各地方音樂及少數民族樂舞逐漸增加到太樂之中。

北魏鮮卑族統治者在宮中常命宮女於掖庭歌唱「真人代歌」。《舊唐書·音樂志》：「後魏（即北魏）樂府始有北歌，即《魏史》所謂《真人代歌》是也。代都時，命掖庭宮女晨夕歌之。周、隋世，與《西涼樂》雜奏。」〔註15〕《真人代歌》也為郊廟宴饗所用，為新創作雅樂。《真人代歌》的內容溯祖先

〔註14〕〔北齊〕魏收，魏書·樂志〔M〕，北京：中華書局，1974：2827。
〔註15〕〔後晉〕劉昫等，舊唐書·樂志〔M〕，北京：中華書局，1975：1071～1072。

開創基業由來，下述君臣興廢事迹，共一百五十章。據《舊唐書・音樂志》載，當時僅剩有五十三章，曲名可解者僅有六章，分別爲《慕容可汗》、《吐谷渾》、《部落稽》、《鉅鹿公主》、《白淨王太子》、《企喻》。黃昏及清晨皆歌唱，有時亦與絲竹樂器相和，流行於南朝梁、陳。梁樂府鼓吹又有《大白淨皇太子》、《小白淨皇太子》、《企喻》等樂曲。至陳後主時，派遣宮女習北方簫鼓，實爲梁代鼓吹樂中的「北歌」，出現了訛傳現象，陳後主知曉後遂重新遣宮女學習。

孝文帝太和七年秋（公元 483 年），中書監高允奏樂府歌詞。在陳述國家王業符瑞及祖宗德美時「隨時歌謠」，不按照古樂的標準來「辯雅、鄭也」。

《魏書・律曆志》載，景明四年（公元 503 年），在并州獲得古銅權，下詔讓公孫崇以此作爲制定鍾律的標準。太武帝破赫連昌，重獲古雅樂，但文成帝和顯文帝因「不以聲律爲務」，導致「古樂音制，罕復傳習，舊工更盡，聲曲多亡」。孝文帝時，中書監高閭參考《周官》、《國語》、《後漢書・律曆志》等古籍，以求從古書中尋求雅樂制度，修定音律。《魏書・祖瑩列傳》載，北魏孝莊帝末年（公元 528 年），尒朱兆率兵進入洛陽，「軍人焚燒樂署，鍾石管絃，略無存者」，可見這次事件對雅樂的破壞。此事件發生後，朝廷讓祖瑩和錄尙書事長孫稚、侍中元孚「典造金石雅樂」，三年完成對雅樂樂器的製作。孝莊帝永安末年（公元 529 年），編鍾、編磬經修造，可以續用。

《魏書・樂志》載，北魏初年，太祖拓跋珪擊敗慕容家族後，獲其樂懸，但「既初撥亂，未遑創改，因時所行而用之」。此時的雅樂僅爲敷衍之用，充一下排場。北魏逐漸強大，太武帝拓跋燾在破赫連昌時亦獲得古雅樂。《隋書・音樂志》又載：「道武克中山，太武平統萬，或得其宮懸，或得其古樂，於時經營是迫，雅器斯寢。」由此可見，在少數民族統治者心中是不得已才「經營」雅樂的，在他們看來雅樂只是戰利品，未眞正重視起來。《隋書・音樂志》有更深入的描述：「魏氏來自云、朔，肇有諸華，樂操土風，未移其俗。至道武帝皇始元年，破慕容寶於中山，獲晉樂器，不知採用，皆委棄之。」這一文獻道出了當時的實際情況，北魏統治者難忘其本民族的風謠、音樂，對雅樂不知道如何採用，使雅樂落入被「委棄」的慘景。

在北魏統治者制定雅樂的觀念中，認同「先王作樂，所以和風改俗，非雅曲正聲不宜庭奏」〔註 16〕，但北魏所創制的雅樂曲仍「可集新舊樂章，參

〔註 16〕　〔北齊〕魏收，魏書・樂志〔M〕，北京：中華書局，1974：2829。

探音律，除去新聲不典之曲，裨增鍾懸鏗鏘之韻」。〔註17〕在北魏「備列宮懸正樂」的雅樂中，包含「秦漢伎」（即西涼樂）和北魏本民族音樂《眞人代歌》，還包括「兼奏燕、趙、秦、吳之音，五方殊俗之曲」。從北魏雅樂開始，雅樂與俗樂混雜的現象尤爲突出，形成帶有北方少數民族音樂文化體認的雅樂體系。

（二）北齊雅樂情況

北齊（公元550年～577年）爲文宣帝高洋取代東魏而建立的國家。因北魏和北周的統治者皆爲少數民族，故兩國都較多地輸入了其他民族音樂。武成帝高湛時（公元561年～565年）制定了北齊雅樂的用樂制度，包括四郊、宗廟、三朝之樂。具體雅樂用樂制度如下：群臣出入，奏《肆夏》；牲出入、薦毛血，奏《昭夏》；迎送神、皇帝初獻，奏《高明》、《覆壽》；皇帝入壇門、飲福酒、就燎位、還便殿，奏《皇夏》；高祖配饗，奏《武德》、《昭烈》舞；進入祭廟及先王神室時，奏《始基》、《恢祚》舞；入文襄帝神室，奏《文德》《宣政》舞；入文宣帝神室，奏《文正》、《光大》舞；入孝昭帝神室，奏《文明》、《休德》舞。〔註18〕

北齊統治者雖爲漢族，但在各民族文化頻繁交流與融合的過程中，亦將其他民族音樂增益至雅樂，北齊雅樂包含著一些西涼樂曲。據《隋書·音樂志》載北齊「文宣初禪」（公元550年），由尙樂典御祖珽制定雅樂，「仍雜西涼之曲，……所謂『《洛陽舊樂》』者也」〔註19〕。

北齊的統治者頗好少數民族音樂，《隋書·音樂志》：「（北齊時期）雜樂有《西涼》、《鼙舞》、《清樂》、《龜茲》等。然吹笛，彈琵琶、五弦及歌舞之伎，自文襄以來，皆所愛好。至河清以後，傳習尤甚。後主（公元565年～576年）唯賞胡戎樂，耽愛無已。於是繁乎淫聲，爭新哀怨。故曹妙達、安未弱、安馬駒之徒，至有封王開府者，遂服簪纓而爲伶人之事。」〔註20〕又《北齊書·幼主恒本紀》：「主（公元577年）驕縱，盛爲《無愁》之曲，自彈琵琶而唱之，侍和之者以百數人，人間謂之無愁天子。」〔註21〕此即少數民族音樂融入雅樂的現象。

〔註17〕〔北齊〕魏收，魏書·樂志〔M〕，北京：中華書局，1974：2829。
〔註18〕〔唐〕魏徵等，隋書·音樂志〔M〕，北京：中華書局，1973：314。
〔註19〕〔唐〕魏徵等，隋書·音樂志〔M〕，北京：中華書局，1973：313。
〔註20〕〔唐〕魏徵等，隋書·音樂志〔M〕，北京：中華書局，1973：331。
〔註21〕〔唐〕李百藥，北齊書·幼主恒本紀〔M〕，北京：中華書局，1972：。

北齊較爲重視祭祀儀式，雖執政時間不足 30 年，但仍可窺見其已基本建立起雅樂制度。

（三）西魏雅樂情況

西魏文帝元寶炬爲北魏孝文帝之孫，鮮卑族，西魏的開國君主。公元 535 年，他受鮮卑人宇文泰擁立爲帝，改元大統，定都長安，史稱西魏。據《周書·周惠達傳》載西魏建立政權之後，沒有禮樂制度。周惠達和禮官們增減舊的典章，至大統四年（公元 538 年），儀式規範稍爲齊備。西魏文帝因爲設朝時有奏樂，對周惠達說：「這都是你的功勞啊！」西魏恭帝元年（公元 554 年），宇文泰平荊州，獲得梁朝樂器，始制定雅樂。

（四）北周雅樂情況

北周（公元 557 年～581 年）爲西魏權臣宇文泰奠定，由其子宇文覺正式建立的國家。北周統治者出於鮮卑族，在未獲取政權時即已慣用鮮卑音樂。《隋書·音樂志》：「周太祖發迹關隴，躬安戎狄。……而《下武》之聲，豈姬人之唱？《登歌》之奏，叶鮮卑之音。」〔註22〕當北周開創者宇文泰進入關隴地區時，「樂聲皆闕」。天和元年（公元 566 年），武帝初造《山雲舞》，「以備六代之樂」。〔註23〕由此開始，北周南北郊、雩壇、太廟及禘祫等都用六代樂舞。北周雅樂包括《大夏》、《大濩》、《大武》、《正德》、《武德》、《山雲》等。在宮廷宴饗時，慣用高昌音樂。

《周書·列傳儒林》載，太祖宇文泰建立北周，非常重視經學。長孫紹遠才識過人，精通經學，修正已經敗壞的六代之樂。北周武帝雖有志於雅樂創制，但建德二年（公元 573 年）所創作的六代之樂，頗令人質疑。

圖表 24　北周的雅樂樂器、樂人使用、分配情況

樂器名稱	件　　數	樂工人數
鎛鍾	十二	十二人
建鼓		每鼓一人
編鍾	四虡	四人
編磬	四虡	四人

〔註22〕〔唐〕魏徵等，隋書·音樂志〔M〕，北京：中華書局，1973：287。
〔註23〕〔唐〕令狐德棻等，周書·武帝紀〔M〕，北京：中華書局，1971：73。

歌者		二人
執節者		一人
琴、瑟、箏、築	各一	四人
竽、笙、簫、笛、塤、篪	各一	六人
柷、敔	各一	二人
文舞	八佾	六十四人
武舞	八佾	六十四人

圖表 25　北周的登歌用樂

樂器名稱	件　數	樂工人數
鍾、磬	各一	二人
琴、瑟、箏、築	各一	四人
歌者		三人
執節者	七	七人
笙、竽、簫、笛、塤、篪	各一	六人

由上二表所見，北周雅樂用樂爲舞者 128 人，樂器至少 50 件，樂工至少 52 人。登歌所用樂器共 19 件，樂工 22 人。

五、南朝雅樂

（一）南朝宋雅樂情況

南朝宋（公元 420 年～479 年）爲公元 420 年宋武帝劉裕取代東晉政權建立的國家，定都建康。

《宋書・禮一》：「夫有國有家者，禮儀之用尚矣。然而歷代損益，每有不同，非務相改，隨時之宜故也。漢文以人情季薄，國喪革三年之紀；光武以中興崇儉，七廟有共堂之制；魏祖以侈惑宜矯，終斂去襲稱之數；晉武以丘郊不異，二至並南北之祀。互相即襲，以訖於今，豈三代之典不存哉，取其應時之變而已。」〔註24〕

永初元年（公元 420 年）七月，宋武帝剛即位，就詔太常鄭鮮之、黃門侍郎王韶之制定郊祀雅樂，併合施用。齊武帝則立治禮學士及相關職局，以

〔註24〕〔南朝梁〕沈約，宋書・禮志〔M〕，北京：中華書局，1974：327。

便「因集前代，撰治五禮」及「郊廟禳序之儀」〔註25〕。據《宋書‧樂志》載，此時雖已撰寫新的歌詞，但歌舞所用音樂，仍爲晉朝舊曲。

劉宋建國時，武帝永初元年（公元 420 年）廟祀、正旦始設樂。黃門侍郎王韶之等人撰寫新辭，改西晉《正德》、《大豫》二舞爲《前舞》、《後舞》。宋文帝元嘉年間（公元 424～453 年）兩次「更調金石」，始設南郊登歌，但「廟舞猶闕」。〔註26〕孝武帝大明中（約公元 460 年），尋舊雅樂傳統，尚書左丞殷淡造新詩《章廟樂舞歌》九章。南朝宋時期雅鄭混雜而合現象日益凸顯。《樂府詩集》中載「雜舞者，《公莫》、《巴渝》、《槃舞》、《鞞舞》、《鐸舞》、《拂舞》、《白紵》之類是也。始皆出自方俗，後浸陳於殿庭。蓋自周有縵樂散樂，秦漢因之增廣，宴會所奏，率非雅舞。漢、魏已後，並以鞞、鐸、巾、拂四舞，用之宴饗。」〔註27〕宋孝武大明中，以《鞞》、《拂》等江南的民間樂舞合之鍾石，施於殿庭。廢帝元徽五年（公元 477 年），「太樂雅鄭共千有餘人」。當時的尚書令王僧虔對雅鄭混雜現象尤爲擔憂，「將來知音，或譏聖世」。建議在當時天下太平的形勢下，抓緊雅樂制定與恢復工作，他說「若謂鍾舞已諧，不欲廢罷，別立歌鍾，以調羽佾，此於別宴，不關朝享。四縣所奏，謹依雅則」；「輯理舊聲，悉使補拾」。

《南史》對王僧虔有具體介紹，他「雅好文史，解音律，以朝廷禮樂，多違正典，人間競造新聲。時齊高帝輔政，僧虔上表請正聲樂，高帝乃使侍中蕭惠基調正清商音律」。

《南齊書‧僧虔傳》中對南朝宋的雅樂制定情況作以詳細記載：

> 時太祖輔政，僧虔上表曰：『夫懸鍾之器，以雅爲用；凱容之禮，八佾爲儀。今總章羽佾，音服舛異。又歌鍾一肆，克諧女樂，以歌爲務，非雅器也。大明中，即以宮懸合和《鞞》、《拂》，節數雖會，慮乖《雅》體，將來知音，或譏聖世。若謂鍾舞已諧，重違成憲，更立歌鍾，不參舊例。四縣所奏，謹依《雅》條，即義沿理，如或可附。又今之《清商》，實由銅爵，三祖風流，遺音盈耳，京洛相高，江左彌貴。諒以金石干羽，事絕私室，桑濮鄭衛，訓隔紳冕，中庸和雅，莫復於斯。而情變聽移，稍復銷落，十數年間，亡者將半。

〔註25〕〔南朝梁〕蕭子顯，南齊書‧禮志〔M〕，北京：中華書局，1972：118。

〔註26〕〔南朝梁〕沈約，宋書‧樂志〔M〕，北京：中華書局，1974：541。

〔註27〕〔宋〕郭茂倩，樂府詩集〔M〕，北京：中華書局，1982。

自頃家競新哇，人尚謠俗，務在譁殺，不顧音紀，流宕無崖，未知
所極，排斥正曲，崇長煩淫。士有等差，無故不可去樂，禮有攸序，
長幼不可共聞。故喧醜之制，日盛於廛里；風味之響，獨盡於衣冠。
宜命有司，務勤功課，緝理遺逸，迭相開曉，所經漏忘，悉加補綴。
曲全者祿厚，藝妙者位優。利以動之，則人思刻屬。反本還源，庶
可跂踵。』事見納。〔註28〕

又「僧虔留意雅樂，昇明中所奏，雖微有釐改，尚多遺失。……
但《鼓吹》舊有二十一曲，今所能者十一而已，意謂北使會有散役，
得今樂署一人粗別同異者，充此使限。」〔註29〕

南朝宋孝建二年（公元 455 年）九月，據左僕射建平王宏的建議，定郊廟祭
祀樂儀。宋南郊：祠南郊迎神，奏《肆夏》。皇帝初登壇，奏登歌。初獻，奏
《凱容》《宣烈》之舞。送神，奏《肆夏》。祠廟迎神，奏《肆夏》。皇帝入廟
門，奏《永至》。皇帝詣東壁，奏登歌。初獻，奏《凱容》、《宣烈之舞》。終
獻，奏《永安》。送神奏《肆夏》。〔註30〕南朝宋、齊兩代，祭祀天地，祭祀
宗廟，準漢祠太一后土之時，皆用宮懸。

宋元徽三年（公元 475 年）郊廟、三朝等雅樂用樂情況如下：武舞《大
壯舞》、文舞《大觀舞》；眾官出入，奏《肅成樂》；皇帝出入，奏《永至》；
皇太子出入，奏《胤雅》；王公出入，奏《寅雅》；上壽酒，奏《介雅》；食舉，
奏《需雅》；撤饌，奏《雍雅》；牲出入，奏《引牲》；薦毛血，奏《嘉薦》；
降神迎送，奏《昭夏》；皇帝飲福酒，奏《嘉祚》；就燎位，奏《昭遠》。章太
后室奏《章德凱容之樂》，昭太后室奏《昭德凱容之樂》，宣太后室奏《宣德
凱容之樂》，皇帝詣便殿奏《休成之樂》。〔註31〕

《南齊書·崔祖思傳》對當時的太樂情況作有記述：

上初即位，祖思啟陳政事曰：樂者動天地，感鬼神，正情性，
立人倫，其義大矣。按前漢編戶千萬，太樂伶官方八百二十九人，
孔光等奏罷不合經法者四百四十一人，正樂定員，唯置三百八十八
人。今戶口不能百萬，而太樂雅、鄭，元徽時校試千有餘人，後堂

〔註28〕 〔南朝梁〕蕭子顯，南齊書·僧虔傳〔M〕，北京：中華書局，1972：594～
595。
〔註29〕 〔南朝梁〕蕭子顯，南齊書·僧虔傳〔M〕，北京：中華書局，1972：595。
〔註30〕 〔南朝梁〕沈約，宋書·樂志〔M〕，北京：中華書局，1974：545。
〔註31〕 〔宋〕郭茂倩，樂府詩集·郊廟歌辭卷八〔M〕，北京：中華書局，1982。

　　雜伎，不在其數，靡廢力役，傷敗風俗。今欲撥邪歸道，莫若罷雜
　　伎，王庭唯置鍾虡、羽戚、登歌而已。如此，則官充給養，國反淳
　　風矣。

可見元徽時（公元 473 年～477 年）太樂雅、鄭樂工有千餘人，其中不包括後
堂雜伎。

　　《宋書・樂志》云：

　　　　宋文帝元嘉十三年，司徒彭城王義康於東府正會，依舊給伎。

　　總章工馮大列曰：『相承給諸王伎十四種，其舞伎三十六人。』……

　　其總章舞伎，即古之女樂也。殿庭八八，諸王則應六八，理例坦然。

〔註32〕

《南史》：「自宋大明（公元 457 年～464 年）以來，聲伎所尚，多鄭、衛，而
雅樂正聲鮮有好者。惠基解音律，尤好魏三祖曲及相和歌，每奏輒賞悅不能
已。」〔註33〕可見南朝宋好雅樂者罕也，好鄭衛等俗樂者頗多。

　　《宋書・范曄列傳》載，范曄因犯謀反之罪被囚獄中，在獄中致信於他
的侄兒說：「吾於音樂，聽功不及自揮，但所精非雅聲，爲可恨。」可見范曄
對自己在雅樂聲律方面不是十分精通，尤感痛心。

（二）南朝齊的雅樂情況

　　南朝齊（公元 479～502 年）爲齊高帝蕭道成建立的國家，是南朝的第二
個王朝，統治時間僅 30 年。南朝齊高帝蕭道成借鑒南朝宋滅亡教訓，以寬厚
爲本，提倡節儉。他僅在位四年，後其子武帝即位，繼承他的統治思想。武
帝遵循其父遺志，勵精圖治統治國家，使南朝呈現出較爲穩定發展的階段。

　　《南齊書・禮志》載，早在宋昇明中（公元 477 年～479 年），齊高帝蕭
道成爲齊王時，就曾令司空褚淵造太廟登歌二章。建元初（公元 479 年），又
詔黃門侍郎謝超宗造廟樂歌詩十六章。

　　《南齊書・樂志》對南齊初期的雅樂制定情況作有記述：「（武帝）建元
二年，有司奏，郊廟雅樂歌辭舊使學士博士撰，搜簡採用，請敕外，凡肆學
者普令制立。參議：『太廟登歌宜用褚淵，餘悉用黃門郎謝超宗辭。』超宗所
撰，多刪顏延之、謝莊辭以爲新曲，備改樂名。」〔註34〕

〔註32〕〔南朝梁〕沈約，宋書・樂志〔M〕，北京：中華書局，1974：547。
〔註33〕〔唐〕李大師，李延壽，南史〔M〕，北京：中華書局，1975：500。
〔註34〕〔南朝梁〕蕭子顯，南齊書・樂志〔M〕，北京：中華書局，1972：167。

永明二年（公元 484 年），因太子步兵校尉伏曼容上表，以求制定禮樂，才詔尚書令王儉制定新禮，立治禮樂學士及職局，集聚英儒，撰治五禮，刪纂雅樂。但並沒有結果，宮廷雅樂依舊大多沿襲前代。

《隋書・樂志》載：「齊氏承宋，咸用元徽舊式，宗祀朝饗，奏樂俱同。惟增北郊之禮，乃元徽所闕，永明六年之所加也。唯送神之樂，宋孝建二年秋起居注云奏《肆夏》，永明中改奏《昭夏》。」〔註 35〕

南朝齊郊廟、三朝等雅樂用樂制度與南朝宋完全一致。據《南齊書・樂志》載，連郊廟歌辭也多沿用南朝宋的辭，僅將「宋」改為「齊」，以符合新時代的雅樂需求。《南齊書・樂志》亦云：「元會大饗四廂樂歌辭，……齊微改革，多仍舊辭。其臨軒樂亦奏《肆夏》、《於鑠》四章。」〔註 36〕另增加了太尉亞獻，奏《凱容》；就埋位，奏《隸幽》；帝還便殿，奏《休成》三項。齊武帝蕭道成未登基時，就詔令樂工創作太廟樂歌。太廟用樂有《肅咸樂》、《引牲樂》、《嘉薦樂》、《昭夏樂》、《永至樂》、《登歌》、《凱容樂》、《永祚樂》、《肆夏樂》、《休成樂》等樂曲。

（三）南朝梁雅樂情況

南朝梁（公元 502 年～557 年）為南朝的第三個朝代。南朝梁武帝時（公元 502 年～549 年在位）郊廟、三朝等雅樂用樂制度基本與南朝宋相同。《隋書・樂志》：「乃定郊禋宗廟及三朝之樂，以武舞為《大壯舞》……以文舞為《大觀舞》……國樂以『雅』為稱。」〔註 37〕僅更改了部分曲名，刪除了個別雅樂曲。

《梁書》載「郊祀天地，禮樂制度，皆用齊典」。梁武帝頗為精通舊學，為制定南朝梁的雅樂，博詢了當時多位學者。據《隋書・樂志》載，對樂者僅為七八十家，且都講一些空泛的陳詞濫調，「皆言樂之宜改，不言改樂之法」。

天監元年（公元 502 年），武帝思弘古樂，認為聲音之道，與政通也，音樂具有移風易俗及明辨貴賤的功能。於是詔訪百僚，討論如何興盛大梁之樂。其初衷正如武帝自云：「魏晉以來，陵替滋甚。遂使雅鄭混淆，鍾石斯謬，天人缺九變之節，朝宴失四懸之儀。朕昧旦坐朝，思求厥旨，而舊事匪存，未

〔註 35〕〔唐〕魏徵等，隋書・音樂志〔M〕，北京：中華書局，1973：306。

〔註 36〕〔南朝梁〕蕭子顯，南齊書・樂志〔M〕，北京：中華書局，1972：185。

〔註 37〕〔唐〕魏徵等，隋書・音樂志〔M〕，北京：中華書局，1973：292。

獲釐正，寤寐有懷，所爲歎息。」〔註38〕

　　隨後又制定了十二雅，即《俊雅》（原稱《肅成樂》）、《皇雅》（原稱《永至》）、《滌雅》（原稱《引牲》）、《牷雅》（原稱《嘉薦》）、《誠雅》（原稱《昭夏》）、《獻雅》（原稱《嘉祚》）；刪除《昭遠》和《隸幽》，增加《褅雅》。王出入奏《王夏》，衆官出入，奏《俊雅》，皇帝出入奏《皇雅》，皇太子出入奏《胤雅》，王公出入奏《寅雅》，上壽酒奏《介雅》，食舉奏《需雅》，撤饌奏《雍雅》，牲出入奏《滌雅》，薦毛血奏《牷雅》，降神及迎送奏《誠雅》，皇帝飲福酒奏《獻雅》，燎埋奏《褅雅》。顯然十二雅皆爲新擬之作。

　　《隋書・音樂志》載，南朝宋齊以來，在雅樂用樂制度上有所恢復，「祀天地，祭宗廟，盡用宮懸」，編鍾、編磬等樂器也形成了一定的規模。在南朝梁時期，編鍾、編磬數量還有所增加，鑄鍾十二，各配編鍾編磬一虡，合三十六架。

　　《陳書・徐陵傳》載梁元帝時，徐陵致書與僕射楊遵彥說：「我大梁應金圖而有尢，纂玉鏡而猶屯。……猶爲堯、舜，雖復六代之舞，陳於總章，九州之歌，登於司樂，虞夔拊石，晉曠調鍾，未足頌此英聲，無以宣其盛德者也。」〔註39〕

　　佛教至南朝梁時已盛行宮廷。梁武帝篤信佛法，「曾設齋會，自以身施國泰寺爲奴，其朝臣三表不許，於是內外百官共斂珍寶而贖之」。他除了建立大量寺院，宣講佛法教義外，還積極運用音樂手段弘法。因此，佛樂進入宮廷也是自然結果，甚至連梁樂也常用佛曲。如天監十一年（公元512年），梁武帝讓精通音律的高僧法雲改制民間流傳的《三洲歌》，梁武帝作《上雲樂》（即《鳳臺曲》、《桐柏曲》、《方丈曲》、《方諸曲》、《玉龜曲》、《金丹曲》、《金陵曲》）七曲，以代替西曲，並施用於宴饗儀式中。南朝梁武帝還創作了《善哉》、《大樂》、《大歡》、《天道》、《仙道》、《神王》、《龍王》、《滅過惡》、《除愛水》、《斷苦輪》等十首樂曲，從以上諸曲的名稱可見，雖名爲正樂，但實爲講述佛法。梁亦設立法樂童子伎、童子倚歌梵唄，設無遮大會來演奏上述的音樂作品。從某種程度上說，梁武帝在宮廷使用的佛樂已成爲梁朝雅樂的一部分。

　　南朝梁時，北方鼓角橫吹曲大量傳入。據《古今樂錄》載，樂府舊有胡吹曲三十曲，加上梁鼓角曲計有六十六曲，梁高祖又新創作了短簫鐃歌十二曲。

〔註38〕〔唐〕魏徵等，隋書・音樂志〔M〕，北京：中華書局，1973：288。
〔註39〕〔唐〕姚察，姚思廉，陳書〔M〕，北京：中華書局，1972。

《隋書·樂志》載:「梁三朝樂第十七設《鞞舞》。」又《古今樂錄》載:「梁三朝樂第十九,設《拂舞》。」〔註40〕可見,《鞞舞》、《拂舞》等雜舞也已施用於南朝梁宮廷中。

(四)南朝陳雅樂情況

天成元年(公元555年),南朝陳武帝殺僧辯,立敬帝,自爲相國,封陳王。打敗北齊,排僧辯餘黨,爲百姓所擁戴,後受禪爲帝,建立南朝陳(公元557年～589年)。

陳宣帝太建元年(公元569年)定三朝之樂,多採用南朝梁故事,其制定的雅樂爲:《相和五引》、《俊雅》、《皇雅》、《胤雅》、《寅雅》、《介雅》、《需雅》、《雍雅》;武舞《大壯》、文舞《大觀》,另加入鼓吹樂。

《陳書》載:「十月戊辰,進高祖爵爲王,……又命陳王冕十有二旒,建天子旌旗,出警入蹕,乘金根車,駕六馬,備五時副車,置旄頭雲罕,樂舞八佾,設鍾虡宮縣。王妃、王子、王女爵命之號,陳臺百官,一依舊典。辛未,梁帝禪位於陳……」。陳所用樂舞爲八佾之制,並設有宮縣。

《隋書·樂志》曰:

> 陳初並用梁樂,唯改七室舞辭。皇祖步兵府君、正員府君、懷安府君、皇高祖安成府君、皇曾祖太常府君五室,並奏《凱容舞》,皇祖景皇帝室奏《景德凱容舞》,皇考高祖武皇帝室奏《武德舞》。
> 〔註41〕

陳天嘉六年(公元565年),侍中尚書左僕射徐陵等人建議,取晉、宋舊制,訂本朝元會儀注,具體程序爲:先會一日,太樂展宮懸、高組、五案於殿庭。客入,奏《相和》五引。帝出,黃門侍郎舉麾於殿上,掌故應之,舉於階下,奏《康韶》之樂。詔延王公登,奏《變韶》。奉珪璧訖,初引下殿,奏亦如之。帝興,入便殿,奏《穆韶》。更衣又出,奏亦如之。帝舉酒,奏《綏韶》。進膳,奏《侑韶》。帝御茶果,太常丞跪請進舞《七德》,繼之《九序》。其中的鼓吹雜伎,則時設時廢。陳祭祀南北郊及明堂所用的音樂,用南朝齊之樂,至太建五年(公元573年),皆改爲以《韶》命名。南朝齊的雅樂,本出於南朝宋,《隋書·音樂志》載,「詞用宋曲,宴準梁樂」爲當時施用雅樂的實際情況。

〔註40〕《樂府詩集》卷五十四「舞曲歌辭三」。
〔註41〕《樂府詩集》卷九,郊廟歌辭九。

　　《南齊書・樂志》曰：「元會大饗四廂樂，齊微改革，多仍宋舊辭。其臨軒樂亦奏《肆夏》《於鑠》四章」。《樂府詩集》「燕射歌辭二」中載南朝梁宴饗用樂爲：衆官出入奏《俊雅》，皇太子出入奏《胤雅》，王公出入奏《寅雅》，上壽酒奏《介雅》，食舉奏《需雅》，撤饌奏《雍雅》。

　　《隋書・音樂志》中對南朝宮廷雅樂、散樂雜伎等活動作有詳細記載：

> 舊三朝設樂有登歌，以其頌祖宗之功烈，非君臣之所獻也，於是去之。三朝，第一，奏《相和五引》；第二，衆官入，奏《俊雅》；第三，皇帝入閤，奏《皇雅》；第四，皇太子發西中華門，奏《胤雅》；第五，皇帝進，王公發足；第六，王公降殿，同奏《寅雅》；第七，皇帝入儲變服；第八，皇帝變服出儲，同奏《皇雅》；第九，公卿上壽酒，奏《介雅》；第十，太子入預會，奏《胤雅》；十一，皇帝食舉，奏《需雅》；十二，撤食，奏《雍雅》；十三，設《大壯》武舞；十四，設《大觀》文舞；十五，設《雅歌》五曲，十六，設俳伎；十七，設《鞞舞》；十八，設《鐸舞》；十九，設《拂舞》；二十，設《巾舞》並《白紵》；二十一，設舞盤伎；二十二，設舞輪伎；二十三，設刺長追花幢伎；二十四，設受猾伎；二十五，設車輪折膃伎；二十六，設長蹻伎；二十七，設須彌山、黃山、三峽等伎；二十八，設跳鈴伎；二十九，設跳劍伎；三十，設擲倒伎；三十一，設擲倒案伎；三十二，設青絲幢伎；三十三，設一傘花幢伎；三十四，設雷幢伎；三十五，設金輪幢伎；三十六，設白獸幢伎；三十七，設擲蹻伎；三十八，設獼猴幢伎；三十九，設啄木幢伎；四十，設五案幢咒願伎；四十一，設辟邪伎；四十二，設青紫鹿伎；四十三，設白武伎，作詑，將白鹿來迎下；四十四，設寺子導安息孔雀、鳳凰、文鹿胡舞登連《上雲樂》歌舞伎；四十五，設緣高絚伎；四十六，設變黃龍弄龜伎；四十七，皇太子起，奏《胤雅》；四十八，衆官出，奏《俊雅》；四十九，皇帝興，奏《皇雅》。

　　《樂府詩集》載南朝所用的食舉、上壽等雅樂登歌凡四十九章，劉宋王韶之造四廂樂歌五篇：一曰《肆夏樂歌》四章，客入，四廂振作《於鑠曲》，皇帝當陽，四廂振作《將將曲》，皇帝入變服，四廂振作《於鑠》、《將將》二曲，又黃鍾、太蔟二廂作《法章》、《九功》二曲；二曰《大會行禮歌》二章，沽洗廂作；三曰《王公上壽歌》一章，黃鍾廂作；四曰《殿前登歌》三章，別

用金石；五曰《食舉歌》十章，黃鍾、太蔟二廂更作，黃鍾作《晨羲》、《體至和》、《王道》、《開元辰》、《禮有容》五曲，太簇作《五玉》、《懷荒裔》、《皇猷緝》、《惟永初》、《王道純》五曲。可見，南朝雅樂創作體現出的沿用前代及迅即更換的特點。

相對於北朝統治者對雅樂修訂與保存不屑一顧的態度，南朝統治者則表現出較為積極的一面，南朝不遺餘力地恢復、搜羅與採拾前朝雅樂，如前文中已述庾亮、謝尚等人致力於雅樂制定之事，使南朝具備雅樂鍾磬的規模。

魏晉南北朝時期戰亂不斷，宮廷雅樂仍在這種混亂的局面中得以餘生，表明傳統文化的力量是強大的，雅樂還具備一種特殊的文化功能，使得傳統繼續呈遞。西晉後的南北兩方都體現出雅樂從缺亡至混亂，從混亂至簡約，從簡約至逐漸完備，從逐漸完備至初具規模這樣的模式。北周及南朝梁、陳時，雅樂得到重建，頗具規模，彰顯出一種重生的氣息。此時的雅樂雖已不同於西周雅樂，但其在宮廷音樂中得到了一定的重視，並逐步復蘇。

六、魏晉南北朝清商樂

（一）清商樂的名實由來

清商樂為東晉至南北朝時期（公元 370 年～589 年）因襲漢魏相和諸曲，吸收當時民間音樂而形成的樂舞的總稱，主要用於官宦、巨賈宴飲及娛樂等場合，亦用於宮廷元旦朝會、宴饗及祀神等儀式。

東晉以來的 200 餘年間，我國的南方地區社會趨於穩定，經濟發展迅速，形成了諸多商業城市。在南方城市中，漢代以來的相和舊曲實已散佚過半，南方民間歌曲（即吳歌、西曲）倍受城市各階層人民喜愛並日益興盛。

晉朝播遷，聲伎分散，其在南朝發展為江南吳歌、荊楚西聲。南方民間吳歌、西曲的流行，受到統治階級關注，最具代表性的為梁武帝和陳後主，都曾命樂工創作了大量新曲。

由於西晉王朝的統一，清商樂得以蓬勃發展，其樂工規模極為龐大。西晉滅吳，獲得大量吳地女樂，促進了清商樂隊伍的迅速壯大，擴充了西晉清商樂的編制。《晉書‧帝紀第三》載太康二年（公元 281 年）三月，晉武帝司馬炎收復東吳後，下詔選孫皓妓妾五千人充實後宮，其中多為孫皓的歌舞伎人。《晉書‧后妃傳》又載：「時帝多內寵，平吳之後復納孫皓宮人數千，自此掖庭殆將萬人。」可見三國時吳國第四代君主孫皓所享用的

樂舞人員之浩大規模。

　　南方的吳歌、西曲等民間音樂流傳範圍甚廣,傳播至北方。北魏孝文帝、宣武帝收集中原舊曲及吳歌、西曲,總稱爲清商樂,以別於雅樂和胡樂。《魏書‧樂志》:「初高祖(孝文帝,公元 471 年～499 年在位)討淮、漢,世宗(宣武帝,公元 500 年～515 年在位)定壽春,收其聲伎──江左所傳中原舊曲,……及江南吳歌、荊楚西聲,總稱清商。」〔註42〕北魏極爲重視清商樂。《資治通鑒》卷一三四「宋紀」載昇明二年(公元 478 年),「魏太祖起銅爵臺於鄴,自作樂府,被於管絃,後遂置清商令以掌之,屬光祿勳。」

(二)清商樂之吳歌、西曲

　　吳歌本爲建康(今江蘇省南京市)一帶的民間徒歌,西曲則是荊、郢、樊、鄧地區(今湖北省)的民間徒歌。二者音樂風格較爲溫柔、婉轉、抒情,因語言及地方風俗習慣差異,風格各異。據文獻記載,吳歌、西曲的曲調尤爲動聽,「歌謠百種,《子夜》最可憐。慷慨吐清音,明轉出天然」。吳聲最初用篪、琵琶、箜篌等伴奏,後來增加笙、箏等樂器。

　　見於《宋書‧樂志》及《樂府詩集》中所載的吳歌大多爲西晉及南朝宋時所創作,其歌曲有《子夜》、《上柱》、《鳳將雛》、《上聲》、《歡聞》、《歡聞變》、《前溪》、《阿子》、《丁督護》、《團扇郎》等爲南朝齊所創作。另有《七日夜》、《女歌》、《長史變》、《黃鵠》、《碧玉》、《桃葉》、《長樂佳》、《歡好》、《懊惱》、《讀曲》皆爲吳聲歌曲,內容多爲以婦女的口吻來描寫愛情的歡樂及相思之苦等。另還有民間祀神曲《神絃歌》11 首及陳後主所創作的反映宮廷生活的《玉樹後庭花》等吳聲歌曲。

　　吳歌頗受人們喜愛,其樂曲不斷發展、變化,形成一曲多變的音樂體裁。如吳聲《子夜歌》即有《大子夜歌》、《子夜四時歌》、《子夜警歌》、《子夜變歌》四種形式。

　　吳聲中亦有一種變歌或變曲的稱謂,如《長史變》,還有一種爲「三弄」的形式,即上聲弄、下聲弄和遊弄。

　　現存西曲多爲南朝齊、梁間所創作,見於《宋書‧樂志》及《樂府詩集》中所載的西曲有《三洲歌》、《採桑度》、《那呵灘》、《石城樂》、《莫愁樂》、《烏夜啼》等 30 餘曲,內容多爲描寫思婦的離愁別緒等。

〔註42〕　〔北齊〕魏收,魏書‧樂志〔M〕,北京:中華書局,1974。

西曲的歌曲部分稱爲「倚歌」，通常結構較爲短小。其伴奏不用絃樂器，只用管樂器和擊樂器中的鈴和鼓。倚歌有時亦和舞曲共同使用，常爲先唱倚歌，然後再伴以舞曲。《宋書·樂志一》清商三調歌詩，荀勗撰舊詞施用者：平調五曲，清調六曲，瑟調八曲。宋·郭茂倩《樂府詩集》卷二十六亦云荀勗是「採舊辭施用於世，謂之清商三調歌詩」。

《舊唐書·音樂志》：「清樂者，南朝舊樂也。永嘉之亂（晉懷帝時期，公元 307 年～313 年發生），五都淪喪；遺聲舊制，流落江左。宋梁之間（公元 420 年～557 年），南朝文物，號爲最盛。入謠國俗，亦各有新聲。後魏孝文、宣武用師淮、漢，收其所獲南音，謂之清商樂。」由漢世「街陌謳謠」的相和歌發展起來的清商樂，在北方得到曹魏政權重視，並設置有清商署掌管此樂。在兩晉之交的戰亂中，更使清商樂逐漸流入南方，與南方的吳歌、西曲相融合，形成了後來頗具影響的樂部。至隋代，清商樂舞繼續受到統治者的重視，並得到一定的發展。隋文帝開皇九年（公元 589 年）平陳，獲宋、齊舊樂，文帝聽後對清商樂大加讚賞，認爲「此華夏正聲也」，將其置於清商署中，並「去其哀怨，考而補之」，進行了一番整理工作。隋文帝另設七部樂，內有清商伎，是較爲重要的樂舞內容。隋文帝大業（公元 605 年～618 年）中，又制定九部樂，《清樂》居於首。可見，清商樂在隋朝乃至在隨後的唐初獲得統治者寵愛的境遇。我們從清商樂最初形成，逐步發展的變遷中，可看出清商樂至隋代已屬於廣義雅樂的範疇，隋代統治者對清商樂的重視對其發展起到了強烈的推動作用。

第二節　隋代雅樂

一、隋文帝時期雅樂

隋代雅樂基本沿用北周舊制，將樂懸由 36 架減少到 20 架，並對不同等級儀仗用樂的樂器數量、樂懸規模等作以具體規定。開皇初，隋文帝楊堅剛即位，就下令制定隋代雅樂「宮懸」之制和文舞、武舞，並確定各級官員所使用的鼓吹儀仗規格。

隋文帝出身於書香門第，注意振興禮樂建設，在他即位初，下詔命太常卿牛弘和祭酒辛彥之增修雅樂。牛弘將伶官聚集到一起，籌劃多年而未見成效，祭祀郊廟和請神僅用黃鍾一個宮調而已。開皇九年（公元 589 年），隋一

舉滅陳，結束了近三百年來的南北分裂局面，設置了清商署，集中管理宋齊所獲的舊樂，並大加讚賞「此華夏正聲也。昔因永嘉，流於江外，我受天明命，今復會同。雖賞逐時遷，而古致猶在，可以此爲本，微更損益，去其哀怨，考而補之。以新定律呂，更造樂器」〔註43〕。隋文帝對平陳獲得的南朝樂工和四面樂懸的樂器在宮廷上演奏，讚歎道「這才是中原的正統音樂啊！若不是我此次平陳，世上罕能聽到」。於是調和五音作成五夏、二舞、登歌、房中等十四個曲調，在宴饗和祭祀時使用。隋朝至此才有雅樂，設置清商署掌管。協律郎祖孝孫依京房之法，推算出五音十二律而成六十個音律，又加上六倍，共計三百六十個音律，可以反覆轉調，並據此制定出宗廟所用的音樂。但有人提出質疑，終不施用。故隋代的雅樂僅用清樂的十四個樂調而已。至隋末天下喪亂之際，以上的樂調依舊保存完好。

開皇初的雅樂創作，承襲西周以來維護統治階級的政治統治爲根本目的。北朝沿留下來的雅樂含有大量異族音樂元素。開皇雅樂創作後，其音調及音樂風格多與前世正統雅樂相去甚遠，爲此引發朝臣爭議，引發開皇初關於雅樂問題的論戰，即古代音樂史上稱爲「開皇樂議」的論辯。

「開皇樂議」從雅樂的音律、宮調問題出發，沛國公鄭譯和國子博士何妥等人各持己見。《隋書・音樂志》：「開皇二年（公元582年），齊黃門侍郎顏之推上言：『禮崩樂壞，其來自久。今太常雅樂，並用胡聲，請馮梁國舊事，考尋古典。』高祖不從，曰：『梁樂亡國之音，奈何遣我用邪？』是時尚因周樂，命工人齊樹提檢校樂府，改換聲律，益不能通。俄而柱國、沛公鄭譯奏上，請更修正。於是詔太常卿牛弘、國子祭酒辛彥之、國子博士何妥等議正樂。然論謬既久，音律多乖，積年議不定。」〔註44〕「開皇樂議」最初本爲對雅樂音律、宮調等問題進行討論，但後來卻逐漸演變成宮廷內不同黨羽間的權利爭鬥。鄭譯對蘇祇婆的「五旦七調」理論進行研究，指出當時雅樂音律中存在一些有悖禮制之處：「今樂府黃鍾，乃以林鍾爲調首，失君臣之義，清樂黃鍾宮，以小呂爲變徵，乖相生之道。今請雅樂黃鍾宮，以黃鍾爲調首，清樂去小呂，還用蕤賓爲變徵。」〔註45〕即在雅樂中用黃鍾爲宮、太蔟爲商、姑洗爲角、蕤賓爲變徵、林鍾爲徵、南呂爲羽、應鍾爲變宮的音階。鄭譯建

〔註43〕〔唐〕魏徵等，隋書・音樂志〔M〕，北京：中華書局，1973：377～378。
〔註44〕〔唐〕魏徵等，隋書・音樂志〔M〕，北京：中華書局，1973：345。
〔註45〕〔唐〕魏徵等，隋書・音樂志〔M〕，北京：中華書局，1973：3。

議隨即遭到何妥等人反對。何妥竭力阻止鄭譯提出的「十二律旋相爲宮」和「五旦七宮」等理論用於雅樂實踐，認爲雅樂只能用「黃鍾一宮」。隋文帝雖「頗好音樂，常倚琵琶作歌二首」，但卻「素不知樂」，對鄭譯和何妥之言無從定奪。何妥先入爲主，得到了隋文帝肯定，最後隋文帝接受了何妥的建議，鄭譯建議遭到反對並廢棄。

牛弘按照鄭譯的說法，依照古代五聲六律旋相爲宮的觀點，認爲雅樂每一宮只用一調，迎氣所用之樂用「五調」，縵樂用「七調」，祭祀時施用。《隋書‧音樂志》：「是時競爲異議，各立朋黨，是非之理，紛然淆亂。或欲令各修造，待成，擇其善者而從之。妥恐樂成，善惡易見，乃請高祖張樂試之。遂先說曰：『黃鍾者，以象人君之德。』及奏黃鍾之調，高祖曰：『滔滔和雅，甚與我心會。』妥因陳用黃鍾一宮，不假餘律，高祖大悅，班賜妥等修樂者。自是譯等議寢」〔註46〕，隋文帝猶記何妥之言，在牛弘的奏摺上加注「不能用旋宮轉調，只能用黃鍾一宮」。因此，隋代的雅樂僅用黃鍾一個宮調，郊廟祭饗用一個調，迎氣用五個調。令人遺憾的是，在支持何妥的朝中大臣中，居然沒有一個人通曉音律，導致在一次宮廷祭祀儀式中，樂工演奏「或有能爲蕤賓之宮者，享祀之際肆之，競無覺者」的笑柄。

當時太常掌管的雅樂都用西域傳來的「胡聲」，高祖大怒說：「我受命七年（公元587年），樂府猶歌前代功德邪！」欲治罪於牛弘等人，因治書侍御李諤進諫而終止。

牛弘等人對雅樂又闡發了新的看法，隋文帝採納牛弘之見，公開指責北周之樂「皆是新造，雜有邊裔之聲，戎音亂華，皆不可用」，令宮廷中不得使用北周之樂，並令南朝清商樂爲其制定雅樂之基礎，採輯梁、陳的正樂歌曲，創作隋代宮廷音樂。據前文所述，清商樂本爲江左所傳舊曲，以及江南吳歌、荊楚西曲等的總稱。

到開皇十四年（公元594年），各項宮廷禮儀所用雅樂得以全面落實。據《隋書‧音樂志》載，開皇十四年（公元594年）三月，秘書監、奇章縣公牛弘，秘書丞、北絳郡公姚察，通直散騎常侍、虞部侍郎許善心，兼內史舍人虞世基，儀同三司、東宮學士饒陽伯劉臻等上奏說：「……今南征所獲梁、陳樂人，及晉、宋旗章，宛然俱至。曩代所不服者，今悉服之，前朝所未得者，今悉得之。化洽功成，於是乎在。臣等伏奉明詔，詳定雅樂，博訪知音，

〔註46〕〔唐〕魏徵等，隋書‧音樂志〔M〕，北京：中華書局，1973：347～348。

旁求儒彥，研校是非，定其去就，取為一代正樂，具在本司。」〔註47〕《北史》中亦有相關詔書的記載，《北史·隋本紀上》：「十四年夏四月乙丑，詔曰：『比命有司，總令研究，正樂雅聲，詳定已迄，宜即施用，見行者停。』」並撰寫歌辭三十首，文帝下詔令全部施用，把原來歌辭全部廢除。因民間音樂流傳時間久遠，凡離開其舊有面貌者，都予以禁止，務必保存其本來面貌。

在制定雅樂之前，隋文帝派內史侍郎李元操、直內史省盧思道等創作清廟歌辭十二曲，並令北齊樂人曹妙達在太樂教習之以代替北周樂歌。最初「迎神用七言歌辭，傚仿《元基曲》，獻禮祭奠時所唱的登歌用六言歌辭，傚仿《傾杯曲》，送神禮畢用五言歌辭，傚仿《行天曲》。」在制定雅樂時，「弘等但改其聲，合於鍾律，而辭經敕定，不敢易之。」

開皇二十年（公元 600 年），隋煬帝立為太子。至仁壽二年（公元 602 年），隋煬帝請更議定，於是下詔命牛弘等「更詳故實，創制雅樂歌詞。」

二、隋煬帝時期雅樂

隋煬帝自幼「好學，善屬文，深沉嚴重，朝野屬望。」在他承襲帝業後，「總追四方散樂，大集東都」。大業元年（公元 605 年），隋煬帝下詔修訂高廟樂（即隋文帝廟樂），以歷朝歷代的雅樂應有不同為由，命「總付秘書監柳顧言、少府副監何稠、著作郎諸葛穎、秘書郎袁慶隆等，增多開皇樂器，大益樂員，郊廟樂懸，並令新制」。〔註48〕但柳顧言向隋煬帝表明難於改作雅樂，此事就此作罷。郊廟所用的歌辭皆依舊制，只是新創作了《高祖廟歌》九首，已亡佚。又命秘書省學士定殿前樂工歌曲十四首，直到大業末年才完成，經常使用。當時有曹士立、裴文通、唐羅漢、常寶金等人，雖知道如何演奏音樂，但分不清雅樂和俗樂，將雅樂和俗樂的樂曲作品都交付給太常，讓太常工作人員來刪定樂章，欲制定一百零四首樂曲。這些樂曲基本都是以詩詞為本，參考古樂音調，譜成絃歌，再加上金石樂器的演奏。但因軍事方面的原因，並未定稿。

隋朝禮樂制度較為混雜，文帝時的雅樂「淪繆既久，音律多乖，積年議不定」，後來命制氏制定禮樂，然而「制氏全出於胡人，迎神猶帶於邊曲。及顏、何驟請，頗涉雅音，而繼想聞《韶》，去之彌遠」〔註49〕。因此，隋代的

〔註47〕〔唐〕魏徵等，隋書·音樂志〔M〕，北京：中華書局，1973：359。
〔註48〕〔唐〕魏徵等，隋書·音樂志〔M〕，北京：中華書局，1973：373。
〔註49〕〔唐〕魏徵等，隋書·音樂志〔M〕，北京：中華書局，1973：287。

雅樂多含有南方的民歌（如清商樂）及北方的胡樂等成分在內。

隋煬帝時，百戲盛行，「於天津街盛陳百戲，自海內凡有奇伎，無不總萃」，「金石匏革之聲，聞數十里外。彈弦撧管以上，一萬八千人。大列炬火，光燭天地，百戲之盛，振古無比」。《隋書‧音樂志》載：「煬帝矜奢，頗玩淫曲，御史大夫裴蘊，揣知帝情，奏括周、齊、梁、陳樂工子弟，及人間善聲調者，凡三百餘人，並付太樂。」〔註50〕《隋書‧音樂志》對大業六年時的雅樂情況作以具體記載。大業六年（公元610年），隋煬帝大規模地搜尋北魏、北齊、北周、南朝齊的樂人子弟，將他們全部交予太常，並在關中設立專門地方安置眾樂人。「顧言等又奏，仙都宮內，四時祭享，還用太廟之樂，歌功論德，別制其辭。七廟同院，樂依舊式。又造饗宴殿庭宮懸樂器，布陳簨簴，大抵同前，而於四隅各加二建鼓、三案。又設十二鎛，鎛別鍾磬二架，各依辰位為調，合三十六架。至於音律節奏，皆依雅曲，意在演令繁會，自梁武帝之始也。開皇時，廢而不用，至是又復焉」。〔註51〕隋文帝時，宮懸樂器只有一部，在殿庭宴饗時使用。平定南朝陳時又獲二部，祭祀宗廟、天地時使用。至隋煬帝時，全都放在樂府中藏而不用。重新製造三部：五方郊祭用二十架樂器，樂工一百四十三人；宗廟殿庭用二十架樂器，樂工一百五十人；宴饗用二十架樂器，樂工一百零七人，舞者分為二等，共一百三十二人。

隋煬帝時期的雅樂「多依開皇之故」，僅在樂懸上從20架增至36架。在雅樂曲目方面，除增加「新造高祖廟歌九首」外，其餘多為隋文帝在位時捨棄不用的「亡國之音」，即魏、齊、梁、陳、北周宮廷所用的西域少數民族音樂。至此，隋朝的宮廷雅樂經文帝時，才恢復中原傳統音樂隨後面臨著再一次斷裂的局面，對雅樂的傳統產生了新的衝擊。

三、隋代雅樂的新發展

隋文帝命牛弘修正皇后的「房內之樂」（即「房中樂」）。據毛萇、侯苞和孫毓三人之前的說法認為房中樂用鍾，而王肅則言不可。陳統認為：「婦人無外事，而陰教尚柔，柔以靜為體，不宜用於鍾」，牛弘採取王肅和陳統之義。

《隋書‧音樂志》：「高祖龍潛時，頗好音樂，常倚琵琶，作歌二首，名

〔註50〕　〔唐〕魏徵等，隋書‧音樂志〔M〕，北京：中華書局，1973：287。
〔註51〕　〔唐〕魏徵等，隋書‧音樂志〔M〕，北京：中華書局，1973：373～374。

曰《地厚》、《天高》，託言夫妻之義。」〔註52〕故將《地厚》、《天高》二曲作爲房中樂之曲，讓婦人在堂上登歌敬酒時共同演奏、演唱。掌管房中樂演奏的職官在宮內，由女人掌教並學習之。

　　大業六年（公元 610 年），柳顧言又增加房中樂，並益其鍾磬。柳上奏言：「請設置歌鍾歌磬各兩架，土、革、絲、竹樂器都附和鍾磬，並堂上唱歌和堂下吹奏，總稱爲房內之樂。由女婢學習它，在宴會之時使用。」〔註 53〕煬帝准奏。於是在內宮用二十虡。其中十二個鑄鍾，都用大磬來充當，去掉建鼓，其他裝飾與殿庭相同。由此可見，隋朝的房內之樂頗受統治者重視，並時常加以增修。從房內樂的性質及用途而言，應屬廣義雅樂的範疇。

第三節　唐代雅樂

　　唐代國力強盛，以朝氣蓬勃的世俗地主階級知識分子爲主體。唐文化所體現出來的是一種無所畏懼、無所顧慮，包容萬象的寬容宏大氣勢。唐太宗李世民攜以魏徵爲首的士大夫集團，制定了「開明專制」的政治制度，不推行文化一元化，奉行三教並行政策，鼓勵唐文化朝著多元、繁榮的方向發展。唐代以開闊的胸襟廣爲吸收異域文化，因統治者的開明，促進了文化的發展與交流，唐文化開啓了走向世界文化顛峰的蹊徑。英國學者威爾斯在《世界簡史》中將歐洲中世紀與中國盛唐時期作以比較：「當西方人的心靈爲神學所纏迷而處於夢寐黑暗之中，中國人的思想卻是開放的，兼收並蓄而好探求的。」

　　唐代國家空前強盛統一，造就了各個領域的迅捷發展。唐代統治者對宮廷雅樂制定非常重視，以下分爲唐初、盛唐、中唐、晚唐四個階段，對唐代雅樂的具體情況進行論述，對唐代雅樂的發展與變遷作深入剖析。

一、唐初雅樂創作

　　據《舊唐書·音樂志》載，唐高祖李淵受禪後，將祖孝孫提升爲吏部郎中，轉任太常少卿，深得高祖信任，並請求製作雅樂。當時因軍國事務繁忙，未遑改制，尚用隋代舊樂。唐初沿用隋代雅樂達八年之久，至武德九年（公元 626 年）高祖才令太常少卿祖孝孫、協律郎竇璡等修定雅樂。但雅樂尚未修訂完成之際，秦王李世民便在玄武門奪取政權，改元貞觀。

〔註52〕〔唐〕魏徵等，隋書·音樂志〔M〕，北京：中華書局，1973：354。
〔註53〕〔唐〕魏徵等，隋書·音樂志〔M〕，北京：中華書局，1973：374。

　　貞觀二年（公元 628 年）六月，祖孝孫初步擬定唐代雅樂議定方案，創作了《十二和》，即《豫和》、《順和》、《永和》、《肅和》、《雍和》、《壽和》、《太和》、《舒和》、《昭和》、《休和》、《正和》、《承和》，用於郊廟和朝廷，起到愉悅人神的作用。祖孝孫將其制定的雅樂奏給太宗欣賞，太宗的一席話點明了他對音樂的看法：「禮樂之作，蓋聖人緣物設教，以爲樽節，治之隆替，豈此之由？」御史大夫對曰：「前代興亡，實由於樂。陳將亡也，爲《玉樹後庭花》；齊將亡也，而爲《伴侶曲》，行路聞之，莫不悲泣，所謂亡國之音也。以是觀之，蓋樂之由也。」太宗隨即說：「不然，夫音聲能感人，自然之道也。故歡者聞之則悅，憂者聽之則悲，悲歡之情，在於人心，非由樂也。將亡之政，其民必苦，然苦心所感，故聞之則悲耳，何有樂聲哀怨，能使悅者悲乎？今《玉樹》、《伴侶》之曲，其聲具存，朕當爲公奏之，知公必不悲矣。」尚書右丞魏徵進一步說：「古人稱：『禮云禮云，玉帛云乎哉！樂云樂云，鐘鼓云乎哉！』樂在人和，不由音調。」〔註54〕太宗聽後表示同意。有鑒於此，可窺探出太宗李世民的音樂觀。祖孝孫等人新創作的雅樂並未被唐太宗李世民重視，太宗並不認爲禮樂能決定一個國家的命運。但他深知「王者功成作樂」的道理，更是表現出「雖以武功定天下，終當以文德綏海內」的雄心。《新唐書·西域列傳》載，太宗時，玄奘和尚到天竺國，天竺國王屍羅逸多召見他說：「你的國家出現了聖人，作《秦王破陣樂》，請爲我講一下他的爲人。」可見，當時《秦王破陣樂》流傳甚廣，已傳播至天竺國，凸顯出「王者功成作樂」的影響頗深，天竺國王欲對太宗事迹專門進行瞭解。

　　在雅樂音調旋律上，祖孝孫發現南北朝時期陳、梁等宮廷雅樂混雜吳、楚之音，周、齊等宮廷雅樂多混有胡戎樂特點。在宮調和音律上參照鄭譯「十二律旋相爲宮」辦法，然後「考以古音，作爲大唐雅樂」。《舊唐書·音樂志》：「按《禮記》云，『大樂與天地同和』，故製十二和之樂，合三十一曲，八十四調。祭圜丘以黃鍾爲宮，方澤以林鍾爲宮，宗廟以太簇爲宮，五郊、朝賀、宴饗，則隨月用律爲宮。初，隋但用黃鍾一宮，惟扣七鍾，餘五鍾虛懸而不扣。及孝孫建旋宮之法，皆遍扣鍾，無復虛懸者矣。」〔註55〕祖孝孫建立了旋宮轉調之法，所有的鍾都可以敲擊，已無空掛之鍾。祖孝孫去世後，協律郎張文收復採《三禮》，言「孝孫雖創其端，至於郊祀用樂，事未周備」。唐

〔註54〕〔後晉〕劉昫等，舊唐書·音樂志〔M〕，北京：中華書局，1975：1040～1041。
〔註55〕〔後晉〕劉昫等，舊唐書·音樂志〔M〕，北京：中華書局，1975：1041。

太宗便下詔命張文收與太常掌禮樂官共同深入釐改雅樂。張文收等所制定的雅樂較祖孝孫制定的雅樂之制更爲完善。張文收據《周禮》，對不同等級所用樂懸中的編鍾數量作以具體規定：「天子十二鍾，上公九，侯伯七，子男五，卿六，大夫四，士三。及成，奏之，太宗稱善，於是加級頒賜各有差。」

　　貞觀六年（公元 632 年），唐太宗令協律郎張文收與太常禮樂官對大唐雅樂的宮調及音律加以釐定，又令秘書監魏徵、員外散騎常侍褚亮和虞世南、李百藥創作雅樂歌詞。《新唐書・禮樂志》：「張文收以爲《十二和》之制未備，乃詔有司釐定，而文收考正律呂，起居郎呂才叶其聲音，樂曲遂備。」修訂後的大唐雅樂共十二首，用樂懸三十六架。大唐雅樂用樂如下：降天神、封祀太山，皆以圜鍾爲宮，奏《豫和》三遍，分別以黃鍾爲角、太簇爲徵、姑洗爲羽各奏一遍；降地祇，以函鍾爲宮、太簇爲角、姑洗爲徵、南呂爲羽、蕤賓爲宮，各奏《順和》三遍；降人鬼，以黃鍾爲宮，奏《永和》三遍，以大呂爲角、太簇爲徵、應鍾爲羽，各奏《永和》二遍；登歌以奠玉帛，以大呂、應鍾、圜鍾、南呂、函鍾爲宮，各奏《肅和》一遍；祭祀以入俎，以黃鍾、太簇、無射爲宮，各奏《雍和》一遍；酌獻、飲福，以黃鍾爲宮，奏《壽和》；天子將自內出，撞黃鍾之鍾，右五鍾應，以黃鍾爲宮，奏《太和》。禮畢，撞蕤賓之鍾，左五鍾應，以黃鍾爲宮，奏《太和》；皇太子、王公、皇后等出入，以太簇爲商，奏《舒和》；皇帝、皇太子舉酒，以其月之律均爲宮，奏《昭和》；皇帝、皇太子食舉，以其月之律均爲宮，奏《休和》；皇后受冊，以其月之律均爲宮，奏《正和》；皇帝、皇太子臨軒出入，撞黃鍾之鍾，以姑洗爲宮，奏《承和》。另有祖孝孫所創作祭祀雅樂的文舞《治康》和武舞《凱安》。

　　貞觀十四年（公元 640 年），因廟樂未稱頌祖宗之功德，敕令創作宗廟樂，制定了唐先祖及文德皇后廟樂祭祀樂舞的名稱。《新唐書・禮樂志》對唐代廟樂作有全面記述。太宗時期，詔令秘書監顏師古等撰定弘農府君至高祖太武皇帝六廟樂曲舞名。其後名稱變更不一，而自獻祖而下廟舞。「獻祖曰《光大之舞》，懿祖曰《長髮之舞》，太祖曰《大政之舞》，世祖曰《大成之舞》，高祖曰《大明之舞》，太宗曰《崇德之舞》，高宗曰《鈞天之舞》，中宗曰《太和之舞》，世祖曰《大成之舞》，高祖曰《大明之舞》，太宗曰《崇德之舞》，高宗曰《鈞天之舞》，中宗曰《太和之舞》，睿宗曰《景雲之舞》，玄宗曰《大運之舞》，肅宗曰《惟新之舞》，代宗曰《保大之舞》，德宗曰《文明之舞》，順

宗曰《大順之舞》，憲宗曰《象德之舞》，穆宗曰《和寧之舞》，敬宗曰《大鈞之舞》，文宗曰《文成之舞》，武宗曰《大定之舞》，昭宗曰《咸寧之舞》，其餘闕而不著」，〔註56〕將《崇德》之舞定爲太宗「廟樂」，確定了諸廟樂舞之名。

同年，亦因天上出現祥雲、河水清澈之事，張文收根據古《朱雁》、《天馬》之義，創作了《景雲河清歌》，名曰「讌樂」，被以管絃，成爲諸樂之首，在元旦大會時作爲第一首曲目進行表演。

《新唐書・禮樂志》載唐高宗李治自稱是老子的後人，於是命樂工創作道調。

顯慶二年（公元 657 年），太常奏琴曲《白雪》。唐高宗認爲此曲爲琴曲中的雅曲，古人皆習以歌唱，至唐以來較爲缺失，雖有傳習，但不合音律。於是命太常據琴中舊曲創作《白雪》，定其宮商，教習以歌，並以高宗御製《雪》之詩爲《白雪》之辭。又按照《古今樂錄》載，奏正曲之後，都要有送聲。國君在前面唱，群臣在後面和。據此群臣們奉和的雪詩作爲送聲，各有十六節。現已教會，併合於相應的音調。高宗認爲此法很好，並交予雅樂機構太常編入樂府。

顯慶六年（公元 661 年）二月，太常丞呂才創作琴歌《白雪》等曲，皇上親自創作歌辭十六首，編入樂府。三月，高宗欲征討遼國，在軍營中教舞，召李義府、許敬宗、許圉師、張延師、蘇定方、阿史那忠、于闐王伏闍、上官儀等人，赴洛城門觀看樂舞，名爲《一戎大定樂》。

《凱安舞》爲貞觀年間所創作的武舞，按照《貞觀禮》和當時的禮制，僅在郊廟祭享時所奏武舞使用。《凱安舞》像周代的《大武》一樣，有六次變化：「一變象龍興參野，二變象克靖關中，三變象東夏賓服，四變象江淮寧謐，五變象獫狁讋伏，六變復位以崇，象兵還振旅。」〔註57〕韋萬石請求將武舞《凱安舞》依照古禮和《貞觀禮》，演奏六段後即止。

調露二年（公元 680 年）正月二十一日，武則天在洛城南樓宴請諸王、諸司三品以上的官員，掌管雅樂的機構太常演奏《六合還淳》之舞。

武則天時期將雅樂歌辭多加改易，創作新的雅樂。至唐玄宗開元初，由中書令張說雜用貞觀舊詞重製。武則天於光宅元年（公元 684 年），以《鈞天》

〔註56〕〔宋〕歐陽修、宋祁，新唐書・禮樂志〔M〕，北京：中華書局，1975。
〔註57〕〔後晉〕劉昫等，舊唐書・音樂志〔M〕，北京：中華書局，1975：1048。

作爲高宗廟樂。她對高宗時代的文、武二舞進行更名後又將其剔除，恢復使用唐初的文、武二舞，「及高宗舞，改《治康》舞曰《化康》以避諱。……自後復用隋文舞、武舞而已。」〔註58〕至武則天稱帝（公元690年）後，「立周七廟於東都以祀武氏」，盡毀唐初太廟、廢貞觀禮樂，致使《破陣樂》、《慶善樂》等樂舞名存實亡。因武則天爲中國歷史上第一位也是唯一一位女皇帝，因此其所制定的雅樂也與歷代不同，具體表現爲重視陰祀，顚倒雅樂律呂，重修《十二和》之名等。

天授二年（公元691年）按照九州鑄造了九個銅鼎。鼎鑄成後，從玄武門外拉入，令宰相、諸王率領南北衛宿衛兵十萬餘人及儀仗內的大牛、白象一起拉入。武則天創作了《曳鼎歌》，令大家在拉鼎時唱和。

長壽二年（公元693年）正月，武則天親自祭享萬象神宮。此前，她曾創作《神宮大樂》，舞者九百人，在神宮庭前而舞。延載元年（公元694年）正月二十三日，武則天創作了《越古長年樂》一曲。

二、唐初「三大舞」

上文所述多爲唐初祭祀所用部分雅樂，內容多考量南方吳楚之音和北方胡戎之伎來加以制定。唐代不乏新創之宴饗音樂，宴饗音樂後也爲祭祀所用，蘊含了典禮之意。因此，《舊唐書·音樂志》中所見這種新創音樂，在「祭祀」和「宴享」兩類中皆有記載，較爲重要的爲《破陣樂》、《慶善樂》、《上元樂》，即唐初「三大舞」。

（一）《破陣樂》

據《舊唐書·音樂志》載，《破陣樂》爲太宗所創作，原名爲《秦王破陣樂》。唐太宗李世民未登基時，「太宗爲秦王，破劉武周，軍中相與作《秦王破陣樂》曲」〔註59〕。唐太宗爲秦王時軍隊所用之樂《秦王破陣樂》，在其登上帝位後，隨即納入雅樂範圍。太宗宴饗群臣時說：「朕昔在藩，屢有征討，世間遂有此樂，豈意今日登於雅樂。然其發揚蹈厲，雖異文容，功業由之，致有今日，所以被於樂章，示不忘本也。」〔註60〕太宗於貞觀元年（公元627年）即位，命呂才協和音律，命魏徵、李百藥、褚亮、虞世南等人改制《破

〔註58〕〔宋〕郭茂倩，樂府詩集〔M〕，北京：中華書局，1982。
〔註59〕〔宋〕歐陽修、宋祁，新唐書·禮樂志〔M〕，北京：中華書局，1975：207。
〔註60〕〔後晉〕劉昫等，舊唐書·音樂志〔M〕，北京：中華書局，1974：1045。

陣樂》歌辭，擴大樂舞表演規模，舞者增至 128 人，並更名爲《七德舞》。《新唐書·禮樂志》中有類似的記載，隨後，太常卿蕭瑀對太宗進言：「樂所以美盛德形容，而有所未盡，陛下破劉武周、薛舉、竇建德、王世充，願圖其狀以識。」太宗說：「方四海未定，攻伐以平禍亂，製樂陳其梗概而已，若備寫禽獲，今將相有嘗爲其臣者，觀之有所不忍，我不爲也。」《破陣樂》在元日、多至朝會慶賀時，與《九功舞》同時演奏。

貞觀七年（公元 633 年）太宗製成《破陣舞圖》：「左圓右方，先偏後伍，魚麗鵝貫，箕張翼舒，交錯屈伸，首尾回互，以象戰陣之形。令呂才依圖教樂工百二十人，被甲執戟而習之。凡爲三變，每變爲四陣，有來往疾徐擊刺之象，以應歌節，數日而就，更名《七德》之舞」。〔註61〕此樂舞由樂工一百二十人表演，共分三段，每段四個陣式，舞者的舞姿緊密結合著音樂的節奏，幾日即可練成，更名爲《七德舞》。在癸巳演奏《七德》和《九功》二舞，「觀者見其抑揚蹈厲，莫不扼腕踴躍，凜然震竦」。武臣列將都祝賀說：「此舞皆是陛下百戰百勝之形容。」群臣皆高呼萬歲。隨後，十幾個少數民族的人自請表演舞蹈，太宗下詔許之，表演很久才結束。《七德舞》在太宗生日之際表演，「觀者見其抑揚蹈厲，莫不扼腕踴躍，凜然震竦。武臣列將咸上壽曰：『此舞皆是陛下百戰百勝之形容。』群臣咸稱萬歲。蠻夷十餘種，自請率舞，詔許之。久而乃罷」〔註62〕。

顯慶元年（公元 656 年）二月庚寅，將《七德舞》更名爲《神功破陣樂》。唐高宗永徽二年（公元 651 年），以「情不忍觀，所司更不宜設」爲由，將《破陣樂》止於宮中表演。麟德二年（公元 665 年）七月制曰：「其宴享等所奏宮懸，……武舞宜用神功破陣之樂；皆被甲持戟；其執纛之人，亦著金甲。人數並依八佾；仍量加簫、笛、歌鼓等；並於懸南列坐。若舞，即與宮懸合奏。」麟德三年（公元 666 年）十月，敕定郊祀享「武舞，改用《神功破陣樂》」。

至唐高宗儀鳳二年（公元 677 年），將《破陣樂》作爲文舞，名爲《七德》在宮中上演。高宗重聞《破陣樂》時感動流涕說：「不見此樂，垂三十年，乍此觀聽，實深哀感。追思往日，王業艱難勤苦若此，朕今嗣守洪業，可忘武功？」

〔註61〕〔後晉〕劉昫等，舊唐書·音樂志〔M〕，北京：中華書局，1974：1046。
〔註62〕〔後晉〕劉昫等，舊唐書·音樂志〔M〕，北京：中華書局，1975：1046。

（二）《慶善樂》

據《舊唐書・音樂志》載，《慶善樂》爲太宗創作。貞觀六年（公元 632年），太宗行幸其出生地慶善宮，仿傚漢高祖劉邦路過家鄉沛縣時賦詩而作《大風歌》，太宗賦詩十首，由兒童頭戴德冠，身穿紫色的大袖裙襦等配飾舞之。「太宗行幸慶善宮，宴從臣於渭水之濱，賦詩十韻。其宮即太宗降誕之所，車駕臨幸，每特感慶，賞賜閭里，有同漢之宛、沛焉。於是起居郎呂才以御製詩等於樂府，被之管絃，名爲功成慶善之曲，令兒童八佾，皆進德冠，紫袴褶，爲九功之舞」。〔註63〕每年冬至宴饗及國家大型慶典儀式中與《七德舞》同在宮廷表演。

麟德二年（公元 665 年）七月制曰：「其宴享等所奏宮懸，文舞宜用功成慶善之樂，皆著履，執拂，衣舊服袴褶，童子冠」。

麟德三年（公元 666 年）十月敕定郊祀享「文舞，改用《功成慶善樂》。」

（三）《上元樂》

據《舊唐書・音樂志》載，《上元舞》爲唐高宗創作，「舞者百八十人，畫雲衣，備五色，以象元氣，故曰上元」。咸亨四年（公元 673 年）十一月丙寅日，高宗製作上元樂樂章，有《上元》、《二儀》、《三才》、《四時》、《五行》、《六律》、《七政》、《八風》、《九宮》、《十洲》、《得一》、《慶雲》之曲。並詔有司，在舉行各種盛大的祭祀典禮及宴享時奏《上元樂》。上元三年（公元 676年）十一月，敕定祠祭時用《上元舞》。《上元舞》只能在祭祀圓丘、方澤、太廟時使用，其他的祭祀不用。

至高宗時，太宗所創作的《破陣樂》和《慶善樂》都被修入雅樂，但只爲祭祀太宗的廟樂之用，足見高宗對太宗所作雅樂的尊崇和擁戴。儀鳳二年（公元 677 年），韋萬石等奏曰：「立部伎內《破陣樂》五十二遍，修入雅樂，只有兩遍，名曰《七德》；立部伎內《慶善樂》七遍，修入雅樂，只有一遍，名曰《九功》；《上元舞》二十九遍，今入雅樂，一無所減。每見祭享日三獻已終，《上元舞》猶自未畢，今更加《破陣樂》、《慶善樂》，兼恐酌獻已後，歌舞更長。其雅樂內《破陣樂》、《慶善樂》及《上元舞》三曲，並望修改通融，令長短與禮相稱，冀望久長安穩。」〔註64〕請求先奏《神功破陣樂》，後奏《功成慶善樂》。

〔註63〕〔後晉〕劉昫等，舊唐書・音樂志〔M〕，北京：中華書局，1975：1046。
〔註64〕〔後晉〕劉昫等，舊唐書・音樂志〔M〕，北京：中華書局，1975：1049。

儀鳳三年（公元 678 年）七月，高宗在九成宮咸亨殿舉行宴會，參加者有韓王李元嘉、霍王李元軌及南北軍將軍等。開始作樂，太常少卿韋萬石上奏將《破陣樂》中所表現出來先祖創造的功績，應永傳後世。自高宗臨朝，《破陣樂》不再表演，因爲怕高宗觀看《破陣樂》表演之後，情感愴然，群臣都不敢言。但韋萬石作爲掌管雅樂的職官，恐此樂由此失傳。按照禮制，祭祀時應由天子親自率盾牌等舞具來舞先祖之樂，與天下百姓同樂。現在《破陣樂》廢置久已，群臣無所稱述，將如何來表現高宗的孝思之情啊？高宗在聽完韋萬石所述的一席話後，頓時面容改色，令奏《破陣樂》樂舞，欣賞完畢，頓然欷歔感咽，涕泗交流，並闡發了一番意義深長的話：「（對韓王和霍王二人說）不見此樂，垂三十年，乍此觀聽，實深哀感。追思往日，王業艱難勤苦若此，朕今嗣守洪業，可忘武功？古人云：『富貴不與驕奢期，驕奢自至。』朕謂時見此舞，以自誡勖，冀無盈滿之過，非爲歡樂奏陳之耳。」〔註65〕《破陣樂》爲表現太宗李世民功績的樂舞，高宗李治是太宗李世民之子，在其即位後，不忍看到父親建國之初的辛勞，故在永徽二年（公元 651 年）說「《破陣樂》舞，情不忍觀，所司更不宜設」，從此便不再表演《破陣樂》。但從上文中記述的高宗在闊別三十年後，重新欣賞到《破陣樂》時所產生的不同的心理變化，即表明此時高宗已深知《破陣樂》這一先祖所創作的樂舞在王朝興建中所起到的不可估量的作用，並表示要將此樂繼續演奏並傳承下去。

唐初三大舞既有新創作的因素，又有民間歌曲的成分，演奏時更是加入少數民族地區音樂，如龜茲和西涼等胡樂因素。在三大舞當中，以破陣樂使用最多。宴饗及愷樂都使用破陣樂，在愷樂演奏破陣樂時，用鐃吹二部，笛、篳篥、簫、笳、鐃、故等每色二人，歌工二十四人，與郊祀和宴享時的演奏相比，多有不同。

三、盛唐雅樂

自武則天僭越國號稱「周」以來，唐貞觀及顯慶年間所制定的禮樂典章制度皆被廢除，大唐雅樂遭到了極大破壞。至先天元年（公元 712 年）唐玄宗李隆基即位，開始對禮制進行修定。

開元十三年（公元 725 年），玄宗和中書令張說及太常樂工等對當時的雅樂進行整理。「詔燕國公張說改定樂章，上自定聲度，說之詞令，太常樂工，

〔註65〕〔後晉〕劉昫等，舊唐書‧音樂志〔M〕，北京：中華書局，1975：1050。

就集賢院教習，數月方畢，因定封禪郊廟詞曲及舞，至今行焉。」〔註66〕

開元二十四年（公元 736 年），玄宗「升胡部於堂上」，其三大樂舞皆融入胡聲，《破陣樂》、《上元樂》「皆用大鼓，雜以《龜茲》樂，其聲震歷。……《慶善樂》專用《西涼》樂，聲頗閒雅。每享郊廟，則《破陣》、《上元》、《慶善》三舞曲皆用之」〔註67〕。陳寅恪在《舊唐書·音樂志》此段批註云「可知唐世廟堂雅樂，亦雜胡聲也。」〔註68〕

開元二十五年（公元 737 年），太常樂官對雅樂樂章進行重新梳理。由此，歌辭逐漸被固定下來，並頒佈樂人學習。

玄宗注重禮制建設，制定了《大唐開元禮》。《大唐開元禮》修成於唐代開元盛世，以「功成制禮、治政作樂」爲出發點，詳細記載了國家禮樂制度具體情況，同時還兼及地方政府的祭祀儀式和官僚家庭的吉凶之儀。開元中據張說奏，取貞觀、顯慶禮書，折衷異同而制定。由徐堅等始創，蕭嵩等完成。

《通典·禮序》載：「開元十四年（公元 726 年），通事舍人王岩疏請撰《禮記》，削去舊文，而以今事編之。詔付集賢院學士詳議。右丞相張說奏曰：『《禮記》，漢朝所編，遂爲歷代不刊之典。今去聖久遠，恐難改易。今之五禮儀注，貞觀、顯慶兩度所修，前後頗有不同，其中或未折衷。望與學士等更討論古今，刪改行用。』制從之。初令學士右散騎常侍徐堅、左拾遺李銳、太常博士施敬本等檢撰，歷年不就。說卒後，蕭嵩代爲集賢學士，始奏起居舍人王邱，撰成一百五十卷，名曰《大唐開元禮》。開元二十九年（公元 741 年）九月，頒所司行用焉。』」

開元二十九年（公元 741 年）六月，玄宗定大唐雅樂爲《大唐樂》。太常奏准十二年（公元 724 年）東封泰山日所定雅樂。下制曰：「王公卿士，爰及有司，頻詣闕上言，請以『唐樂』爲名者，斯至公之事，朕安得而辭焉。然則《大咸》、《大韶》、《大濩》、《大夏》，皆以大字表其樂章，今之所定，宜曰《大唐樂》。」〔註69〕《大唐樂》綜合了開元十三年封禪祭祀天地樂章和享太廟九室樂章，恢復祖孝孫的《十二和》爲《十五和》。

〔註66〕〔宋〕王溥，唐會要〔M〕，北京：中華書局，1955：595。
〔註67〕〔宋〕歐陽修、宋祁，新唐書·禮樂志〔M〕，北京：中華書局，1975：207。
〔註68〕〔後晉〕劉昫等，舊唐書·音樂志〔M〕，北京：中華書局〔M〕，1975：39。
〔註69〕〔後晉〕劉昫等，舊唐書·音樂志〔M〕，北京：中華書局，1975：1044～1045。

（一）唐玄宗創作的雅樂

坐部伎所用之《龍池樂》爲玄宗親自創作，「舞者七十二，冠飾以芙蓉」，「備用雅樂，笙磬，舞人躡履」。《唐會要・雅樂下》：「祭《龍池樂》章十，開元二年內出，編入雜樂。十六年，築壇於興慶宮以仲春之月祭之。」但《玉海》在此文獻下注云：「《龍池樂》章十，開元元年內入雅樂，姚元崇等撰。」從以上幾條文獻可看出玄宗所製《龍池樂》的變遷過程，最初爲雅樂，後被置爲雜樂，入燕樂，爲坐部伎演奏曲目，又用於仲春之際的祭祀儀式。

玄宗在每次燕設酺會時，召「太常卿引雅樂，……太常樂立部伎、坐部伎依點鼓舞，間以胡夷之伎。……又令宮女數百人自帷擊雷鼓，爲《破陣樂》、《太平樂》、《上元樂》，雖太常積習，皆不如其妙也。」〔註70〕

玄宗不僅推崇道教，同時喜愛胡樂爲代表的俗樂。在這一時期，雅樂並未受到足夠重視，以致「郊廟歌工樂師傳授多缺，或祭用宴樂，或郊稱廟詞。」《混元聖紀》載：「（開元二十九年辛巳）二月辛卯，帝（唐玄宗）製《霓裳羽衣曲》、《紫薇八卦舞》，以薦獻於太清宮。」玄宗喜好神仙之事，詔令道士司馬承禎製《玄眞道曲》，令茅山道士李會元製《大羅天曲》，令工部侍郎賀知章製《紫清上聖道曲》。

「天寶元年（公元 742 年）四月，命有司定玄元皇帝告享所奏樂，降神用《混成》之樂，送神用《太一》之樂」，郊廟祭祀制定所奏之樂亦含有濃厚的道教色彩。

據《新唐書・禮樂志》載，天寶二年（公元 743 年）三月，以兩京玄廟爲太清宮，太常韋縚製《景雲》、《九眞》、《紫極》、《小長壽》、《承天》、《順天樂》六曲，又製商調《君臣相遇樂曲》。

玄宗不僅致力於「道調」創作，還積極創作「法曲」。「玄宗既知音律，又酷愛法曲，選坐部伎子弟三百教於梨園。」玄宗專設梨園爲坐部伎子弟練習法曲之用。

開元年間，玄宗先升胡部於堂上，後又下詔：「道調、法曲與胡部新聲合作。」此時，道調、法曲與胡部新聲一同施於殿堂，成爲玄宗朝時宮廷音樂的重要組成部分，常在宮廷宴饗時演奏。

〔註70〕〔後晉〕劉昫等，舊唐書・音樂志〔M〕，北京：中華書局〔M〕，1975：1051。

（二）安史之亂後的雅樂情況

天寶末年，爆發安史之亂，唐玄宗倉皇而逃，叛軍攻佔長安。安祿山派人「載京師樂器樂伎，盡入洛陽」，宮廷雅樂遭受嚴重破壞。後來，唐肅宗收復兩京之際，欲行天子之禮，但「禮物盡闕」。肅宗命太常少卿于休烈等大臣進行努力創制，才逐漸恢復「樂工」和「二舞」。

代宗爲廣平王時收復東、西二京，梨園的供奉官劉日進創作《寶應長寧樂》十八段進獻，皆用宮調。自至德二年（公元 757 年）收復長安、洛陽兩京以來，只有元旦在含元殿受朝賀時才陳設宮懸雅樂之制。即使是在郊廟等大祭祀之時，只有登歌，亦沒有文、武二舞。永泰二年（公元 766 年），軍容使魚朝恩主管國子監之事，才將宮懸之樂置於廟庭的講堂前。又有教坊樂府雜伎，表演一天才結束。

乾元元年（公元 758 年）三月十九日，肅宗因太常中有舊的鍾磬，自隋以來流傳下來的五聲樂音，有可能差錯，對于休烈說：「古者聖人作樂，以應天地之和，以合陰陽之序，和則人不夭箚，物不疵癘。且金石絲竹，樂之器也，比親享郊廟，每聽樂聲，或宮商不倫，或鍾磬失度，可盡供鍾磬，朕當於內自定。」〔註 71〕於是，太常將樂器都拿到宮廷，皇帝召集樂工敲擊試聽了幾天，查找出它們的差錯，命樂工重新製造並加以磨刻。二十五日，已有一套樂器率先完成，召集太常樂工。肅宗親自到三殿觀看他們敲擊，聞其皆合於五音，隨即送回太常。二十八日，在內廷創作了樂章三十一章，送至太常，在郊廟祭祀時歌唱。

上元元年（公元 760 年），肅宗親自與太常樂工考證鍾磬等金石樂器，以定五音，制定雅樂諸樂章付太常教習。大曆元年（公元 767 年），又創作有《廣平太一樂》。

《涼州曲》本爲西涼進獻，其樂本爲宮調，有大遍、小遍。貞元初，樂工康崑崙將此曲在琵琶上進行演奏，並奏於玉宸殿，故號稱「玉宸宮調」，同其他樂器合奏時，用黃鍾宮。

貞元三年（公元 787 年）四月，河東節度使馬燧獻《定難曲》，御麟德殿，命閱試之。

貞元十二年（公元 796 年）十二月，昭義軍節度使王虔休獻《繼天誕聖樂》。《舊唐書·王虔休列傳》中對此樂作有詳細記述：「大抵以宮爲調，表五

〔註71〕　〔後晉〕劉昫等，舊唐書·音樂志〔M〕，北京：中華書局〔M〕，1974：1052。

音之奉君也；以土爲德，知五運之居中也。凡二十五遍，法二十四氣而足成
一歲也。每遍一十六拍，象八元、八凱登庸於朝也。」〔註72〕之前，太常樂
工劉玠流落到潞州，王虔休讓他創作此曲以進獻，現在的《中和樂》就是源
於此曲。

貞元十四年（公元798年）二月，德宗親自創作了《中和樂》，初奏《破
陣樂》，又奏九部樂及禁中歌舞，伎者十餘人列於殿庭，德宗御麟德殿會百僚
觀新創作的樂詩。可見，至中唐時，樂伎僅有十餘人，已不像盛唐時那種宏
大的規模。

貞元年間，南詔王異牟尋派使者到劍南西川節度使韋皋處，欲獻其民族
歌曲，還要驃國進獻音樂。韋皋創作了《南詔奉聖樂》，用黃鍾之均，樂舞六
段，樂工六十四人，引舞二人，序曲重複二十八遍，舞者手執羽毛而舞出「南
詔奉聖樂」字。在樂曲將結束之際，四周敲擊雷鼓，舞者皆跪拜，金石之聲
演奏才起身，手執羽毛叩頭，以表前來朝廷覲見。每一次跪拜，都有鉦、鼓
的聲音來節制。他又制定了五個宮調：一爲黃鍾，以宮音爲宮；二爲太蔟，
以商音爲宮；三爲姑洗，以角音爲宮；四曰林鍾，以徵音爲宮；五爲南呂，
以羽音爲宮。德宗在麟德殿觀賞此樂舞，將它交予太常樂工。自此，此樂在
殿庭宴會時要站著演奏，而在內廷中則要坐著演奏。其獻舞時間爲貞元十六
年（公元800年）正月庚子朔。

山南節度使於頔又進獻《順聖樂》，樂曲演奏到一半，舞隊都俯下身子，
由一名舞者在中間跳舞，又令女伎跳隊列舞，樂舞雄健壯妙，名爲《孫武順
聖樂》。

《新唐書》載，貞元十七年（公元801年），驃國王雍羌派其弟悉利移、
城主舒難陀前來進獻他們國家的音樂。到達成都時，韋皋將其音樂製成樂譜，
並畫出舞姿和樂器圖示進獻給皇帝。樂工和樂器共二十二，樂器有八種：金、
貝、絲、竹、匏、革、牙、角，大概都是少數民族樂器。其音樂不隸屬於唐
朝掌管雅樂的機構。《舊唐書·音樂志》對此樂的記載與《新唐書》有出入。
《舊唐書》載，驃國樂爲貞元年間（公元785年～805年），驃國王來獻本國
樂舞，共有十二首樂曲，有三十五名樂工來到唐朝。其樂曲都是演唱佛教經
義之辭。但又據《舊唐書·南蠻西南蠻列傳》載，驃國王貞元十八年（公元

〔註72〕〔後晉〕劉昫等，舊唐書·王虔休列傳〔M〕，北京：中華書局〔M〕，1974：
　　　　3651～3652。

802 年）正月派其弟來到唐朝進獻驃國樂，可見貞元十七年時，其弟先是去拜訪韋皋而未入唐朝。《南蠻西南蠻列傳》中又說進獻十首樂曲，與《舊唐書》中記載的十二首樂曲略有差異。

四、中唐雅樂

中唐詩人白居易《立部伎》一詩深切地表現出當時雅樂境遇，以諷刺雅樂的嬗替。白詩云：「立部賤，坐部貴。坐部退爲立部伎，擊鼓吹笙和雜戲。立部又退何所任？始就樂懸操雅音。雅音替壞一至此，長令爾輩調宮徵。圓丘后土郊祀時，言將此樂感神祇。欲望鳳來百獸舞，何異北轅將適楚？工師愚賤安足云，太常三卿爾何人。」白居易在此詩後面自注云：「太常選坐部伎無性識者，退入立部伎。又選立部伎絕無性識者，退入雅樂部，則雅聲可知矣。」〔註 73〕又《新唐書・禮樂志》：「太常閱坐部不可教者，隸立部；又不可教者，乃習雅樂。」

由此可見，中唐時期的雅樂，不僅藝術水平最低，且最不受人重視。通過此詩可看出平時的雅樂表演，多由太常寺樂工充當。據前文述及《周禮》記載可知，雅樂應爲「國子」所用，不能以「賤隸爲之」。

《通典》「清樂」條載漢魏至唐代，宮廷雅樂雅舞都要選擇「良家子弟」表演，國家每年「檢閱司農戶」，選拔「容儀端正者歸太樂」表演雅樂。而白詩中所描述的卻是由坐部伎、立部伎淘汰下來的「絕無性識者」來表演雅樂，可見此時雅樂命運日趨衰落。

五、晚唐雅樂

元和八年（公元 814 年）壬辰，汴州韓弘進獻所創作的《聖朝萬歲樂譜》，共三百首。

大和三年（公元 829 年）正月，王涯爲太常卿。文宗因樂府演奏的音樂，俗樂的味道太濃，故欲聽古樂，命王涯去探詢以前的樂工，採開元年間的雅樂，挑選年輕的樂工練習，名爲《雲韶樂》。此樂既成，王涯與太常丞李廓、少府監庾承憲帶樂工在梨園亭進獻，文宗在會昌殿欣賞。

太和八年（公元 834 年）十月，令太常寺按照《雲韶樂》原有的人數在太常寺練習後進宮表演。到開成元年（公元 836 年）十月，教成。開元三年（公元 838 年），武德司奉文宗之命索要《雲韶樂懸圖》二軸進獻。

〔註 73〕顧學頡校點，白居易集〔M〕，北京：中華書局，1979。

太和九年（公元 835 年）八月，馮定爲太常少卿。文宗喜好雅樂，鄙視俗樂，詔令採用開元年間的雅樂做《雲韶法曲》和《霓裳羽衣舞曲》。太常練習開元年間的《霓裳羽衣舞》，並用《雲韶樂》與之相和。舞曲既成，馮定帶領樂工在庭前表演。《雲韶樂》用玉磬四虡，琴、瑟、築、簫、篪、籥、跋膝、笙、竽各一，登歌四人，分別站在堂上和堂下，童子五人，身穿繡衣手執金蓮花在前面做引導，舞者三百人，在臺階下的錦毯上跳舞，每逢宮中宴會即奏。文宗亦如孔子聽《韶》樂所發出的感慨一樣，對大臣說：「笙磬同音，沉吟忘味，不圖爲樂至於斯也。」

開成三年（公元 838 年）夏四月，改「法曲」爲「仙韶曲」，仍以伶官所處之地爲仙韶院。冬十月，甲午慶成節，皇帝命太監用酒肉、「仙韶樂」賜予群臣，在曲江亭設宴。

會昌初年（公元 841 年起），宰相李德裕命樂工創作《萬斯年曲》進獻給武宗李言。

《舊唐書・音樂志》：「廣明初（公元 880 年），巢賊干紀，輿駕播遷。兩都覆圯，宗廟悉爲煨燼，樂工淪散，金奏幾亡。及僖宗還宮，購募鍾縣之器，一無存者。昭宗即位，將親謁郊廟，有司請造樂縣，詢於舊工，皆莫知其制度。修奉樂縣，使宰相張浚悉集太常樂胥詳酌，竟不得其法。」〔註74〕

唐末由黃巢領導的農民起義軍攻入長安，僖宗被迫幸蜀，兩都淪陷，樂工大量逃散，雅樂皆亡。唐昭宗即位時欲行郊廟祭祀儀式，但負責雅樂的相關部門卻不知道樂懸制度是什麼！經太常博士殷盈孫據《周禮・考工記》之制，按周代曆法計算重新鑄造編鍾，鑄二百四十口編鍾，才能勉強演奏。編鍾鑄成後，宰相張浚尋求知音者處士蕭承訓、梨園樂工陳敬言及太樂令李從周等一起校之，先校定石磬，合而擊拊之，八音克諧，觀者聳聽。隨後因太廟的空間較爲狹小，「臣伏準舊制，太廟含元殿並設宮縣三十六架，太清宮、南北郊、社稷及諸殿庭，並二十架。今修奉樂懸，太廟合造三十六架，臣今參議，請依古禮用二十架」〔註75〕，將樂懸三十六架的古制減爲二十架。

對周以來的樂懸進行考察可見，周、漢、魏、晉、宋、齊六朝，只用二十架。隋代平陳，檢梁故事，設三十六架。唐朝建國之初因襲之而不改。大

〔註74〕 〔後晉〕劉昫等，舊唐書・音樂志〔M〕，北京：中華書局〔M〕，1975：1081。
〔註75〕 〔後晉〕劉昫等，舊唐書・音樂志〔M〕，北京：中華書局〔M〕，1975：1081。

唐雅樂規制耗時七年完成，至唐高宗李治龍朔二年（公元 662 年）初成蓬萊宮，大唐雅樂所用樂懸已增至 72 架。「則簨虡架數太多，本近於侈。止於二十架，正協禮經。兼今太廟之中，地位甚狹，百官在列，萬舞充庭，雖三十六架具存，亦施爲不得。廟庭難容，未易開廣，樂架不可重沓鋪陳。今請依周、漢、魏、晉、宋、齊六代故事，用二十架。」〔註 76〕對晚唐時期設置樂懸二十架作有說明，最後對雅樂的樂懸進行總結：「古制，雅樂宮縣之下，編鍾四架，十六口。近代用二十四口，正聲十二，倍聲十二，各有律呂，凡二十四聲。登歌一架，亦二十四鍾。雅樂淪滅，至是復全。」

　　《舊唐書·音樂志》曾用周之禮評述唐代禮樂：「作先王樂者，貴能包而用之。納四夷之樂者，美德廣之所及也。」此即讚美唐代統治者雄心廣博，海納百川之強國之勢，同時也體現出唐代禮樂與提倡「崇先王之樂，斥胡夷之音」的儒家思想相違背。

　　宋歐陽修在評論唐代雅樂時作以這樣的評述：「蓋唐自太宗、高宗作三大舞，雜用於燕樂，其他諸曲出於一時之作，雖非純雅，尚不至於淫放。武后之禍，繼以中宗昏亂，固無足言者」。天祐二年（公元 905 年），昭宗皇帝神主祔太廟，禮院奏昭宗廟樂，曰《咸寧之舞》。

六、唐代宮廷燕樂——以清樂、西涼樂和二部伎爲例

　　本書第一章第三節曾系統論述了西周宮廷燕樂情況，現對唐代宮廷燕樂進行全面考察。

　　唐代雅樂泛指在宮廷舉行盛大活動或宮廷宴飲中所用的音樂。以往研究中，將「燕樂」之名概指除唐代宮廷雅樂之外的其他音樂，並將其作爲一種獨立分類。據秦序《「燕樂」並非唐代音樂的一種恰當分類》〔註77〕所載，日本學者岸邊成雄已特創「宴享雅樂」之名說明此類宴會樂舞所具有的特殊性質。

　　據《玉海》卷一〇五引劉貺《太樂令壁記》一書目錄爲「中卷　正樂（雅樂六、立部伎七、坐部伎八、清樂九、西涼樂十）」，可見當時的正樂（即雅正之樂，廣義雅樂）除本章上文所述的雅樂（狹義）外，還包括坐、立部伎及隸屬於九部樂中的清樂和西涼樂。

〔註76〕〔後晉〕劉昫等，舊唐書·音樂志〔M〕，北京：中華書局〔M〕，1975：1083。
〔註77〕秦序，「燕樂」並非唐代音樂的一種恰當分類〔J〕，交響，2006（3）：24～27。

（一）九部樂之清樂、西涼樂

《舊唐書・音樂志》載：「高祖登極之後，享宴因隋舊制，用九部之樂，其後分爲立坐二部。」〔註78〕《通典》：「讌樂，武德初未暇改作，每讌享因隋舊制奏九部樂。一讌樂，二清商，三西涼，四扶南，五高麗，六龜茲，七安國，八疏勒，九康國。至貞觀十六年十一月宴百僚奏十部樂。」又「大唐平高昌，盡收其樂，又進讌樂而去《禮畢曲》。今著令者唯十部：龜茲、疏勒、安國、康國、高麗、西涼、高昌、讌樂、清樂伎、天竺，凡十部。」

《新唐書・禮樂志》：「高祖即位，仍隋制設九部樂：燕樂伎，樂工舞人無變者。隋樂每奏九部終⋯⋯」唐代的九部樂包括燕樂伎、清商伎、西涼伎、龜茲伎、疏勒伎、康國伎、安國伎、天竺伎、高麗伎。

劉貺《太樂令壁記》認爲正樂包括九部樂中的清樂和西涼樂，蓋因此二樂爲中國舊樂。

清樂爲南朝時期的舊樂。《舊唐書・音樂志》對清樂的脈絡作有記述：「永嘉之亂，五都淪覆，遺聲舊制，散落江左。宋、梁之間，南朝文物，號爲最盛；人謠國俗，亦世有新聲。後魏孝文、宣武，用師淮、漢，收其所獲南音，謂之《清商樂》。隨平陳，因置清商署，總謂之《清樂》。遭梁、陳亡亂，所存蓋鮮。隋室已來，日益淪缺。」〔註79〕

唐初，因襲隋代，稱爲清樂。唐代重新修訂了九部樂，將「清樂」改稱「清商伎」。《新唐書・禮樂志》對清商伎的樂器使用作有記述：「有編鍾、編磬、獨弦琴、擊琴、瑟、秦琵琶、臥箜篌、築、箏、節鼓，皆一；笙、笛、簫、篪、方響、跋膝，皆二。歌二人，吹葉一人，舞者四人，並習《巴渝舞》。」〔註80〕可見，清樂中使用了編鍾、編磬等具有雅樂性質的樂器，從清樂的源起、發展和使用均可看出其所賦予傳統意義上的雅正之樂內涵。

至武太后時，清樂樂曲有六十三首。歌辭仍保存的樂曲爲《白雪》、《公莫舞》、《巴渝》、《明君》、《鳳將雛》、《明之君》、《鐸舞》、《白鳩》、《白紵》、《子夜》、《吳聲四時歌》、《前溪》、《阿子》及《歡聞》、《團扇》、《懊憹》、《長史》、《督護》、《讀曲》、《烏夜啼》、《石城》、《莫愁》、《襄陽》、《棲烏夜飛》、

〔註78〕〔後晉〕劉昫等，舊唐書・音樂志〔M〕，北京：中華書局〔M〕，1975：1059。

〔註79〕〔後晉〕劉昫等，舊唐書・音樂志〔M〕，北京：中華書局〔M〕，1975：1062。

〔註80〕〔宋〕歐陽修、宋祁，新唐書・禮樂志〔M〕，北京：中華書局，1975：469。

《估客》、《楊伴》、《雅歌》、《驍壺》、《常林歡》、《三洲》、《採桑》、《春江花月夜》、《玉樹後庭花》、《堂堂》、《泛龍舟》等三十二曲，《明之君》、《雅歌》各二首，《四時歌》四首，合三十七首。又七曲有聲無辭：《上林》、《鳳雛》、《平調》、《清調》、《瑟調》、《平摺》、《命嘯》，共四十四曲留存。

西涼樂爲後魏平沮渠氏所得。《舊唐書‧音樂志》對西涼樂的沿革作有記述：「晉、宋末，中原喪亂，張軌據有河西，苻秦通涼州，旋復隔絕。其樂具有鍾磬，蓋涼人所傳中國舊樂，而雜以羌胡之聲也。魏世共隋咸重之。」西涼樂分爲白舞和方舞表演。白舞由一人表演，方舞由四人表演。

西涼樂所用的樂器有鍾一架，磬一架，彈箏一，搊箏一，臥箜篌一，豎箜篌一，琵琶一，五弦琵琶一，笙一，簫一，篳篥一，小篳篥一，笛一，橫笛一，腰鼓一，齊鼓一，簷鼓一，銅鈸一〔註81〕，貝一。但至唐時，編鍾已亡。和清樂一樣，西涼樂在唐已稱爲「西涼伎」，其樂器使用同上。

《新唐書‧禮樂志》載「設九部樂，則去樂懸，無警蹕。太樂令帥九部伎立於左右延明門外，群官初唱萬歲，太樂令即引九部伎聲作而入，各就座，以次作」。〔註82〕作爲宮廷宴飲時所用的九部樂，仍屬唐代廣義雅樂範圍，隸屬太樂署。但因宴飲之需，則去掉雅樂的樂懸。

（二）坐、立二部伎

1. 立部伎

立部伎有安樂、太平樂、破陣樂、慶善樂、大定樂、上元樂、聖壽樂、光聖樂八部。

樂部名稱	來　源	舞者服飾	表演者人數	備　註
安樂	後周武帝平齊所作	行列方正，象城郭，周世謂之城舞。刻木爲面，狗喙獸耳，以金飾之，垂線爲髮，畫獌皮帽。舞蹈姿制，猶作羌胡狀	舞者80人	
太平樂	西南夷天竺、師子等國	綴毛爲之，人居其中，象其俯仰馴狎之容。二人持繩秉拂，爲習弄之狀。五師子各立其方色。舞以足，持繩者服飾作崑崙象	樂工140人演唱《太平樂》	亦名五方獅子舞

〔註81〕《新唐書‧禮樂志》中載，「銅鈸二」，與《舊唐書‧音樂志》中記載略有差異。

〔註82〕〔宋〕歐陽修、宋祁，新唐書‧禮樂志〔M〕，北京：中華書局，1975：429。

破陣樂	太宗創作	舞者披甲持戟，甲以銀飾之。發揚蹈厲，聲韻慷慨	舞者 120 人	演奏破陣樂時，天子站起，群臣皆站起
慶善樂	太宗創作	衣紫大袖裙襦，漆髻皮履。舞蹈安徐，以象文德洽而天下安樂也	舞者 64 人	
大定樂	出自破陣樂	被五彩文甲，持槊。歌和云，「八紘同軌樂」，以象平遼東而邊隅大定也	舞者 140 人	
上元樂	高宗創作	畫雲衣，備五色，以象元氣，故曰「上元」	舞者 180 人	
聖壽樂	高宗武后創作	金銅冠，五色畫衣。舞之行列必成字，十六變而畢	舞者 140 人	
光聖樂	玄宗創作	烏冠，五彩畫衣，兼以《上元》、《聖壽》之容，以歌王迹所興	舞者 80 人	

　　立部伎中自《破陣舞》以下，皆擂大鼓，並雜以龜茲之樂，聲振百里，動蕩山谷。《大定樂》中加金鉦。只有《慶善舞》用西涼樂，最爲閒雅。《破陣》、《上元》、《慶善》三舞，皆易其衣冠，合之鍾磬，在尊享郊廟時演奏。以《破陣舞》爲武舞，名爲《七德》；《慶善舞》爲文舞，名爲《九功》。自武后稱制，損毀唐代太廟，此禮遂名存實亡。

　　2. 坐部伎

　　坐部伎有讌樂、長壽樂、天授樂、鳥歌萬歲樂、龍池樂、破陣樂，共六個樂部。

樂部名稱	來　源	舞者服飾	表演者人數	備　註
讌樂	張文收創作	讌樂分爲《景雲舞》《慶善舞》《破陣舞》《承天舞》四部。《景雲樂》由八名舞者進行表演，其服飾爲「五色雲冠，錦袍，五色袴，金銅帶」；《慶善樂》由四名舞者進行表演，其服飾爲「紫袍，白袴」；《破陣樂》由四名舞者進行表演，其服飾爲「綾	舞者 20 人	讌樂所用的樂器有玉磬、方響、搊箏、築、臥箜篌、大小箜篌、大小琵琶、大小五弦、吹葉、大小笙、大小觱篥、簫、銅鈸、長笛、尺八、短笛，皆一；毛員鼓、連鞉鼓、桴鼓、貝，皆二；每件樂器由樂工一人演奏，歌者二人，工

		袍，絳袴」；《承天樂》由四名舞者進行表演，其服飾爲「進德冠，紫袍，白袴」		人絳袍，金帶，烏鞾
長壽樂	武太后長壽年創作	畫衣冠	舞者 12 人	
天授樂	武太后天授年創作	畫衣五采，鳳冠	舞者 4 人	
鳥歌萬歲樂	武太后創作	緋大袖，並畫鸜鵒，冠作鳥象	舞者 3 人	
龍池樂	玄宗創作	舞者冠飾以芙蓉	舞者 12 人	
破陣樂	玄宗創作	舞者著金甲冑	舞者 4 人	源於立部伎破陣樂

　　坐部伎中自《長壽樂》已下都用龜茲樂，舞人都穿靴子。只有《龍池樂》爲備用雅樂，而沒有鍾磬，舞人躡履。

　　見於《太樂令壁記》中清樂、西涼樂與坐、立二部伎皆屬「正樂」的性質。據《舊唐書》載，坐、立二部伎主要爲唐代帝王所創作的歌頌自己功績的音樂。清樂（清商樂）本是南朝傳承下來的漢民族傳統音樂，即「九代之遺聲」，故隋文帝尊其爲「華夏正聲」。西涼樂含有較多中原傳統音樂元素，如採用雅樂樂器鍾、磬，本爲十六國時期涼人傳承的「中國舊樂」，而不是「四夷之樂」。此二樂都繼承了華夏固有的音樂傳統。由此可見，在唐代人的觀念中，坐、立部伎及清樂和西涼樂屬於廣義的唐代正樂，即漢民族傳統意義的「雅正之樂」──中國舊樂。

餘　論

　　從當前非物質文化遺產保護角度看，雅樂還有其另外價值。宮廷雅樂作為非物質文化遺產，一定程度上保存了一些民間音樂事象。制定雅樂具有一定的歷史意義和作用，從西周開始即已對前代音樂進行整理，相當於一場規模浩大的非物質文化遺產保護工程，搶救、保護了大量古代音樂，對古樂延續與傳承具有積極意義。東亞、東南亞一些國家如韓國、越南、日本的宮廷雅樂已陸續列入聯合國教科文組織「人類口頭與非物質文化遺產代表作」名錄，體現出雅樂具有的重要價值。我們應從非物質文化遺產保護角度，進一步認識雅樂賦有的深刻意義與重要價值，對雅樂進行系統梳理與研究。

一、韓國宗廟祭禮樂（종묘제례악）

　　聯合國教科文組織於 2001 年將韓國「宗廟祭禮樂」列入「人類口頭與非物質文化遺產代表作」名錄。

　　宗廟是朝鮮王朝供奉祖先的王家祠堂，是進行禮樂祭祀活動的場所。現在這種「宗廟祭祀」儀式在每年 5 月的第一個星期天舉行，由王室後裔組織祭祖活動。韓國「宗廟祭祀」禮教活動，源於我國古代「尊祖孝宗」思想。在祖先靈魂安息的處所，爲之祈求永恒和平安。當今韓國「宗廟祭祀」的形式沿用 15 世紀文獻中記載的程序。主祭身著禮服，頭戴王冠，其他人皆冠冕，手捧盛有食物和酒的祭器進獻。

　　在朝鮮時代，宗廟祭禮是宮廷紀念皇室祖先的典禮儀式。在具有代表性的宗廟祭禮中，國王要身著禮服（九章服）出現。君王和他的大臣一起在神祠盛大的隊伍行進。君王主持極具尊敬和禮節的典禮，向祖先牌位獻祭食物

和雅樂，宗廟祭禮樂表演向所有人展示君王如何對他的祖先表現尊敬與深愛。君王通過爲人民樹立孝義典範，加強皇室家族在整個國家的地位與力量。

現今典型的宗廟祭禮樂表演，使用編鍾、編磬、柷、敔、鼓、唐觱篥、笛、奚琴、軋箏、長鼓、太平簫、節鼓、晉鼓等樂器。但在朝鮮朝時期，樂隊規模大爲擴大。除以上樂器外，還增加了伽倻琴、玄琴、月琴、唐琵琶、鄉琵琶、笙、和、竽、塤、簫、管、大琴、中琴、小琴、唐笛、特磬、特鍾、教坊鼓、路鼓、路鼗等。

宗廟祭禮樂演唱的樂章，歌詞大部分敍述祖先建國功績，祝福國家長久延續，歌詞如下：

> 君王正站在祖先的神祠前，
>
> 他絕不會忽視獻祭的職責，
>
> 我現在正主持一個祭禮儀式，
>
> 希望所有的神靈能幸福地降臨，
>
> 熱忱地享受我們所獻祭的食物，
>
> 爲我正在主持的祭禮儀式，
>
> 給予更多的祝福。

（《世宗實錄》：《世宗編年史》，第 147 卷。）

在朝鮮朝初期，宗廟祭禮樂已使用歌唱樂章。祭禮的主要用途是希望祖先能夠爲他們祝福，這種願望是通過在典禮中獻祭的方式表達的。同時，歌唱也是爲君王後裔的繁榮與成功祝福，他們不應忘記祖先的幫助與庇祐。

宗廟祭禮樂儀式的程序包括迎神、奠幣、進饌、獻作（初獻、二獻、終獻）、送神等。〔註 1〕迎神儀式開始時，掌管儀式程序的執禮官站在較高平臺上喚起「作登歌、保太平之樂、佾舞、保太平之舞」，意味著登歌樂隊應演奏「保太平」音樂，舞者應表演「保太平」舞。從理論上講，這首樂曲應演奏九遍，但事實上是不太可能的，因爲在冬天或是炎熱的夏日夜晚要演奏很多遍這首樂曲確實非常艱難。之後迎神儀式進入「奠幣」，在這個階段樂隊要演奏與迎神儀式中「保太平」同樣的旋律，但速度比之前慢了二倍，聽起來完全像是不同的旋律。然後進入「進饌」階段，樂隊演奏「豐安之樂」，這首樂曲具有濃鬱的中國風格。此時，舞者休息。在初獻禮（第一次獻酒），演奏「保太平」，跳「文舞」。在二獻禮（第二次獻酒）和終獻禮（最後一次獻酒），演

〔註 1〕김영숙. 종묘제례악——중요무형문화재 제 1 호〔M〕，민속원。

奏「定大業」，跳「武舞」。獻酒時，「定大業」和「保太平」各 11 首樂曲，伴
隨舞蹈表演，同時演奏一首樂曲。宗廟祭禮在靜謐的氣氛下表演。然後，登
歌樂隊演奏「雍安之樂」，無舞者。此後，伴隨樂隊演奏「興安之樂」，儀式
的領導者和參與者鞠躬四次，作爲送神告別的符號。

二、越南宮廷雅樂（Nha Nhac）

　　2003 年聯合國教科文組織將越南雅樂（越南宮廷音樂）列入「人類口頭
與非物質文化遺產代表作」名錄。越南古稱交趾，唐以前隸屬於中國，五代
十國時期獨立。

　　越南的宮廷雅樂是指 15～20 世紀越南宮廷使用的音樂。在慶典儀式的開
始和結束時表演，如週年慶典、宗教節日、加冕、喪葬或接見儀式等場合。
在越南諸多音樂類型中，唯宮廷雅樂在全國影響最大，與東亞的中國、日本、
韓國等國有著緊密聯繫。宮廷雅樂表演需要人數眾多的樂師，亦負責伴舞和
伴唱。越南大型的宮廷雅樂樂隊，所用樂器有排鍾、鑼、鈴鐺和木鈴、笛子、
蘆笛、箏和琵琶等。

　　越南宮廷雅樂誕生於黎朝（1427～1788），當時越南的官吏參照中國明代
宮廷音樂建立越南宮廷音樂體系。主要創建了以下幾種音樂類型，分別在不
同的場合演奏：如 giao nhac，在皇帝每三年一次的祭天儀式中演奏；mieu
nhac，在祭孔儀式和已故皇帝的每一個週年紀念日上演奏；ngu tu nhac，五祭
音樂；CUU nhat giao trung nhac 在發生日食或月食時以戰勝邪惡之樂；dai yen
cun tau nhac，宴會音樂等。由上可見，中國明代雅樂對越南雅樂的形成產生
了重要影響。從某種意義上說，越南雅樂似爲我國明代雅樂遺韻。越南宮廷
雅樂通常用於四季祭禮、郊廟，以及朝會、宴饗、冊封、軍禮、葬禮等儀式。
〔註 2〕

　　在阮朝（1802～1945）宮廷雅樂趨於成熟，形成體系和程序，定爲王室
音樂。宮廷雅樂是每年舉行的百餘個慶典活動中宮廷儀式的重要組成部分。
越南宮廷雅樂不僅在宮廷儀式演奏，另還用以敬奉神靈和國王，表達出越南
人的哲學觀念和對宇宙萬物的認識。

　　受聯合國教科文組織邀請，日本學者山口修從 1994 年開始著手開展恢復
越南雅樂工作。山口先生提出開展「表演藝術錄像培訓項目」，同時提出「越

〔註 2〕世界文化〔J〕，2006（9）：47。

南雅樂復興計劃」，於 1996 年付諸實踐。

　　如今，越南雅樂已成爲人類口頭與非物質文化遺產，山口修先生的夢想是提高「指定的跨國界的無形文化遺產」項目的影響力，他衷心希望中國復原雅樂，日本雅樂、韓國雅樂和越南雅樂都能夠成爲影響力更高的世界無形文化遺產。〔註3〕

三、日本雅樂（ががく）

　　2009 年聯合國教科文組織將日本雅樂以悠長、緩慢的歌曲和律動的舞蹈爲特點，是日本最古老的傳統表演藝術。雅樂在宴會和儀式中表演，常在皇城和全國各地的劇院中演出。

　　日本雅樂包含三種不同的藝術形式。其一，Kuniburi no Utamai（國風歌舞），以日本古典歌曲爲主，有時會由箜篌和笛伴奏，並伴有簡單的舞蹈；其二，由樂器（尤其是管樂器）演奏和儀式性舞蹈組成，爲中國等亞洲國家傳入後，日本藝術家改編而成的音樂。其三，Utamono（謠物），在舞蹈中歌唱，包含日本民間歌曲和中國詩歌。雅樂在演變過程中，受到不同時期政治和文化的影響，於 1955 年被日本認定爲重要的無形文化財，由宮內廳音樂部的樂師們傳承，其中許多家庭的後代都紮根於雅樂藝術中。

　　日本雅樂作爲一項已承襲千年的傳統表演藝術，在確定日本人特性，以及日本社會歷史的發展變遷中，不僅是一項重要的文化事項，同時也是多種文化傳統不斷交流融合而成一個獨特文化遺產的典範。

四、韓國、越南、日本雅樂文化遺產保護現狀

　　韓國政府通過立法，加強對宗廟祭禮樂傳統藝術家的保護，建立了「重要無形文化財保有者」體系，並開展對祭祀儀式表演藝術家的培訓，復興傳統儀式委員會進行了大量的史料普查工作，韓國國家傳統戲劇中心和國家音樂學院通過合作，開展對與宗廟祭禮樂相關的曲譜和樂器的研究。

　　越南建立了雅樂文獻以及所有越南雅樂從業者的系統庫。通過組織工作坊，力圖向年輕一代的雅樂從業者傳習技藝。同時也將爲年邁的藝術家受到合法的保障。另外，越南還復興了原有傳統雅樂表演的服裝和樂器的儲備以及複製品，有助於提高對雅樂文化表現重要性的認識。

〔註 3〕http://www.shcmusic.edu.cn/Html/zhongriyinlewenhuayanjiuzhongxin/
　　　　xueshuhuodong/85947.html

　　日本通過培養年輕的雅樂藝術家學習雅樂表演方法和理論，畢業考試後可被聘爲宮內廳雅樂藝術家。日本政府資助在維修、採購樂器和修復雅樂服裝時所需開銷，宮內廳音樂部注重加強雅樂的公共宣傳等方式，並通過立法，建立「人間國寶」認定體系，使雅樂傳承人受到保護與重視。

　　上述三個國家採取的不同保護方式，對雅樂文化遺產的保護起到了切實有效的推動作用。

　　21 世紀以來，韓國（2001 年）、越南（2003 年）和日本（2009 年）已將「雅樂」（含宗廟祭禮樂）列入「人類口頭與非物質文化遺產代表作名錄」。而作爲雅樂發祥地的中國卻未進入名錄中，且已失傳一個世紀，更凸顯出一種歷史的沉重感，對我國雅樂發展史的梳理與研究應亟待加強。我們應重視「雅樂」保護與發展問題，使其再現傳統文化的深邃內涵，成爲蘊含較高藝術價值與影響力的具代表性的「人類口頭與非物質文化遺產」。

結　論

　　隨著時代的更迭，古代宮廷雅樂的範圍也不斷發生變化。縱觀西周至唐雅樂的發展沿革，任何時代雅樂的概念都是前後變化的，並都有廣義和狹義之分。本書將西周至唐雅樂發展歸納爲以下特點：

一、西周至唐宮廷雅樂的概念範圍是前後變化的

　　西周時期廣義的雅樂指歷代先王之樂、頌樂，狹義的雅樂是後被吸收至《詩經》的《大雅》、《小雅》及周人自己的音樂。周公「制禮作樂」將六代樂舞囊括其中，實際建立了一個廣義的雅樂體系，體現出雅樂和禮緊密相聯的關係。西周時期「禮樂同構」，《周禮》、《儀禮》、《禮記》記載諸如「郊社禮」、「嘗禘禮」、「食饗禮」、「鄉射禮」、「燕禮」、「鄉飲酒禮」等典禮儀式，所用之正樂都有嚴格規定。西周時期，民間的、單純意義上的「雅」是廣義的，狹義的「雅」是和禮聯繫在一起的。西周宮廷雅樂作爲禮樂文化的重要組成部分，其最初應和地域、部族、周人有關。周統治者爲維護等級制度，將其音樂移入宮廷，制定出一種具有高下尊卑等級象徵作用的雅樂體系。

　　春秋時期的孔子時代，雅被賦予政治、道德等內涵，雅樂的概念逐步擴大。孔子將《風》也列入雅，《論語・爲政》：「《詩》三百，一言以蔽之，曰：『思無邪。』」「思無邪」本爲《詩・魯頌・駉》中的詩篇。「思無邪」即思想純正無邪，是對音樂內容所提出的要求，而「無邪」就是合於禮，止於禮，強調詩的作用和整體性。春秋時期「禮壞樂崩」，孔子在《論語・先進》中提出「周監於二代，郁郁乎文哉，吾從周」，深刻表現出追尋、恪守與重建周禮的理想。當時出現雅頌混雜的局面，《論語・子罕》：「子曰：吾自衛返魯，然

後樂正，雅頌各得其所。」魯國是周公建立的國家，享受周天子待遇。在當時「禮壞樂崩」的環境下，魯國保存的西周禮樂制度遭到破壞，孔子從衛國回到魯國，將音樂修正過來，使雅歸雅、頌歸頌，回到原始狀態。

戰國時期，雅樂日益僵化，各國宮廷中充斥的都是俗樂，俗樂成爲戰國時期音樂的主流。據《禮記‧樂記》魏文侯篇記載，儒家站在維護推崇西周禮樂制度立場，強調古樂即雅樂的重要功用，貶斥新樂的作用與影響。

秦代未創制新的雅樂，僅沿襲周代「六代樂舞」中的《韶》、《武》二曲，並在公元前 221 年將《武》更名爲《五行》。秦始皇又將周代祭祀祖先的《房中樂》更名爲《壽人》，以示名稱不相襲。從音樂形態上講，秦代雅樂在一定意義上沿襲了周代雅樂，承繼了周代雅樂的部分內容。

漢代雅樂除繼承秦代沿襲的周代《韶》、《武》二曲之外，還增加一些新創作的雅樂作品。漢高祖劉邦登基後，沿襲秦代官職設置，設立專門掌管宗廟禮儀的太樂署，並傚仿秦始皇做法，將《韶》、《武》二曲繼承下來，將《韶》更名爲《文始》。鼓吹樂是皇帝的儀仗音樂，有時在宮廷宴饗演奏，有時在出行演奏，有時還用於軍隊凱旋，其規格隆重，在大臣喪葬、出兵、上任等正式場合使用。由於鼓吹樂是在莊嚴儀式中使用之樂，應屬廣義雅樂範圍。

魏晉南北朝時期戰亂不斷，朝代更替頻繁。這一時期的統治者多爲少數民族之人，隨著民族文化交流日益加深，這些北方少數民族統治者對中原文化產生濃厚興趣，逐步接納中原文化，對中原宮廷遺存雅樂也適時予以繼承，並結合本民族傳統文化制定本朝雅樂。故這一時期的宮廷雅樂呈現出文化交融的特點，形成以不同文化相互交融與影響下的音樂體認。

開皇初，隋代雅樂基本沿襲北周舊制，將樂懸由 36 架減少到 20 架，並對不同等級儀仗樂隊的樂器數量、樂懸規模等作有規定。開皇初的雅樂創作仍以維護統治者意願爲根本目的，但由於北朝沿留下來的雅樂中含有大量其他民族音樂元素，隋文帝甚至將「清商樂」視爲「華夏正聲」。在開皇雅樂創作之後，其音調及音樂風格多與前世正統雅樂相去甚遠。

唐代雅樂概念又不斷擴大，最爲突出的是唐太宗李世民未登基時，「太宗爲秦王，破劉武周，軍中相與作《秦王破陣樂》曲」，太宗將 (註 1) 其爲秦王時軍隊所用之樂《秦王破陣樂》，在登上皇位後，納入雅樂範圍內，「及即位，宴會必奏之，謂侍臣曰：『雖發揚蹈厲，異乎文容，然功業由之，被於樂章，

〔註 1〕〔宋〕歐陽修，宋祁，新唐書‧禮樂志〔M〕，北京：中華書局，1974：207。

示不忘本也。』」〔註2〕，成爲殿庭演奏之《七德舞》。

二、西周至唐宮廷雅樂的發展適當地吸收了民間音樂因素

　　漢初雅樂創作吸收了一些民間曲調。《房中祠樂》是祭祀祖先和神靈之樂，此時作爲雅樂的《房中祠樂》已納入民間音樂——楚聲因素，因漢高祖劉邦係楚人，在其獲取國家政權後，希望將家鄉音樂納入雅樂體系，以示其家鄉音樂的雅正。由此即形成宮廷雅樂體系中，以統治者家鄉音樂元素（即民間音樂素材）納入到雅樂的現象，歷朝統治者在雅樂創制時多有繼承。漢高祖劉邦還喜歡西南地區少數民族賨人激昂雄壯的歌舞——巴渝舞，認爲此即武王伐紂之歌，令樂人學之。《漢書‧禮樂志》中載「巴俞鼓員三十六人」，可見，巴渝舞已爲雅樂御備之樂舞。漢武帝時，樂府用民間音樂直接應用於祭祀活動，如「趙、代、秦、楚」等地的民間音樂。

　　由於朝代迅疾更替，魏晉南北朝的雅樂創制體現出曇花一現、斗轉星移的特點，僅以北魏爲例說明之。五胡十六國時期，匈奴、羯、氐羌、鮮卑等逐鹿中原，致使王朝更替嬗變頻繁，實已不具備大漢民族傳統意義上的雅樂。但在北魏、北齊、北周時期，隨著民族文化交流日益加深，這些北方少數民族對中原文化產生興趣，逐步接納中原文化，對中原宮廷遺存的雅樂適時予以承繼，並開始制定雅樂制度。北魏統治者制定雅樂時，認同「先王作樂，所以和風改俗，非雅曲正聲不宜庭奏」，但北魏所創制的雅樂樂曲仍「可集新舊樂章，參探音律，除去新聲不典之曲，裨增鍾懸鏗鏘之韻」。〔註3〕北魏「備列宮懸正樂」的雅樂，包含「秦漢伎」（即西涼樂）和北魏本民族音樂《眞人代歌》，還包括「兼奏燕、趙、秦、吳之音，五方殊俗之曲」。從北魏雅樂開始，雅樂、俗樂混雜現象尤爲突出，形成帶有北方少數民族音樂、文化體認的雅樂制度。

三、宮廷雅樂的性質判定由一定的表演場合決定

　　宮廷雅樂的基本內容包含郊社宗廟、朝會宴饗（饗食、饗射、賓客）、儀仗（出行、軍征、凱旋）等場合中所使用的音樂。通過前文論述可知，在雅樂發展沿革中，不乏俗樂（民間音樂）融入雅樂的情況。那麼我們如何判定一首音樂作品是雅樂還是俗樂呢？通過對西周至唐雅樂內涵和外延的深入分

〔註2〕〔宋〕歐陽修，宋祁，新唐書‧禮樂志〔M〕，北京：中華書局，1974：207。
〔註3〕〔北齊〕魏書‧樂志〔M〕，北京：中華書局，1974：2829。

析，我們可據音樂的使用場合來判定其音樂文化性質歸屬。《大風歌》、鼓吹樂和《破陣樂》等即爲明顯之例。唐初宮廷三大舞之一的《破陣樂》，來源於軍中歌曲《秦王破陣樂》，上演於宮廷大朝會時，歸屬於雅樂範疇。音樂的使用場合及其相關對象、主體等很大程度上決定了音樂的性質歸屬，若在以上提及的場合中使用則應屬廣義雅樂範圍。

歷朝統治者都會在奪取政權後，循例制定本朝雅樂，歌頌本朝統治者的無量功德。雅樂是統治者治國「上享宗廟，下訓黎民」理念在音樂方面的具體體現，顯示出等級制度和權力。宮廷雅樂是統治者、王室文化象徵的重要支柱和表現形式，歷代雅樂都是爲統治者和王室政治、經濟、文化以及宴饗服務的音樂形式。自西周禮樂制度建立後，雅樂服務於政治統治，服務於朝廷，其具有嚴格、鮮明的等級性和從屬於統治階級的文化內涵被確定下來，成爲歷代沿襲的「禮」的標準。中國古代音樂史上的雅樂與俗樂關係是相互轉化的，二者有時難以分清。雅樂作爲禮樂和統治者的附庸，藝術性未必會很高，但在傳統文化中的價值卻很高；而俗樂滋生於民間，藝術性高，但其文化價值則相對較低。綜觀歷代將俗樂（民間音樂）元素納入雅樂者，皆在入雅樂時經過一番加工與改造。由此可見，雅樂和俗樂可體現出「精」與「粗」之分。

本書通過對「西周至唐宮廷雅樂」進行系統梳理，基本理清西周至唐歷代宮廷雅樂的發展脈絡。對西周至唐代宮廷雅樂和俗樂二者的關係，筆者認爲：二者並非相互矛盾，而是在一定意義和場合下可以相互轉化。20 世紀西方文論強調文本和語境的關係，同樣的文本在不同語境下會產生截然不同的性質，雅樂和俗樂關係也體現出這一特點。縱觀古代雅樂和俗樂的發展沿革，雅樂和俗樂既相互對立，又相互統一。二者在各自的發展中，相互比較、相互存在，既相互較量，又相互滲透、相互借取，並在一定條件下相互融彙、相互轉化。宮廷雅樂的概念是隨著時代的變化而變化，其概念不斷擴大，並融入俗樂成分。本書通過對西周至唐歷代宮廷雅樂概念的內涵、外延及其與俗樂關係問題進行研究，結合當前非物質文化遺產保護角度看待「雅樂」的保護與傳承問題，對古代文人爭論了兩千餘年的「雅俗之辨」論題作全新解讀，最終得出雅俗問題實爲「僞問題」這一結論。

附錄一　漢代奉常（太常）、少府任職輪換表

機構	帝 王	時 間	具體事項	備 註
奉常	高帝	高帝十二年（前195）	太子太傅叔孫通復爲奉常	
	孝惠帝	孝惠七年（前188）	掌管奉常之人，名爲免。	
	高后	高后七年（前181）	掌管奉常之人，名爲根。	
	孝文帝	孝文二年（前178）	掌管奉常之人，名爲饒。	
	孝文帝	孝文十二年（前168）	掌管奉常之人，名爲昌間。	
		後七年（前157）	掌管奉常之人，名爲信。	
	孝景帝	孝景二年（前155）	掌管奉常之人，名爲斿。	
		孝景三年（前154）	吳相袁盎掌管奉常。	王先謙說蓋盎免而殷代也。
		孝景四年（前153）	南皮侯竇彭掌管奉常。	
		孝景五年（前152）	安丘侯張歐掌管奉常。	
		孝景七年（前150）	鄲侯蕭勝掌管奉常。	
		中元三年（前147）	煮棗侯乘昌掌管奉常。	
		中元五年（前145）	軑侯吳利掌管奉常。	
少府		中元五年（前145）	掌管少府之人，名爲神。	
奉常太常		中元六年（前144）	掌管奉常之人，名爲利。	更名爲太常。
太常		後元三年（前141）	柏至侯許昌掌管太常。	孝武二年三月乙未，調動官職，擔任丞相。

	孝武帝	孝武建元二年（前 139）	南陵侯趙周掌管太常。	孝武六年官職被免。
		孝武建元六年（前 135）	掌管太常之人，名爲定。	
		元光元年（前 134）	王臧掌管太常。	
		元光四年（前 131）	宣平侯張歐掌管太常。	
		元光六年（前 129）	掌管太常之人，司馬當時。	
		元朔二年（前 127）	蓼侯孔臧掌管太常。	三年坐南陵橋壞衣冠道絕免。
少府		元朔三年（前 126）	孟賁掌管少府。	
		元朔四年（前 125）	掌管少府之人，名爲產。	
太常		元朔五年（前 124）	山陽侯張當居掌管太常。	坐選子弟不以實免。
少府		元朔五年（前 124）	中尉趙禹掌管少府。	
太常		元朔六年（前 123）	繩侯周平掌管太常。	四年坐不繕園陵免。
		元狩四年（前 119）	戚侯李信成掌管太常。	二年坐縱丞相李蔡侵道免。
		元狩六年（前 117）	俞侯欒賁掌管太常。	坐犧牲不如令免。
		元鼎元年（前 116）	蓋侯王信掌管太常。	
		元鼎二年（前 115）	廣安侯任越人掌管太常。	坐廟酒酸論。
少府		元鼎二年（前 115）	掌管少府之人，名爲當。	
太常		元鼎三年（前 114）	郸侯周仲居掌管太常。	坐不收赤側錢行錢論。
		元鼎四年（前 113）	睢陵侯張廣國掌管太常。	
少府		元鼎四年（前 113）	趙禹爲廷尉掌管少府。	四年以老貶爲燕相。
太常		元鼎五年（前 112）	平曲侯周建德掌管太常。	
		元鼎五年（前 112）	陽平侯杜相掌管太常。	五年坐擅繇大樂令論。
少府		元鼎六年（前 111）	名爲豹的中尉掌管少府。	
		元封二年（前 109）	名爲王溫舒的中尉掌管少府。	三年後調職爲右內史，二年後免職。
太常		元封四年（前 107）	鄲侯蕭壽成掌管太常。	坐犧牲不如令論。
		元封五年（前 106）	成安侯韓延年掌管太常。	二年坐留外國使人入粟贖論。
少府		元封六年（前 105）	掌管少府之人，名爲德。	有罪自殺。
太常		太初元年（前 104）	睢陵侯張昌掌管太常。	二年坐乏祠論。

少府		太初二年（前 103）	名為王偉的中尉掌管少府。	
太常		太初三年（前 102）	牧丘侯石德掌管太常。	三年坐廟牲瘦入谷贖論。
少府		太初三年（前 102）	搜粟都尉上官桀掌管少府。注：顏師古曰：「疑此非上官桀，表誤也。」	年老免職。
太常		天漢二年（前 99）	新時侯趙弟掌管太常。	五年坐鞠獄不實論。
		泰始二年（前 95）	掌管少府的人，名為充國。	
		泰始三年（前 94）	容城侯唯涂光掌管太常。	調動官職為安定都尉。
		泰始四年（前 93）	江都侯勒石掌管太常。	四年坐為謁問囚故太僕敬聲亂尊卑免職。
		徵和四年（前 89）	繆侯酈終根掌管太常。	十一年坐祝詛誅。
		後元二年（前 87）	當塗侯魏不害掌管太常。	六年孝文廟發瓦免職。
少府	孝昭帝	孝昭始元三年（前 84）	膠西太守齊徐仁中孫掌管少府。	六年坐縱反者自殺。
		孝昭始元六年（前 81）	轑陽侯江德掌管太常。	四年坐廟夜郎飲失火免職。
		元鳳三年（前 78）	光祿大夫蔡義掌管少府。	三年調動官職。
太常		元鳳四年（前 77）	蒲侯蘇昌掌管太常。	十一年坐籍霍山書泄秘書。
少府		元鳳六年（前 75）	掌管少府之人，名為便樂成。	四年後死亡。
	孝宣帝	孝宣本始二年（前 72）	博士后倉掌管少府。	孝宣本始三年，執金吾辟兵。
		孝宣本始三年（前 71）	掌管少府之人，名為惡。	
		孝宣本始四年（前 70）	左馮翊宋疇掌管少府。	六年坐議鳳皇下彭城未至京師不足美貶為泗水太傅。
太常		地節四年（前 66）	弋陽侯任宮掌管太常。	四年坐人盜茂陵園中物免職。
少府		元康元年（前 65）	平原太守蕭望之掌管少府。	一年後調職為左馮翊。三年後再度調職為大鴻臚。二年

				侯三度調職爲御史大夫。三年後被貶官職。
太常		元康四年（前62）	蒲侯蘇昌再次掌管太常。	六年後因病免職。
少府		元康四年（前62）	太中大夫李疆中君掌管少府。	三年後調職爲大鴻臚。
太常		五鳳二年（前56）	衛尉韋玄成掌管太常。	二年後免職。
		甘露元年（前53）	蒲侯蘇昌三度掌管太常。	二年後因病免職。
		甘露三年（前51）	雁門太守建平侯杜緩掌管太常。	七年坐盜賊多免。
少府	孝元帝	孝元初元元年（前48）	淮陽中尉韋玄成掌管少府。	二年後爲太子太傅。
太常		孝元元始四年（前45）	弋陽侯任千秋長伯掌管太常。	四年以將軍將兵。
		孝元元始五年（前44）	六月辛酉，長信少府貢禹爲御史大夫。	十二月丁未去世。
少府		建昭元年（前38）	尚書令五鹿充宗掌管少府。	五年貶爲玄菟太守。
		竟寧元年（前33）	河南太守召信掌管少府。中少府爲安平侯。	二年後調職。
太常	孝成帝	孝成建始元年（前32）	騏侯駒普掌管太常。	數月後去世。
		孝成建始二年（前31）	宗正劉慶忌掌管太常。	五年後因病免職。
少府		孝成建始二年（前31）	右扶風溫順掌管少府。	二年坐買公田與近臣下。
		孝成建始四年（前29）	東平相鉅鹿張忠子贛掌管少府。	十一月後調職。
		河平元年（前28）	司隸校尉王駿掌管少府。	七年後，即陽朔四年（前21）調職爲京兆尹。執金吾輔。翌年四月庚辰調職。
太常		河平三年（前26）	宜春侯王咸長伯掌管太常。平昌侯王臨掌管太常。	一年後因病免職。六年侯去世。
少府		河平四年（前25）	杜陵韓勳長賓掌管少府。	河平元年記載杜陵韓勳長賓爲左馮翊，三年後掌管少府。

		陽朔四年（前21）	左馮翊薛宣掌管少府。	二個月後，即鴻嘉元年（前20）調職為御史大夫。綏和元年（前8），長信少府薛宣為京兆尹，一年後貶為淮陽相。
太常		鴻嘉元年（前20）	平臺侯史中掌管太常。建平侯杜業君都掌管太常。	平臺侯六個月後因病免職。
少府		鴻嘉元年（前20）	東都太守琅邪王賞中子掌管少府。	四年後免職。
		鴻嘉四年（前17）	中少府韓勳為執金吾。顏師古曰：「中少府，皇后宮。」	四年後調職。
		永始元年（前16）	南陽太守陳咸掌管少府。	二年後免職。
		永始二年（前15）	長信少府。	
		永始三年（前14）	少府師丹為光祿勳。	二年後調職侍中光祿大夫。
		永始三年（前14）	琅邪太守陳慶君卿為廷尉。	一年後為長信少府。
		永始三年（前14）	光祿大夫師丹掌管少府。詹事許商掌管少府。	五個月後調職。二年後為侍中光祿大夫。
太常		永始四年（前13）	酆侯蕭尊掌管太常。	六年侯去世。
少府		元延元年（前12）	左馮翊龐真掌管少府。	四年後調職。
		綏和元年（前8）	侍中光祿大夫司農趙玄為衛尉，一個月後掌管中少府，即皇后宮。	
		綏和元年（前8）	少府龐真為朝尉。	二年後為長信少府。
		綏和元年（前8）	詹事（中）〔平〕陵賈延初卿掌管少府。	任職三年。孝哀建平二年（前5）調職為衛尉，十一個月後恢復少府官職。
太常	孝哀帝	綏和二年（前7）	安丘侯劉常掌管太常。	四年後因病，賞賜金百斤，安車駟馬免就國。

少府		孝哀建平二年（前5）	衛尉賈延復爲少府。	一年後調職爲光祿勳，三年後再度調職。
		孝哀建平三年（前4）	尙書令涿郡趙昌君仲掌管少府。	一年後任河內太守。
太常		孝哀建平四年（前3）	建平侯杜業掌管太常。	三年後貶爲上黨都尉。
少府		孝哀建平四年（前3）	光祿大夫董恭君孟掌管少府。	一年後，即元壽元年（前2）調職爲衛尉，二個月後爲光祿大夫。右扶風。
		元壽元年（前2）	衛尉孫雲掌管少府。	任職一個月。
		元壽元年（前2）	掌管少府的人，名爲豐。	二年後爲復土將軍。
太常		元壽三〔二〕年（前1）	博陽侯丙昌矯掌管太常。	二年後貶爲東（都）〔郡〕太守。
少府	孝平帝	孝平元始元年（公元1）	少府宗伯鳳君房。	
太常		孝平元始二年（公元2）	安昌侯張宏子夏掌管太常。	二年後貶爲越騎校尉。
		孝平元始三年（公元3）	城門校尉劉岑子張掌管太常。	二年後，即孝平元始五年（公元5）調職爲宗伯。

　　《漢書・宣帝紀》中載有未收入百官公卿表中掌管少府和長信少府的人名。長信少府關內侯勝。顏師古曰：「夏侯勝。」少府樂成爲爰氏侯。顏師古曰：「史樂成。」

附錄二　魏晉南北朝隋唐雅樂創作情況表

圖表 1　曹魏時期的雅樂內容

漢代雅樂名稱	北魏初期雅樂名稱（更名）
《巴渝舞》	《昭武舞》
《安世樂》	《正世樂》
《嘉至樂》	《迎靈樂》
《武德樂》	《武頌樂》
《昭容樂》	《昭業樂》
《雲翹舞》	《鳳翔舞》
《育命舞》	《靈應舞》
《武德舞》	《武頌舞》
《文始武舞》	《大韶舞》
《五行舞》	《大武舞》

圖表 2　王粲創作《俞兒舞歌》

類　別	魏《俞兒舞歌》四篇
創作者	王粲
歌曲名稱	右《矛俞新福歌》
	右《弩俞新福歌》

	右《安臺新福歌》曲
	右《行辭新福歌》曲

圖表3　相和歌創作情況

類　別	歌曲名稱	創作者
相和歌	《駕六龍》、《氣出倡》	武帝
	《厥初生》、《精列》	武帝
	《江南可採蓮》、《江南》	古詞
	《天地間》、《度關山》	武帝
	《東光乎》、《東光乎》	古詞
	《登山有遠望》、《十五》	文帝
	《惟漢二十二世》、《薤露》	武帝
	《關東有義士》、《蒿里行》	武帝
	《對酒歌太平時》、《對酒》	武帝
	《雞鳴高樹顛》、《雞鳴》	古詞
	《烏生八九子》、《烏生》	古詞
	《平陵東》、《平陵》	古詞
	《棄故鄉》、《陌上桑》	文帝
	《今有人》、《陌上桑》	《楚詞》鈔
	《駕虹霓》、《陌上桑》	武帝

圖表4　清商樂創作情況

類　別	歌曲名稱	創作者
清商三調之平調	《周西》、《短歌行》	武帝
	《秋風》、《燕歌行》	文帝
	《仰瞻》、《短歌行》	文帝
	《別日》、《燕歌行》	文帝
	《對酒》、《短歌行》	武帝

類　　別	歌曲名稱	創作者
清商三調之清調	《晨上》、《秋胡行》	武帝
	《北上》、《苦寒行》	武帝
	《願登》、《秋胡行》	武帝
	《上謁》、《董桃行》	古詞
	《蒲生》、《塘上行》	武帝
	《悠悠》、《苦寒行》	明帝

類　　別	歌曲名稱	創作者
清商三調之瑟調	《朝日》、《善哉行》	文帝
	《上山》、《善哉行》	文帝
	《朝遊》、《善哉行》	文帝
	《古公》、《善哉行》	武帝
	《自惜》、《善哉行》	武帝
	《我徂》、《善哉行》	明帝
	《赫赫》、《善哉行》	明帝
	《來日》、《善哉行》	古詞

圖表5　大曲創作情況

類　　別	歌曲名稱	創作者
大曲	《東門》、《東門行》	古詞
	《西山》、《折楊柳行》	文帝
	《羅敷》、《豔歌羅敷行》	古詞
	《西門》、《西門行》	古詞
	《默默》、《折楊柳行》	古詞
	《園桃》、《煌煌京洛行》	文帝
	《白鵠》、《豔歌何嘗》	古詞
	《碣石》、《步出夏門行》	武帝
	《何嘗》、《豔歌何嘗行》	古詞
	《置酒》、《野田黃雀行》	東阿王詞
	《為樂》、《滿歌行》	古詞
	《夏門》、《步出夏門行》	明帝

《王者布大化》、《棹歌行》	明帝	
《洛陽行》、《雁門太守行》	古詞	
《白頭吟》，與《棹歌》同調	古詞	

圖表 6　晉雅樂創作情況

類　別	歌曲名稱	創作者
楚調怨詩	明月	東阿王詞

類　別	郊祀歌（五篇）	天地郊明堂歌（五篇）
創作者	傅玄	傅玄
創作時間	武帝泰始二年（公元 266 年）	
歌曲名稱	右祠天地五郊夕牲歌一篇	右天地郊明堂夕牲歌
	右祠天地五郊迎送神歌一篇	右天地郊明堂降神歌
	右饗天地五郊歌三篇	右天郊饗神歌
		右地郊饗神歌
		右明堂饗神歌

類　別	宣武舞歌（四篇）	宣文舞歌（二篇）
創作者	傅玄	傅玄
歌曲名稱	《惟聖皇篇》《矛俞》第一	《羽龠舞歌》
	《短兵篇》《劍俞》第二	《羽鐸舞歌》
	《軍鎮篇》《弩俞》第三	
	《窮武篇》《安臺行亂》第四	

類　別	晉宗廟歌十一篇	晉江左宗廟歌十三篇
創作者	傅玄	曹毗造十一首，王珣造二首
歌曲名稱	右祠廟夕牲歌	歌高祖宣皇帝（曹毗造）
	右祠廟迎送神歌	歌世宗景皇帝（曹毗造）
	右祠征西將軍登歌	歌太祖文皇帝（曹毗造）
	右祠豫章府君登歌	歌世祖武皇帝（曹毗造）
	右祠潁川府君登歌	歌中宗元皇帝（曹毗造）

右祠京兆府君登歌	歌肅祖明皇帝（曹毗造）
右祠宣皇帝登歌	歌顯宗成皇帝（曹毗造）
右祠景皇帝登歌	歌康皇帝（曹毗造）
右祠文皇帝登歌	歌孝宗穆皇帝（曹毗造）
	歌哀皇帝（曹毗造）
	歌太宗簡文皇帝（王珣造）
	歌烈宗孝武皇帝（王珣造）
	四時祠祀歌（曹毗造）

類　別	晉四廂樂歌（三首）	晉《正德》《大豫》二舞歌（二篇）
創作者	傅玄	傅玄
歌曲名稱	右《天鑒》四章，章四句。正旦大會行禮歌。	右《正德舞歌》
	右《於赫》一章，八句。上壽酒歌。	右《大豫舞歌》
	右《天命》十三章，章四句。食舉東西廂歌。	

類　別	晉四廂樂歌（十七篇）	晉《正德》《大豫》二舞歌（二篇）
創作者	荀勗	荀勗
歌曲名稱	正旦大會行禮歌四篇。《於皇》一章，八句。當《於赫》。《明明》一章，八句。當《巍巍》。《邦國》一章，八句。當《洋洋》。《祖宗》一章，八句。當《鹿鳴》。	右《正德舞歌》
	正旦大會王公上壽酒歌一篇。《踐元辰》一章，八句。當《羽觴行》。	右《大豫舞歌》
	食舉樂東西廂歌十二篇。《煌煌》一章，八句。當《鹿鳴》。《賓之初筵》一章，十二句。當《於穆》。《三後》一章，十二句。當《昭昭》。《赫矣》一章，八句。當《華華》。《烈文》一章，八句。當《朝宴》。《猗歟》一章，十六句。當《盛德》。《隆化》一章，二十八句。當《綏萬邦》。《振	

鷺》一章，八句。當《朝朝》。《翼翼》一章，二十六句。當《順天》。《既宴》一章，十二句。當《陟天庭》。《時邕》一章，二十六句。當《參兩儀》。《嘉會》一章，十二句。	

類　　別	晉四廂歌（十六篇）	晉《正德》《大豫》二舞歌（二篇）
創作者	張華	張華
歌曲名稱	右王公上壽詩一章	《正德舞》
	右食舉東西廂樂詩十一章	《大豫舞》
	右雅樂正旦大會行禮詩四章	

類　　別	晉四廂樂歌（十六篇）
創作者	成公綏
歌曲名稱	右詩一章，王公上壽酒所用
	右雅樂正旦大會行禮詩十五章

圖表 7　南朝宋雅樂創作情況

類　　別	宋南郊雅樂登歌（三篇）	宋明堂歌	宋宗廟登歌八篇	
創作者	顏延之	謝莊	王韶之	謝莊
創作時間	文帝元嘉二十二年（公元 445 年）	宋孝武	宋武帝永初中（公元 420 年～422 年）	
歌曲名稱	右天地郊夕牲歌	右迎神歌詩	右祠北平府君登歌	世祖孝武皇帝歌
	右天地郊迎送神歌	右登歌詞	右祠相國掾府君登歌	
	右天地饗神歌	右歌太祖文皇帝詞	右祠開封府君登歌	宣皇太后廟歌
		右歌青帝詞	右祠武原府君登歌	
		右歌赤帝辭	右祠東安府君登歌	
		右歌黃帝辭	右祠孝皇帝登歌	
		右歌白帝辭	右祠高祖武皇帝登歌	
		右歌黑帝辭	右祠七廟享神登歌	
		右送神歌辭		

類　別	宋四廂樂歌（五篇）	宋《前舞》《後舞》歌二篇
創作者	王韶之	王韶之
歌曲名稱	右《肆夏》樂歌四章	右《前舞歌》一章。（晉《正德之舞》）
	右大會行禮歌二章	右《後舞歌》一章。（晉《大豫之舞》）
	右王公上壽歌一章	
	右殿前登歌三章，別有金石	
	右食舉歌十章	

類　別	章廟樂舞歌詞	右夕牲歌詞
創作者	殷淡	殷淡、明帝
歌曲名稱	賓出入奏《肅成樂》歌詞二章	迎神奏《韶夏樂》歌詞（殷淡）
	牲出入奏《引牲樂》歌詞	皇帝入廟北門奏《永至樂》歌詞（殷淡）
	薦豆呈毛血奏《嘉薦樂》歌詞	太祝稞地奏登歌樂詞二章（殷淡）
	右殿前登歌三章，別有金石	章皇太后神室奏《章德凱容》之樂舞歌詞（殷淡）
	右食舉歌十章	昭皇太后神室奏《昭德凱容》之樂舞歌詞（明帝）
		宣皇太后神室奏《宣德凱容》之樂舞歌詞（明帝）
		皇帝還東壁受福酒奏《嘉時》之樂舞詞
		送神奏《昭夏》之樂舞歌詞二章
		皇帝詣便殿奏《休成》之樂歌詞

圖表 8　南朝齊雅樂創作

類　別	齊南郊樂歌	齊北郊樂歌	齊明堂樂歌
創作者	謝超宗、王儉	謝超宗	謝超宗歌、謝莊辭
創作時間			武帝建元初
使用場合＼歌曲名稱	群臣出入奏《肅咸之樂》		賓出入奏《肅咸樂》（二首）

牲出入奏《引牲之樂》		牲出入奏《引牲樂》
薦豆呈毛血奏《嘉薦之樂》		薦豆呈毛血奏《嘉薦樂》（二首）
迎神奏《昭夏之樂》	迎地神奏《昭夏之樂》	迎神奏《昭夏樂》
皇帝入壇東門奏《永至之樂》		
升壇奏登歌	升壇奏登歌	皇帝昇明堂奏《登歌》
初獻奏《文德宣烈之樂》	初獻奏《地德凱容之樂》	初獻奏《凱容宣烈之樂》
次奏《武德宣烈之樂》	次奏《昭德凱容之樂》	
太祖高皇帝配饗奏《高德宣烈之樂》（王儉作）		
飲福酒奏《嘉胙之樂》		還東壁受福酒奏《嘉胙樂》
送神奏《昭夏之樂》	送神奏《昭夏之樂》	送神奏《昭夏樂》
就燎位奏《昭遠之樂》		
還便殿奏《休成之樂》		
	瘞埋奏《隸幽之樂》	

圖表 9　隋代不同場合雅樂使用情況

祭祀圜丘之樂

場　　合	所用之樂
皇帝入，降神	昭夏
升壇	皇夏
受玉帛，登歌	昭夏
皇帝降南陛，升壇	皇夏
升壇，俎入	昭夏
皇帝初獻	祴夏
皇帝既獻	文舞之舞
皇帝飲福酒	需夏
皇帝反爵於坫，還本位	皇夏
武舞出	肆夏
送神	昭夏
就燎位，還大次	皇夏

五郊歌辭

青帝歌辭	奏角音
赤帝	奏徵音
黃帝	奏宮音
白帝	奏商音
黑帝	奏羽音
感帝	奏《祴夏》
雩祭	奏《祴夏》
蠟祭	奏《祴夏》

朝日、夕月歌詩

儀　式	所奏樂曲
朝日（皇帝祭日之禮）	奏《祴夏》
夕月（皇帝祭月之禮）	奏《祴夏》

方丘歌辭

儀　式	所奏樂曲
迎神	奏《昭夏》
皇地祇	奏《祴夏》
送神	奏《昭夏》
神州	奏《祴夏》

參考文獻

一、期刊論文類

B

1. 柏紅秀，唐代宮廷音樂文藝研究〔D〕，揚州大學中國古代文學方向博士學位論文，2004。

C

1. 蔡仲德，論孔子的禮樂思想〔J〕，音樂探索，1986（4）。
2. 蔡仲德，鄭聲的歷史面目——鄭聲論之一〔J〕，黃鍾，1987（4）。
3. 蔡仲德，鄭聲的美學意義——鄭聲論之二〔J〕，黃鍾，1988（1）。
4. 陳來，春秋禮樂文化的解體與轉型〔J〕，中國文化研究，2002（3）。
5. 陳瑞泉，從《史記》中的俗樂史料談先秦、秦漢俗樂之發展〔J〕，棗莊學院學報，2004（6）。
6. 陳宗花，「鄭衛之音」問題研究綜述〔J〕，人民音樂，2003（11）。
7. 遲鳳芝，朝鮮半島對中國雅樂的接受、傳承與變衍〔J〕，上海音樂學院碩士學位論文，2004。

D

1. 董藝，遼、金宮廷雅樂之比較〔J〕，內蒙古藝術，2005（1）。
2. 丁承運，中國古代調式音階發隱——兼論中國樂學的雅、俗之爭〔J〕，黃鍾，2004（1）。
3. 丁淑梅，明代樂戶禁弛與雅俗文化的互動〔J〕，河北學刊，2004（4）。

F

1. 方建軍，商周禮樂制度中的樂器器主及演奏者〔J〕，音樂研究，2006（2）。

2. 方建軍，商周時期的禮樂器組合與禮樂制度的物態化〔J〕，音樂藝術，2007（1）。

3. 馮建志，試論「楚聲」在漢代「相和歌」中的主導地位〔J〕，南都學壇，1998（5）。

4. 馮建志，「楚聲」與漢樂的歷史淵源〔J〕，史學月刊，2001（5）。

5. 馮建志，從漢畫像看鼓吹樂的形態特徵及功用〔J〕，交響，2002（3）。

6. 馮建志，漢畫中鼓吹樂的樂器與類型〔J〕，南都學壇，2002（6）。

7. 馮潔軒，論鄭衛之音〔J〕，音樂研究，1984（1）。

8. 馮善勇，莫方朔，盛勝我，中國宮廷音樂和宮廷建築關係初探〔J〕，藝術科技，2006（2）。

G

1. 郜積意，論西漢雅樂與俗樂的互動關係〔J〕，福建師範大學學報：哲學社會科學版，1998（1）。

2. 戈麗珠、戈麗芳，論周代的雅樂與俗樂〔J〕，淮陰師範學院學報：哲學社會科學版，1998（4）。

3. 戈麗珠，論音樂中的雅與俗歷史上雅樂與俗樂之爭所感〔J〕，淮陰工學院學報，2002（4）。

H

1. 韓啓超，六朝宮廷音樂活動類型考〔J〕，藝術百家，2006（5）。

2. 韓鍾恩，禮樂作爲人文制度，並由此標示古典與今典（上）〔J〕，交響，1997（3）。

3. 韓鍾恩，禮樂作爲人文制度，並由此標示古典與今典（下）〔J〕，交響，1997（4）。

4. 何濤，論先秦俗樂、雅樂的音聲特徵〔J〕，江海學刊，2007（2）。

5. 賀星，日本雅樂與中國唐代大曲之淺較〔J〕，交響，1993（1）。

6. 胡軍，唐代的茅山道教與宮廷音樂〔J〕，中國道教，2001（1）。

7. 胡天紅，李秀敏，略論漢魏兩晉南北朝宮廷音樂官署的沿革〔J〕，瀋陽師範學院學報，2002（4）。

8. 黃翔鵬，雅樂不是中國音樂傳統的主流〔J〕，人民音樂，1982（12）。

9. 黃星民，禮樂傳播初探〔J〕，新聞與傳播研究，2000（1）。

10. 黃星民，從禮樂傳播看非語言大眾傳播形式的演化〔J〕，新聞與傳播研究，2000（3）。

11. 黃宛峰，論先秦兩漢「鄭衛之音」的傳播〔J〕，藝術百家，2006（5）。

J

1. J・瑪塞塔，饒文，爪哇、日本和中國宮廷音樂的結構〔J〕，音樂藝術，1999（2）。

2. 金文達，日本雅樂的實質——借唐樂之名，取印度及其他多種音樂之實的一種混合物〔J〕，音樂研究，1993（3）。

3. 金文達，日本雅樂的實質——爲其中的中國古代已失傳的樂曲而正名〔J〕，音樂研究，1994（2）。

K

1. 寇文娟，關於「宋代雅樂評價」問題的幾點思考〔J〕，樂府新聲，2006（4）。

L

1. 黎國韜，鼓吹樂及其起源簡議〔J〕，藝術百家，2004（3）。

2. 李方元，周代宮廷雅樂與鄭聲〔J〕，音樂研究，1991（1）。

3. 李方元，周代宮廷雅樂的歷史淵源及成因〔J〕，音樂藝術，1993（3）。

4. 李方元、俞梅，北魏宮廷音樂考述〔J〕，中國音樂學，1998（2）。

5. 李方元，李渝梅，北魏宮廷音樂機構考〔J〕，音樂研究，1999（2）。

6. 李方元，周代宮廷雅樂面貌及其特徵〔J〕，雲南藝術學院學報，2002（2）。

7. 李慧，雅樂——特定時代和文化的象徵〔J〕，溫州師範學院學報，2005（4）。

8. 李明明，張國強，俗樂作爲燕樂代名詞的可疑之處〔J〕，文藝爭鳴，2006（6）。

9. 李榮有，鈔藝娟，試析漢代雅樂與俗樂的關係〔J〕，南都學壇，2001（5）。

10. 李石根，鄭聲和鄭風〔J〕，中國音樂學，1997（3）。

11. 李石根，唐代音樂文化的兩大體系——大唐雅樂與燕樂〔J〕，交響，2003（4）。

12. 李仲立，東周禮樂文化論〔C〕，中國古代社會與思想文化研究論集，2004。

13. 劉海霞，王維濤，對唐代宮廷音樂高度繁盛的分析與思考〔J〕，社科縱橫，2005（5）。

14. 劉憶，劉邦創演《大風歌》〔J〕，南京藝術學院學報，1990（2）。

15. 劉再生，談「鄭衛之音」〔J〕，中國音樂，1985（4）。

M

1. 馬春蓮，鍾磬在雅樂中的地位和作用〔J〕，河南教育學院學報：哲學社會科學版，1998（4）。
2. 馬東風，魯國禮樂思想源流探〔J〕，中國音樂學，2005（1）。
3. 牟豔麗，周公制禮作樂的歷史貢獻及其現實意義〔J〕，星海音樂學院學報，2003（4）。
4. 苗建華，鄭聲辨析〔J〕，星海音樂學院學報，2000（2）。

P

1. 普羅文，應時華，朝鮮雅樂中的堂下樂〔J〕，中國音樂，1994（4）。

Q

1. 錢志熙，音樂史上的雅俗之變與漢代的樂府藝術〔J〕，浙江社會科學，2000（4）。
2. 邱源媛，唐宋雅樂的對比研究〔J〕，四川大學中國古代史方向碩士學位論文，2003。
3. 邱源媛，唐代雅樂簡論〔J〕，四川大學學報：哲學社會科學版，2003（3），

S

1. 沈冬，〈破陣樂〉考——兼論雅俗樂的交涉及轉化〔C〕，唐代文學研究（第十輯）——中國唐代文學學會第十一屆年會暨國際學術討論會論文集，2002。
2. 宋瑞橋，祖孝孫音階與唐代雅、俗樂的宮調（上）〔J〕，樂府新聲，1996（2）。
3. 宋瑞橋，祖孝孫音階與唐代雅、俗樂的宮調（下）〔J〕，樂府新聲，1996（3）。
4. 宋新，漢代鼓吹樂的淵源〔J〕，中國音樂學，2005（3）。
5. 宋照敏，周代喪葬「禁樂」制度與儒家禮樂觀的關係〔J〕，中國音樂學，2005（4）。
6. 孫琳，唐宋雅樂之區別的音樂文化原因探究〔J〕，黃鍾，2006（1）。
7. 孫琳，唐宋宮廷雅樂之比較研究〔D〕，武漢音樂學院碩士學位論文，2006。
8. 孫曉暉，大小雅樂考〔J〕，交響，1996（2）。
9. 孫雲，鼓吹樂溯流探源及實名之辨〔J〕，音樂探索，2005（2）。

T

1. 田青，雅樂，還是佛樂？──中國文化史上的一樁「冤案」〔J〕，佛教文化，1995（1）。

W

1. 王麗芬，從洛陽漢代樂舞俑看漢代俗樂〔J〕，中原文物，2006（3）。

2. 王立增，論漢唐時期宮廷音樂吸收胡樂的三個階段〔J〕，上饒師範學院學報，2003（4）。

3. 王瑨，鼓吹樂起源說〔J〕，音樂藝術，2003（4）。

4. 王小蘭，楚聲流變與漢樂府的成熟〔J〕，社科縱橫，1995（2）。

5. 王秀臣，「三禮」雅樂的藝術構成〔J〕，瀋陽師範大學學報：社會科學版，2005（4）。

6. 王秀臣，周代禮制的嬗變與雅樂內涵的變化〔J〕，社會科學輯刊，2005（4）。

7. 王秀臣，周代雅樂的時空意義考察〔J〕，齊魯學刊，2006（6）。

8. 王秀臣，夏、商文化與「雅樂」制度的濫觴〔J〕，東北師大學報：哲學社會科學版，2007（2）。

9. 王鎮庚，雅樂溯源〔J〕，中國音樂，1987（3）。

10. 吳朋，隋唐五代雅樂稱考〔J〕，中國音樂學，2004年（1）。

11. 吳毓清，禮樂思想的早期形態──從〈左傳〉、〈國語〉看春秋時期音樂美學思想〔J〕，音樂藝術，1983（3）。

12. 伍維曦，再論漢樂府音樂的分類及雅、俗關係〔J〕，鄖陽師範高等專科學校學報，2001（5）。

X

1. 項陽，對先秦「金石之樂」興衰的現代解讀〔J〕，中國音樂，2007（1）。

2. 修海林，周代雅樂審美觀〔J〕，音樂研究，1991（1）。

3. 許志剛，周人雅樂雅詩考論〔C〕 ，中華傳統文化與新世紀國際學術研討會論文集，2001。

4. 薛雷，先秦時期的宮廷音樂探微〔J〕，藝術百家，2001（3）。

Y

1. 楊匡民，周耘，巴音、吳樂和楚聲──長江流域的傳統音樂文化〔J〕，音樂探索，2001（1）。

2. 余甲方，楚聲沿革考略〔J〕，黃鐘，1988（1）。

3. 于新潔，淺談我國隋唐時期雅樂及燕樂對日本、朝鮮音樂文化的影響〔J〕，內蒙古大學藝術學院學報，2005（4）。

4. 袁徵，「鄭衛之音」及其在古代的反映〔J〕，中國音樂，1989（3）。

Z

1. 趙復泉，「鄭聲淫」辨〔J〕，人民音樂，1984（7）。

2. 趙維平，從中越音樂的比較看越南宮廷音樂初期史的形成〔J〕，音樂藝術，1999（1）。

3. 趙維平，中國古代音樂文化東流日本的研究——日本雅樂僚音樂制度的形成〔J〕，音樂藝術，2003（3）。

4. 張家釗，雅樂文化的起源和建立〔J〕，思想戰線，1992（4）。

5. 張巨斌、許吉芬，中國宮廷音樂的歷史沿革和文化特徵探析〔J〕，2006（4）。

6. 張前，日本雅樂與唐代燕樂——日本史書、樂書相關資料考〔J〕，交響，1997（2）。

7. 張耀，雅樂含義及先周雅樂的表現形態〔J〕，中國音樂，2006（2）。

8. 張一鴻，越南的宮廷音樂——雅樂〔J〕，世界文化，2006（1）。

9. 張振濤，國家禮樂制度與民間儀式音樂〔J〕，中國音樂學，2002（3）。

10. 鄭月平，從歷史文化學的角度解讀北宋之雅樂〔D〕，西北大學中國古代史方向碩士學位論文，2005。

11. 鄭祖襄，漢代鼓吹樂的起源及其類型〔J〕，中央音樂學院學報，1983（4）。

12. 鄭祖襄，雅樂七聲考辨〔J〕，南京藝術學院學報：音樂與表演版，1987（2）。

13. 鄭祖襄，「雅樂」與「四夷之樂」〔J〕，民族藝術研究，1990（1）。

14. 鄭祖襄，說「高祖樂楚聲」〔J〕，中國音樂，2005（4）。

15. 鄭祖襄，唐宋「雅、清、燕」三樂辨析〔J〕，音樂研究，2007（1）。

16. 朱艷紅，教化樂論與雅樂的式微〔J〕，劇影月報，2005（6）。

17. 莊永平，日本雅樂與唐代俗樂〔J〕，星海音樂學院學報，2000（3）。

18. 莊永平，日本雅樂溯源〔J〕，星海音樂學院學報，2004（2）。

19. 左漢林，唐代宮廷鼓吹樂的用途考論〔J〕，江漢大學學報，2007（2）。

二、專著類

C

1. 蔡仲德，中國音樂美學史〔M〕，北京：人民音樂出版社，1995。

F

1. 馮文慈，中外音樂交流史〔M〕，長沙：湖南教育出版社，1998。

G

1. 葛兆光，中國思想史〔M〕，上海：復旦大學出版社，2004。

H

1. 黃懷信，上海博物館藏戰國楚竹書〈詩論〉解義〔M〕，北京：社會科學文獻出版社，2004。
2. 黃翔鵬，傳統是一條河流〔M〕，北京：人民音樂出版社，1990。
3. 黃翔鵬，溯流探源——中國傳統音樂研究〔M〕，北京：人民音樂出版社，1993。
4. 黃翔鵬，中國人的音樂和音樂學〔M〕，山東：濟南文藝出版社，1997。

J

1. 吉聯抗，春秋戰國音樂史料〔M〕，上海：上海文藝出版社，1980。
2. 荊門市博物館編，郭店楚墓竹簡〔M〕，北京；文物出版社，1998。

L

1. 李純一，中國古代音樂史稿第一分冊〔M〕，北京：音樂出版社，1964。
2. 李純一，中國上古出土樂器綜論〔M〕，北京：文物出版社，1996。
3. 李純一，先秦音樂史（修訂版）〔M〕，北京：人民音樂出版社，2005。
4. 李天道，中國美學之雅俗精神〔M〕，北京：中華書局，2004。
5. 李學勤，東周與秦代文明〔M〕，北京：文物出版社，1984。
6. 李澤厚，劉綱紀，中國美學史〔M〕，北京：中國社會科學出版社，1984。
7. 梁啟超，中國歷史研究法〔M〕，上海：上海古籍出版社，1998。
8. 劉再生，中國古代音樂史簡述（修訂本）〔M〕，北京：人民音樂出版社，2006。
9. 劉澤華，先秦士人與社會〔M〕，天津：天津人民出版社，2004年。

P

1. 彭林，中國古代禮儀文明〔M〕，北京：中華書局，2004。

Q

1. 秦序，中華藝術通史（夏商周卷）〔M〕，北京：北京師範大學出版社，2006。

2. 秦序，中華藝術通史（隋唐卷）〈上〉〔M〕，北京：北京師範大學出版社，2006。

T

1. 譚帆，傳統文藝思想的現代闡釋〔M〕，上海：上海社會科學院出版社，1995。
2. 童書業，春秋史〔M〕，上海：上海古籍出版社，2003。

W

1. 王文章主編，非物質文化遺產概論〔M〕，北京：文化藝術出版社，2006。
2. 王子初，中國音樂考古學〔M〕，福州：福建教育出版社，2003。

X

1. 徐復觀，中國藝術精神〔M〕，臺北：臺灣學生書局，1966。
2. 許倬雲，中國古代社會史論──春秋戰國時期的社會流動〔M〕，桂林：廣西師範大學出版社，2006。

Y

1. 顏昌嶢，管子校釋〔M〕，長沙：嶽麓書社，1996。
2. 楊伯峻，孟子譯注〔M〕，北京：中華書局，1960。
3. 楊伯峻，列子集釋〔M〕，北京：中華書局，1979。
4. 楊伯峻，論語譯注〔M〕，北京：中華書局，1980。
5. 楊伯峻，春秋左傳注〔M〕，北京：中華書局，1981。
6. 楊華，先秦禮樂文化〔M〕，武漢：湖北教育出版社，1996。
7. 楊寬，古史新探〔M〕，北京：中華書局，1965。
8. 楊寬，戰國史〔M〕，上海：上海人民出版社，2003。
9. 楊向奎，中國古代社會與古代思想研究〔M〕，上海：上海人民山版社，1962。
10. 楊向奎，宗周社會與禮樂文明（修訂本）〔M〕，北京：人民出版社，1997。
11. 楊蔭瀏，中國音樂史綱〔M〕，上海：萬葉書店，1952。
12. 楊蔭瀏，中國古代音樂史稿〔M〕，北京：人民音樂出版社，1981。
13. 余英時，士與中國文化〔M〕，上海：上海人民出版社，1987。

Z

1. 張岱年，方克立主編，中國文化概論〔M〕，北京：北京師範大學出版社，1996。

2. 張光直，中國考古學論文集〔M〕，北京：三聯書店，1999。

3. 張光直，中國青銅器時代〔M〕，北京：三聯書店，1990。

4. 中國音樂文物大系總編輯部編，中國音樂文物大系Ⅰ（河南、新疆、上海、陝西、北京、湖北、四川、山西、甘肅、山東卷）〔M〕，鄭州：大象出版社，1996、1998、2000、2001。

5. 中國音樂文物大系總編輯部編，中國音樂文物大系》Ⅱ（湖南、內蒙古）〔M〕，鄭州：大象出版社，2006、2007年。

6. 中央音樂學院中國音樂研究所編，中國古代樂論選輯〔M〕，北京：中央音樂學院中國音樂研究所，1962。

7. 中央音樂學院中國音樂研究所編，中國古代音樂史料輯要第一輯〔M〕，北京：中華書局，1962年。

8. 周和平主編，中國非物質文化遺產保護研究〔M〕，北京：北京師範大學出版社，2007。

9. 鄭祖襄，中國古代音樂史學概論〔J〕，北京：人民音樂出版社，1998。

三、外文專著

1. 〔한국〕오용록.음반『조선아악정수』중종묘제례악의분석적연구〔M〕. 서울：한국국악학회，2004년.

2. 〔한국〕권태욱.『세종실록음보』소재 종묘제례악의 악조 연구〔C〕. 한국음악사학회：한국음악학논집 1권

3. 〔한국〕조규익. 종묘제례악장연구〔J〕. 숭실어문 20권. 숭실어문학회，2004년.

四、古籍文獻

1. 國語〔M〕，上海：上海古籍出版社，1978。

2. 戰國策〔M〕，北京：中華書局，1985。

3. 大戴禮記〔M〕，北京：中華書局，1985。

4. 〔漢〕司馬遷，史記〔M〕，北京：中華書局，1982。

5. 〔漢〕班固，漢書〔M〕，北京：中華書局，1962。

6. 〔晉〕杜預，春秋左傳集解〔M〕，上海：上海人民出版社，1977。

7. 〔南朝宋〕范曄，後漢書〔M〕，北京：中華書局，1973。

8. 〔梁〕沈約，宋書〔M〕，北京：中華書局，1974。

9. 〔梁〕蕭子顯，南齊書〔M〕，北京：中華書局，1972。

10. 〔北齊〕魏收，魏書〔M〕，北京：中華書局，1974。

11. 〔唐〕姚察、姚思廉，陳書〔M〕，北京：中華書局，1972。

12. 〔唐〕房玄齡等，晉書〔M〕，北京：中華書局，1974。
13. 〔唐〕李百藥，北齊書〔M〕，北京：中華書局，1972。
14. 〔唐〕令狐德棻等，周書〔M〕，北京：中華書局，1971。
15. 〔唐〕魏徵等，隋書〔M〕，北京：中華書局，1973。
16. 〔唐〕李大師，李延壽，南史〔M〕，北京：中華書局，1975。
17. 〔唐〕李大師，李延壽，北史〔M〕，北京：中華書局，1974。
18. 〔唐〕歐陽詢，藝文類聚〔M〕，上海：上海古籍出版社，1999。
19. 〔唐〕杜佑，通典〔M〕，北京：中華書局（點校本），1988。
20. 〔後晉〕劉昫等，舊唐書〔M〕，北京：中華書局，1975。
21. 〔宋〕歐陽修，宋祁，新唐書〔M〕，北京：中華書局，1975 年。
22. 〔宋〕陳暘，樂書〔M〕，北京：中國藝術研究院音樂研究所藏明刊本。
23. 〔宋〕洪興祖，楚辭補注〔M〕，北京：中華書局，1957。
24. 〔宋〕鄭樵，通志略〔M〕，上海：上海古籍出版社，1990。
25. 〔宋〕朱熹，楚辭集注〔M〕，上海：上海古籍出版社，1979。
26. 〔清〕段玉裁，說文解字注〔M〕，上海：上海古籍出版社，1981。
27. 〔清〕紀昀等，四庫全書總目〔M〕，北京：中華書局，1965。
28. 〔清〕孫詒讓，周禮正義〔M〕，北京：中華書局，1987。

後　記

　　綠樹陰濃夏日長，樓臺倒影入池塘。彈指一揮間，博士畢業已四年有餘，在幽靜的夏夜靜下心來重新審視與修改自己的博士論文，何嘗欣慰。在修改完論文最後一頁的時候，我腦海中不斷湧現的是導師秦序先生對我的悉心教導與無微不至的幫助與關懷。此刻，對秦師的感謝無以言表。

　　能為學於秦師，是我一生的幸運。秦師為人幽默，性格樂觀，思路迅捷，視野廣博，將問題看的很透徹。秦師的教學方式異於其他老師，他是將信息潛移默化地傳授予我們。平時對我的教學不圍於音樂史方面的問題，更多的是引領我進入科學的治學之道的殿堂，與秦師為學有一種「如沐春風」之感。我的每一點進步無不包含著秦師對我的諄諄教誨和殷切期望。秦師在學習和生活等各個方面使我受益匪淺。

　　博士學習期間，我收穫頗豐，中國藝術研究院的諸位老師為我們提供了豐富的學習課程，為我們營造了濃鬱的學術研究氛圍，為我們的學術積澱與成長奠定了良好的開端。三年中，我隨秦師參加了《中華大典·藝術典·音樂分典》和《音樂類非物質文化遺產保護的理論與實踐研究》兩個國家課題的編撰與寫作，在課題研究的過程中，使我得到了有益的鍛鍊。

　　感謝中國藝術研究院音樂研究所項陽研究員、崔憲研究員、王子初研究員、李玫研究員，中國音樂學院趙為民教授，天津音樂學院方建軍教授、郭樹群教授，對我博士論文的指導，為我提出了諸多有益的建議。感謝哈爾濱師範大學周柱銓教授、東北師範大學趙會生教授等先生在我學習過程中的指導。感謝我的師兄中國藝術研究院音樂研究所李宏鋒副研究員一直以來對我的勉勵和幫助。更令我感動的是，秦師還曾就我論文中的具體事宜，專程帶

我去請教年屆九旬的音樂史學家李純一先生。李先生對我博士論文的立論及論述尺度的把握等方面，均提出了寶貴的建議。

我生長於朝鮮族家庭，朝鮮族注重對傳統文化的保護與傳承，嚴格的家庭教育和知書識禮對我的學習和成長產生了重要的影響。2009 年博士畢業後，我留在中國藝術研究院科研處工作，感謝科研處處長楊斌先生對我的鼓勵與支持，感謝同事們對我的勉勵。值此我的博士論文出版之際，由衷感謝台灣花木蘭文化出版社社長高小娟女士以及該社的責任編輯對拙著的支持。

博士學習和工作期間，我是幸福的。我的丈夫田勇先生在各方面給予我細緻的呵護，每每在我論文寫作一籌莫展之際，在我工作困惑時，給予我最大的鼓勵和支持，爲我營造了舒適的「一方淨土」。感謝父母對我無私的關愛，多年來爲培養我所傾注的心血。感謝我的女兒田謹菲帶給我的快樂與幸福。

中國古代雅樂研究是中國文化史、藝術史及古代音樂史研究中的重要問題，因時間所限，本書僅研究到唐代。我深知自己學識有限，尚存諸多不足之處。我會在日後對這一問題繼續深入研究，逐漸完善，力圖將中國古代雅樂發展史作更爲全面的梳理與總結。

西方著名哲學家羅素曾說過：「我們當中最有理性的頭腦，也許可以比作以欲望爲基礎的波濤洶湧的情感海洋，海面上漂浮著幾葉小舟，運載著科學的信仰，隨時都有傾翻的危險」。〔註 1〕在中國古代音樂史的研究中，難免會有這樣或那樣的疏漏，波普爾曾說：「我可能錯，你可能對，結果是我們都更加接近了真理。」〔註 2〕謹將本書送給所有關心我的師長親友和我可愛的女兒！

曹貞華

2014 年 5 月於望京寓所

〔註 1〕羅素，尋樂〔M〕，金劍譯，西安：陝西旅遊出版社，1993：159。
〔註 2〕（美）馬克·諾圖洛，波普〔M〕，北京：中華書局，2003：2。